Du denkst nicht mit
dem Kopf allein

Thalma Lobel, promovierte Psychologin und Professorin an der Universität Tel Aviv, forscht seit drei Jahrzehnten im Bereich der Verhaltens- und Geschlechterpsychologie.

Thalma Lobel

Du denkst nicht mit dem Kopf allein

Vom geheimen Eigenleben unserer Sinne

Aus dem Englischen von Jürgen Neubauer

Campus Verlag
Frankfurt/New York

Die englischsprachige Originalausgabe *Sensation: The New Science of Physical Intelligence* erschien 2014 bei Atria Books, a Devision of Simon & Schuster, Inc.

ISBN 978-3-593-39993-5

Umschlaggestaltung: Anne Strasser, Hamburg
Umschlagmotiv: © Shutterstock
Satz: Fotosatz L. Huhn, Linsengericht
Gesetzt aus: Scala
Druck und Bindung: Beltz Bad Langensalza
Printed in Germany

Dieses Buch ist auch als E-Book erschienen.
www.campus.de

Inhalt

Prolog

Im Labyrinth der Sinne

Im Jahr 2005 unternahm ich mit einigen Freunden eine vierwöchige Rundreise durch Guatemala. Der Höhepunkt unseres aufregenden Aufenthalts in dem mittelamerikanischen Land war ein Ausflug zum Nationalpark Tikal, wo wir die Ruinen einer Maya-Stadt besuchten.

In Tikal übernachteten wir in kleinen Hütten. Da mein Mann nicht mitgekommen war, hatte ich eine Hütte für mich allein. Um 22 Uhr wurde der Strom abgeschaltet. Ich schlief unruhig und wachte gegen 2 Uhr morgens auf. Es war stockdunkel. Ich hatte keine Taschenlampe und kein Handy in Reichweite und sah nichts – absolut nichts. Durch das Fenster schien keine Straßenlaterne, keine Mondsichel, nicht einmal ein Stern. Es war auch nichts zu hören, der Urwald schwieg. Ich war noch nie so nah am völligen Sinnesentzug gewesen. Es war eine ausgesprochen unerfreuliche Erfahrung.

Mit dem ersten Morgengrauen zog ich mich an und lief nach draußen. Als ich die Sonnenstrahlen im

Gesicht spürte und die Vögel hörte, fühlte ich mich wie neugeboren. Außer mir war noch niemand auf den Beinen. Ich sog die Schönheit und die Farben der Natur in mich ein und freute mich, als eine Gürteltierfamilie an mir vorbeimarschierte. Ich verspürte ein tiefes Gefühl der Dankbarkeit, der Leere und Dunkelheit der Nacht entkommen zu sein. In diesen wenigen Stunden der völligen Finsternis hatte ich auf eindrückliche Weise den engen Zusammenhang zwischen unseren Sinnen und unserem Gemütszustand erfahren.

Ohne Sinneseindrücke könnten wir nicht leben. Doch unsere Sinne können auch mit Reizen überflutet werden, wie dies in Großstädten der Fall ist. Die städtische Umwelt ist ein permanentes Gewusel: hastende Fußgänger, aggressive Autofahrer, donnernde Lastwagen, erstickende Abgase, selbstmörderische Fahrradkuriere, bunte Werbung, die harte Skyline, kochender Asphalt, aneinandergepresste Körper. Ich liebe Städte wie New York, Los Angeles oder meine Heimatstadt Tel Aviv, aber manchmal brauche selbst ich eine Pause. Die meisten anderen Menschen fühlen sich von dieser Reizüberflutung überfordert, weshalb sie die ruhigeren Vororte oder die Natur vorziehen.

Zwischen diesen beiden Polen liegt ein breites Spektrum von Sinnesreizen. Der völlige Entzug von Sinneseindrücken ist genauso unangenehm wie die Reizüberflutung. Aber ob wir das wollen oder nicht, wir sind ständig Signalen und Reizen aus unserer Umwelt ausgesetzt. Wir berühren Gegenstände von unterschiedlicher Temperatur und Oberflächenbeschaffenheit, riechen angenehme und unangenehme Gerüche, sehen eine Flut von Farben und heben unterschiedlich schwere Objekte. Einen großen Teil der Welt nehmen wir bewusst über unsere Sinnesorgane wahr. Aber auch unbewusst werden wir auf ganz erstaunliche Weise von diesen Sinneseindrücken beeinflusst.

In diesem Buch unternehmen wir einen systematischen Rundgang durch die Wahrnehmungen unserer verschiedenen Sinnesorgane und sehen uns an, wie diese unser Denken und unsere vermeintlich rationalen Entscheidungen beeinflussen, ohne dass wir dies bemerken. Warum stimmt Wärme uns freundlicher und warum beeinträchtigt die Farbe Rot unsere Leistungsfähigkeit? Warum erscheint eine Bewerberin geeigneter, wenn sie ihre Unterlagen in einer schweren Mappe verschickt? Warum fördern saubere Gerüche moralisches Verhalten und warum schummeln wir dennoch eher, wenn wir frisch geduscht sind? So verblüffend diese Zusammenhänge klingen mögen, sie wurden in Experimenten nachgewiesen und in renommierten Fachzeitschriften veröffentlicht. Außerdem eröffnen diese erstaunlichen Tatsachen ein völlig neues Verständnis des menschlichen Denkens. Hier stelle ich diese Ergebnisse erstmals einem breiten Publikum vor.

In diesem Buch geht es um die unbewussten Einflüsse unserer Sinneseindrücke auf unser Fühlen, Denken und Handeln. Kaum wahrnehmbare Signale aus unserer Umwelt bestimmen darüber, ob wir gut schlafen, in einer Prüfung durchfallen oder uns verlieben. In Hans Christian Andersens Märchen »Die Prinzessin auf der Erbse« ist nur eine Prinzessin sensibel genug, um eine unter 20 Matratzen versteckte Erbse zu spüren. In Wirklichkeit aber ist jeder von uns außerordentlich empfänglich für die Reize aus unserer Umwelt. Wie die Prinzessin können wir zwar oft nicht sagen, was uns stört, doch dass uns etwas stört, das spüren wir nur zu gut.

Viele dieser Effekte sind ausgesprochen kurzlebig, sie flackern irgendwo am Rande unseres Unterbewusstseins auf und bewirken keine dauerhaften Veränderungen. Doch deshalb sind sie keineswegs bedeutungslos. Diese Reize haben nämlich einen erheblichen Einfluss auf unser Verhalten in Verhandlungen, im Unterricht, in Prüfungen oder im Sport. Sie bestimmen, wie wir uns bei einem Rendezvous fühlen oder wie wir in einem Vorstellungsgespräch wahrgenommen werden. Dieses Buch will Ihr Bewusstsein für diese Signale oder »Erbsen« schärfen und Ihnen zeigen, wie sie Ihr Verhalten und das der Menschen in Ihrer Umgebung beeinflussen.

Dass die Umwelt gewaltige Auswirkungen auf uns hat, erlebte ich zum ersten Mal im Alter von 18 Jahren. Damals leistete ich meinen Wehrdienst in der israelischen Armee und war in einem unterirdischen Geheimbunker stationiert. Gleichzeitig begann ich mit meinem Psychologiestudium. Ich leistete 48-Stunden-Schichten im Bunker, um dann ans Tageslicht zurückzukehren und in Vorlesungen zu lernen, wie die menschliche Psyche auf Extrembedingungen reagiert. Mit einem gewissen Gefühl der Ironie kehrte ich danach in unser unterirdisches Gefängnis zurück, um erneut 48 Stunden Dienst zu tun. Im Grunde war mein Leben ein Experiment.

Im Bunker lebten und arbeiteten wir im Neonlicht, atmeten wieder und wieder dieselbe gefilterte Luft und schliefen in stockdunklen Kämmerchen. Ich verlor jegliches Zeitgefühl. Als Psychologiestudentin konnte ich nicht umhin, bei meiner Rückkehr in den Bunker jede Geste und Marotte meiner Kollegen zu beobachten. Auch wenn ich es noch nicht ahnte, war ich schon damals fasziniert von der Frage, wie wir durch unsere Umwelt geprägt und beeinflusst werden. Die Welt wurde zum Labor.

Nach dem Abschluss meines Studiums der Klinischen Psychologie promovierte ich an der Universität Harvard. Ich erforschte den Einfluss von Stereotypen, Persönlichkeitseigenschaften und Kultur auf unser Verhalten. Mein Schwerpunkt waren Geschlechterunterschiede bei Kindern und Erwachsenen. Ich führte aufschlussreiche Experimente durch, veröffentlichte die Ergebnisse in renommierten Fachzeitschriften und liebte meine Arbeit.

Im Jahr 2008 stieß ich in der Zeitschrift *Science* auf einen Artikel von Lawrence Williams und John Bargh.[1] Die beiden Wissenschaftler hatten nachgewiesen, dass Versuchsteilnehmer, die eine warme Tasse in der Hand hielten, einen anderen Menschen eher als emotional »warm« wahrnehmen. Diese und andere Untersuchungen kamen mir wie Science Fiction vor, weil sie zeigten, wie unser Denken, unsere Wahrnehmungen und unser Urteil durch subtile Umwelteinflüsse gelenkt werden. Diese Erkenntnisse wirkten elektrisierend auf mich. Sie erinnerten mich daran, mit welcher Faszination ich noch in der Schule eine Einführung in die Psychoanalyse gelesen und entdeckt hatte, wie das Unbewusste auf unsere Psyche und unseren Körper wirkt. Die Geschichten von Patienten, die unter körperlichen Gebrechen wie Lähmungen und Sehstörungen gelitten hatten und durch Gesprächstherapien geheilt wurden, weil sie die unbewussten Ursachen hinter ihren Symptomen entdeckten, hatten mich dazu bewogen, Psychologie zu studieren. Nun stand die Psychologie vor einer neuen Revolution.

Mit dem Unterschied, dass diese Untersuchungen im Labor durchgeführt wurden und die Versuchspersonen ganz normale und gesunde Menschen waren. Diese Experimente beschäftigten sich mit alltäglichen Verhaltensweisen, zum Beispiel unserem Umgang mit Freunden, der Beurteilung von Bewerbern und der Einschätzung von zwischenmenschlichen Situationen. Hier ging es nicht um verborgene oder verdrängte Motive, Wünsche und Ängste, die unser Verhalten beeinflussen. Die Wissenschaftler untersuchten vielmehr Sinneseindrücke, die ununterbrochen auf uns einströmen, und die unser Verhalten beeinflussen, ohne dass wir auch nur das Geringste davon mitbekommen.

Wahrscheinlich sind Sie wie die meisten Menschen überzeugt davon, dass Sie Ihr Verhalten selbst in der Hand haben.

Vielleicht befremdet es Sie also ein wenig zu hören, dass unser Verhalten in Wirklichkeit fortwährend von scheinbar vernachlässigbaren Umweltfaktoren und Sinneseindrücken beeinflusst wird. Diese Erkenntnisse widersprechen unserem gesunden Menschenverstand, und genau das machte sie für mich so faszinierend. Ich beschloss, den Zusammenhang von Körper und Geist zu erforschen, und zwar mithilfe dieses neuen Ansatzes, der sogenannten Theorie des Embodiment, der Körperlichkeit des Denkens.

Ich bin in Tel Aviv aufgewachsen, doch die Sommerferien verbrachte ich immer im Kibbuz meiner Tante. Der Kibbuz erschien mir wie ein anderer Planet – es gab kein Telefon, keine Autos, nur endlose Felder und dazwischen ein paar Gehöfte. Auch die Menschen waren anders, vor allem ruhiger, und sie hatten einen ganz anderen Ausdruck im Gesicht. Bei meinen Besuchen beobachtete ich auch an mir selbst Veränderungen. Alle hatten das Gefühl, Teil eines größeren Ganzen zu sein und ein gemeinsames Ziel zu verfolgen, wir waren eher im Einklang mit der Natur, die unser Leben und unseren Tagesablauf prägte. Bei einem meiner Besuche kam mir der Vergleich des Lebens mit einem Segelboot: Wir hatten zwar die Hand am Steuer, doch die unsichtbaren Kräfte der Natur, zum Beispiel der Wind, waren sehr viel wichtiger als alles, was wir taten. Nachdem ich mich mein Leben lang mit der menschlichen Psyche beschäftigt habe, denke ich heute, dass das kleine Mädchen von damals gar nicht so Unrecht hatte.

Ununterbrochen wirken Temperaturen, Texturen, Gewichte, Geräusche, Gerüche, Farben und eine ganze Sinfonie von äußeren Eindrücken auf uns ein und beeinflussen uns, ohne dass wir dies bemerken. Wir glauben, dass unser Denken und Handeln allein unserem freien Willen unterliegt, doch in Wirklichkeit wird es in erstaunlichem Maße von unseren Sinneseindrücken beeinflusst und oft sogar von diesen angestoßen.

Nach drei Jahrzehnten der Forschung und Lehre fasziniert mich die neue Theorie des Embodiment mehr denn je. Meine Studenten staunen Bauklötze über diese neuen Erkenntnisse, und wenn wir unsere eigenen Experimente entwickeln, erstaunen wir uns selbst. In einer Untersuchung haben wir beispielsweise festgestellt, dass unsere Moralvorstellungen durch Geschmackserlebnisse verändert werden; dabei möchte ich wetten, dass Sie und die meisten anderen Menschen davon ausgehen, dass unsere Moralvorstellungen auf tiefsten inneren Überzeugungen beruhen, die sich nicht durch momentane Sinneswahrnehmungen erschüttern lassen.

Zu Beginn dieses Buches werden wir uns ansehen, wie sich die Temperatur auf unsere Stimmung und unsere Entscheidungen auswirkt.

Kapitel 1

Ein Kaffee gefällig?

Was die Temperatur mit uns anstellt

Wenn Sie verheiratet sind oder waren, dann kennen Sie vermutlich eine eiserne Regel der Ehe: Der Mann ist an allem schuld. Ich bin seit 30 Jahren verheiratet, und vor zehn Jahren beschlossen wir, unsere kleine Wohnung in Tel Aviv zu verkaufen. Es war eine moderne und helle Wohnung in der Innenstadt, doch wir waren inzwischen ausgezogen und die Vermietung war kompliziert geworden. Viele Kaufinteressenten sahen sich die Wohnung an, und ein frisch verheiratetes Pärchen kam immer wieder. Zu einer der Besichtigungen brachten die beiden sogar einen Architekten mit, der mit einem Maßband hantierte und jede Ecke vermaß, um Umbauvorschläge zu machen. Die beiden waren offensichtlich sehr interessiert.

Seltsamerweise sprachen wir nie über Geld. Israelis sind als zurückhaltende Verhandlungsführer bekannt, weshalb wir schon über Notartermine redeten, obwohl wir uns noch gar nicht auf einen Preis geeinigt hatten. Zur abschließenden Verhandlung trafen wir uns in der

Wohnung von gemeinsamen Freunden, um uns bei einer Tasse Tee zu verständigen. Auf der Fahrt dorthin erklärte ich meinem Mann, dass mir das Angebot der beiden zu niedrig erschien und dass ich auf jeden Fall mehr verlangen wollte. Im Kopf ging ich meine Argumente durch, zum Beispiel den Wert der Wohnung, die hervorragende Lage und das Interesse anderer Käufer. Nachdem wir uns an den Tisch gesetzt hatten, schenkten uns die Gastgeber heißen Tee ein, und nach zehn Minuten hatte ich dem Angebot der beiden zugestimmt.

Wieder zu Hause, hätte ich mich in den Hintern beißen können. Ich wusste, dass wir mehr bekommen hätten, wenn wir mehr verlangt hätten. Das Pärchen hatte großes Interesse. Warum hatten wir so einfach nachgegeben? Natürlich, mein Mann war schuld. Warum hatte *er* nicht auf einem höheren Preis bestanden? Warum hatte er einfach so eingelenkt? Vielleicht waren wir das Gezerre ja einfach leid und wollten den Verkauf hinter uns bringen. Vielleicht lag es auch daran, dass uns das Pärchen sympathisch war. Jahre später stellte ich fest, dass vermutlich etwas ganz anderes schuld war: die warme Tasse Tee.

❖

Im Jahr 2008 luden Lawrence Williams und John Bargh 41 Studenten zu einem psychologischen Experiment ein.[1] Einer nach dem anderen betraten die Teilnehmer den Eingangsbereich des Gebäudes, wurden dort von einer jungen wissenschaftlichen Mitarbeiterin in Empfang genommen, zum Aufzug gebracht und in ein Labor im vierten Stock des Gebäudes begleitet. Die Mitarbeiterin hatte die Hände voll, sie trug einen Stapel Bücher, ein Klemmbrett und eine Tasse Kaffee. Im Aufzug bat sie die Teilnehmer, kurz ihre Tasse zu halten, damit sie den Namen auf dem Klemmbrett notieren konnte. Diese scheinbar harmlose Bitte war der entscheidende Teil des Experiments. Der Hälfte der Teilnehmer drückte sie eine warme Tasse Kaffee in die Hand, der anderen Hälfte eine Tasse mit Eiskaffee. Damit machten beide Gruppen unterschiedliche Temperaturerfahrungen, ohne zu ahnen, wie wichtig dies für das Experiment sein sollte.

Nach dem Verlassen des Aufzugs wurden die Teilnehmer ins Labor geführt und dort von einer anderen Mitarbeiterin in Empfang genommen, die das Experiment durchführte. Sie sollten die Beschreibung einer fiktiven Person A lesen, die als begabt, intelligent, entschlossen, praktisch, tüchtig und vorsichtig beschrieben wurde. Dann sollten sie diese Person nach zehn weiteren Aspekten beurteilen, die nicht in der Beschreibung enthalten waren. Bei der Hälfte handelte es sich um Eigenschaften, die wir mit »warmen« oder »kalten« Persönlichkeiten in Verbindung bringen, zum Beispiel *großzügig* oder *geizig*, *gutmütig* oder *jähzornig*, *gesellig* oder *abweisend*, *fürsorglich* oder *egoistisch*. Die übrigen Eigenschaften hatten nichts mit der Wärme oder Kälte einer Persönlichkeit zu tun – es handelte sich zum Beispiel um Gegensatzpaare wie *redselig* oder *wortkarg*, *stark* oder *schwach*, *ehrlich* oder *unehrlich*.

An diesem Punkt kommt die Tasse ins Spiel. Teilnehmer, die im Aufzug einige Augenblicke lang eine warme Tasse Kaffee in der Hand gehabt hatten, bewerteten Person A deutlich öfter als großzügig, gutmütig und fürsorglich als die anderen Teilnehmer, die eine kalte Tasse halten sollten. In Fragen, die nichts mit der Wärme oder Kälte einer Persönlichkeit zu tun hatten, fällten sie jedoch mehr oder weniger dasselbe Urteil, unabhängig von der Temperatur der Tasse.

Könnte eine so unbedeutende Handlung wie das Halten einer Kaffeetasse in einem Aufzug dafür sorgen, dass wir die Menschen in unserer Umgebung positiver wahrnehmen? Was geht hier aus psychologischer Sicht vor?

Die Erkenntnis, dass körperliche Wärme zwischenmenschliche Wärme fördert, war derart überraschend, dass viele Wissenschaftler Zweifel anmeldeten. Doch wie wir gleich sehen werden, beeinflusst die Temperatur nicht nur das Urteil von Versuchsteilnehmern über eine fiktive Person A in einem Text, sondern sie hat auch Auswirkungen darauf, wie wir im wirklichen Leben auf andere Menschen reagieren. Außerdem hat die Temperatur einen Einfluss darauf, wie nah uns ein Mensch erscheint und wie wir unsere Beziehung zu ihm wahrnehmen.

Intimität gehört zu jeder Beziehung, auch wenn jeder Mensch ein anderes Maß an Nähe braucht und geben kann. Im Jahr 2009 untersuchten zwei niederländische Wissenschaftler, ob die Temperatur etwas damit zu tun hat, wie wir unsere Beziehung zu anderen Menschen wahrnehmen.[2] Wie im ersten Experiment mit der Kaffeetasse sollten die Teilnehmer warme oder kalte Getränke halten. In diesem Fall bat der durchführende Wissenschaftler den Teilnehmer, seine Tasse einige Minuten lang zu halten, während er so tat, als installiere er einen Fragebogen auf dem Computer.

Dann nahm der Wissenschaftler die Tasse wieder an sich und forderte den Teilnehmer auf, an eine reale Person aus seinem persönlichen Umfeld zu denken und die Nähe zu dieser Person einzuschätzen. Versuchspersonen, die eine warme Tasse gehalten hatten, schätzten diese Beziehungen durchweg als emotional enger ein als Versuchspersonen, die eine kalte Tasse gehalten hatten. Das ist umso erstaunlicher, als wir unsere intimen Beziehungen meist für stabil halten – wir würden nicht erwarten, dass unsere Einschätzung von der Temperatur eines Getränks abhängt, das wir zufällig in der Hand halten.

Doch unsere Psyche existiert nicht im luftleeren Raum, weshalb unsere Gefühle und Werte durch subtile Veränderungen in unserer Umgebung beeinflusst werden können. Scheinbar völlig irrelevante körperliche und sinnliche Wahrnehmungen schlagen sich auf unseren Gemütszustand nieder, ohne dass wir uns dessen bewusst werden. Die Theorie des Embodiment der physischen Intelligenz geht davon aus, dass unsere Entscheidungen, Verhaltensweisen, Urteile und Gefühle untrennbar mit unseren sinnlich-motorischen Erfahrungen – etwa dem Kontakt mit warmen oder kalten Gegenständen – zusammenhängen.

In der Vergangenheit beschäftigte sich die Psychologie mit der Frage, was in unseren Köpfen vorgeht und warum wir bestimmte Fehler machen oder diese und jene Entscheidung treffen. Psychologen untersuchten Ängste, Wünsche, Erinnerungen und Emotionen. Aber was ist mit unserer Umwelt? Vor allem in Situationen, in denen wir Leistungen bringen sollen – etwa im Beruf, in einem Vorstellungsgespräch, einer Prüfung oder einem Sportwettkampf –, entscheiden auch Faktoren außerhalb unseres Kopfs – sprich: die Umwelt – darüber, ob wir Erfolg haben oder nicht. Ausgehend von der Embodiment-Theorie könnten wir beispielsweise untersuchen, wie beim Vorsprechen im Theater scheinbar unbedeutende Faktoren wie die Wärme der Scheinwerfer, die Farbe des Vorhangs oder unscheinbare Logos die Leistung der Schauspieler beeinflussen.

Die Embodiment-Forschung geht davon aus, dass die menschliche Psyche nicht losgelöst von der Umwelt betrachtet werden kann und dass die Sinne eine Brücke zwischen der Umwelt und bewussten beziehungsweise unbewussten Denkprozessen sind. Psychologen und Neurowissenschaftler, die auf diesem neuen Gebiet forschen, versuchen zu zeigen, inwieweit Sinneseindrücke unsere psychischen Zustände und Denkprozesse beeinflussen.[3] Diese Verbindungen zwischen Körper und Geist zeigen sich in allem, was wir tun.

Lesen Sie den folgenden Satz:

In seinem warmen Händedruck war nichts von der Last zu spüren, die er auf seinen Schultern trug, doch er konnte nicht vergessen, dass er sie kaltblütig erschossen hatte und nie wieder mit reinem Gewissen schlafen würde.

Mit seinen schiefen sprachlichen Bildern würde dieser Satz zwar keinen Literaturnobelpreis gewinnen, aber sehen wir ihn uns einmal näher an. Die Redewendungen »warmer Händedruck«, »Last auf den Schultern«, »Kaltblütigkeit« und »reines Gewissen« machen deutlich, dass dieser Zusammenhang zwischen körperlichem Erleben und emotionalem Zustand tief in unserer Sprache verwurzelt ist.[4] Es gibt wohl kaum eine Emotion, die sich nicht mit einer körperlichen Metapher umschreiben ließe: Einsamkeit ist kalt, Schuld wiegt schwer, Grausamkeit ist hart und so weiter.

In diesem Buch werden wir sehen, dass dieser Zusammenhang zwischen körperlichen Empfindungen und Emotionen beziehungsweise Verhaltensweisen nicht nur in unseren sprachlichen Bildern existiert, sondern auch in Wirklichkeit. Körperliche Empfindungen wie Wärme, Distanz, Gewicht und viele andere subtile Sinneseindrücke wirken sich auf unser Urteil, unsere Emotionen und unsere Leistung aus. So kompliziert dieser Zusammenhang zwischen physischen Empfindungen und psychischem Erleben auch sein mag, er äußert sich in eindeutiger Weise – etwa in einem Gefühl der Kälte, das aus der Einsamkeit kommt.

Eine kalte, einsame Nacht

Es ist bekannt, dass sich Temperaturveränderungen auf unsere Stimmung und unser Verhalten niederschlagen. Angenehmes, warmes Wetter hebt die Laune.[5] Hitze hingegen wird mit Aggression und Verbrechen in Verbindung gebracht.[6] In Shakespeares Tragödie *Romeo und Julia* warnt Benvolio seinen Freund Mercutio vor den Auswirkungen der schwülen Hitze in den Straßen von Verona:

Ich bitt dich, Freund, lass uns nach Hause gehn!
Der Tag ist heiß, die Capulets sind draußen,
Und treffen wir, so gibt es sicher Zank:
Denn bei der Hitze tobt das tolle Blut.

Wie immer sind die Zusammenhänge etwas komplizierter, doch die Beziehung zwischen Hitze und Leidenschaft ist klar. Klassische Psychologen wehren sich zwar noch gegen diese Erkenntnis, genau wie Hardliner den Klimawandel leugnen, doch es ist nicht von der Hand zu weisen, dass Umweltfaktoren tiefgreifende Auswirkungen auf unser Fühlen und Denken haben. »Was macht das Wetter?« ist oft nichts anderes als eine Frage nach dem Befinden, und die Antwort auf diese scheinbar harmlose Frage kann einen erheblichen Einfluss auf unser Urteil und unsere Entscheidungen haben.

Mein Vater erzählte gern einen Witz: Ein Mann und eine Frau haben seit 15 Jahren eine Beziehung. Eines Tages fragt die Frau: »Meinst du nicht, wir sollten heiraten?« Worauf der Mann antwortet: »Gute Idee! Aber wen? Die Welt ist kalt und herzlos.« Natürlich meint die Frau, sie sollten einander heiraten, doch der Mann weist darauf hin, wie schwierig es ist, geeignete Partner zu finden. Wir verweisen oft auf die »Kälte« und »Herzlosigkeit« der Welt, wenn wir Angst haben, große Veränderungen in unserem Leben vorzunehmen und zum Beispiel eine neue Stelle zu suchen oder eine Partnerschaft zu beenden. Wir fürchten uns vor dem, was uns erwartet: einer schwierigen, beängstigenden, einsamen und eben kalten Welt.

Eine Freundin erzählte mir einmal eine traurige Geschichte aus ihrer Jugend. Als sie 13 Jahre alt war, freute sie sich darauf, mit ihren beiden besten Freundinnen ins Ferienlager zu fahren. Doch einen Tag vor der Abreise wurde die eine Freundin krank und die Familie der anderen änderte ihre Pläne für den Sommer – plötzlich musste sie allein ins Ferienlager. Als sie mir Jahrzehnte später bei einer warmen Tasse Tee davon erzählte, erinnerte sie sich daran, wie sehr sie diesen Sommer jede Nacht gefroren hatte. Obwohl die Sommer in Israel sehr warm sind, reichte ihr das Laken nicht aus. Viele Sprachen kennen diese Verbindung zwischen Einsamkeit und Kälte, in der Poesie ist sie ein beliebtes Bild. Hätte meine Freundin weniger gefroren, wenn ihre Freundinnen mit von der Partie gewesen wären?

Im kanadischen Toronto liegt die Durchschnittstemperatur im Winter weit unter dem Gefrierpunkt. Monatelang kämpfen die Einwohner der Stadt mit Schnee, Eis, Matsch und eisigen Winden. Das perfekte Umfeld für zwei Wissenschaftler von der Universität von Toronto, um den Zusammenhang zwischen Einsamkeit und dem Gefühl der Kälte zu untersuchen. In zwei Experimenten gingen sie der Frage nach, ob sich die Temperatur auf unseren Gemütszustand niederschlägt und ob umgekehrt unser Gemütszustand einen Einfluss auf unsere Wahrnehmung der Temperatur hat.[7]

Im ersten Experiment sollten sich 32 Studenten an eine Situation erinnern, in der sie sich ausgeschlossen und einsam gefühlt hatten – eine Party, zu der sie nicht eingeladen wurden, ein Spiel, an dem sie nicht teilnehmen durften, oder Ähnliches. Weitere 32 Studenten sollten sich an eine Situation erinnern, in der sie Teil einer Gruppe waren und zum Beispiel in einen Club aufgenommen wurden oder an einem Spiel teilnahmen. Dann wurde das Experiment scheinbar unterbrochen und die Wissenschaftler erklärten den Teilnehmern, die Hausverwaltung frage, ob die Raumtemperatur in Ordnung sei.

Die Studierenden sollten die Temperatur schätzen. Dabei stellte sich heraus, dass die Teilnehmer, die sich an eine Situation des Ausgeschlossenseins erinnerten, den Raum als kälter wahrnahmen als diejenigen, die sich an eine Situation des Dabeiseins erinnerten. Die erste Gruppe schätzte die Raumtemperatur auf durchschnittlich 21,5 Grad Celsius, die zweite auf 24 Grad. Dabei saßen alle in ein und demselben Raum.

Die Erinnerung an bestimmte Emotionen wirkt sich also auf körperliche Empfindungen im Hier und Jetzt aus. Selbst wenn wir uns nur an einen Moment der Einsamkeit erinnern, nehmen wir unsere Umgebung als kälter wahr.

Die Wissenschaftler wollten es jedoch nicht bei der Erinnerung belassen und die Erfahrung der Einsamkeit im Hier und Jetzt herstellen. Sie entwickelten einen genialen Versuchsaufbau, um die Erfahrung des Ausgeschlossenseins nachzustellen. Dazu ließen sie Studenten an einem virtuellen Ballspiel teilnehmen. Die Teilnehmer spielten online mit drei anderen Spielern – sie ahnten nicht, dass sich hinter diesen anderen Spielern ein »grausames« Programm verbarg, das so angelegt war, dass sich die virtuellen Spieler den »Ball« zuwarfen und den echten Spieler weitgehend ignorierten. Eine zweite Gruppe spielte dasselbe Spiel, doch in diesem Fall war der Computer freundlicher und ließ die realen Spieler mitspielen.

Nach diesem Spiel erhielten beide Gruppen einen Marketing-Fragebogen, der scheinbar nichts mit dem Ballspiel zu tun hatte. Auf einer Skala von 1 bis 7 sollten sie bewerten, wie sehr sie sich in diesem Moment einen heißen Kaffee, eine warme Suppe, einen Apfel, ein Gebäckstück oder eine kalte Limonade wünschten. Die Teilnehmer wussten nicht, dass in Wirklichkeit die Auswirkungen der Ausgrenzung während des Computerspiels ermittelt werden sollten. Die Wissenschaftler stellten fest, dass sich die ausgeschlossenen Teilnehmer deutlich häufiger für etwas Warmes entschieden als die übrigen Teilnehmer. Daraus zogen sie den Schluss, dass Einsamkeit als kalt empfunden wird und sich mit Wärme kompensieren lässt.

Eine andere Gruppe von Wissenschaftlern bohrte tiefer nach und untersuchte die Auswirkungen der Einsamkeit auf die Oberflächentemperatur der Haut.[8] Sie benutzten dasselbe virtuelle Ballspiel wie im vorigen Experiment und maßen dabei die Hauttemperatur der Fingerspitzen. Dabei stellten sie fest, dass die Hauttemperatur der Teilnehmer, die vom Computer ausgegrenzt wurden, tatsächlich allmählich sank.

In einem nächsten Schritt gingen einige Wissenschaftler der Frage nach, ob der Kontakt mit etwas Warmem die Stimmung der Ausgeschlossenen wieder hebt. Wieder teilten sie ihre Teilnehmer in zwei Gruppen ein und ließen sie das virtuelle Ballspiel spielen. Diesmal unterbrach der Computer das Spiel jedoch nach drei Minuten mit einer Fehlermeldung. In diesem Moment kamen zufällig die Wissenschaftler vorbei und hatten eine Tasse mit kaltem oder heißem Tee in der Hand. Die Teilnehmer baten um Unterstützung, und die Wissenschaftler reichten ihnen die Tasse mit der Bitte, sie zu halten, während sie das Programm wieder zum Laufen brachten. Nach dem Spiel sollten die Teilnehmer auf einer Skala von 0 bis 5 angeben, ob sie sich »schlecht«, »angespannt«, »traurig« oder »gestresst« gefühlt hatten. Wie zu erwarten, fühlten sich die ausgeschlossenen Teilnehmer im Durchschnitt schlechter als die übrigen. Das Erstaunliche war jedoch, dass diejenigen Teilnehmer, die Kontakt mit der kalten Tasse hatten, mehr negative Gefühle hatten. Wer eine warme Tasse in der Hand gehalten hatte, war offenbar auch innerlich gewärmt worden und fühlte sich besser.

Unterm Strich zeigen diese Ergebnisse, dass es nicht nur von der objektiven Temperatur abhängt, ob uns warm oder kalt ist, sondern auch von unserem psychischen Zustand. Wenn wir uns einsam fühlen, wenn wir ausgegrenzt werden oder wenn wir uns in einem Raum mit Menschen aufhalten, die unsere Ansichten und Vorlieben nicht teilen, dann hat dies Auswirkungen auf unser körperliches und geistiges Erleben. Selbst wenn wir in einiger Entfernung zu einer Gruppe oder einem Menschen sitzen oder stehen, fühlen wir uns ausgeschlossen und nehmen unsere Umgebung als kälter wahr. Wenn wir uns dagegen angenommen fühlen und die Menschen im Raum unsere Ansichten und Vorlieben teilen oder wenn wir näher bei anderen sitzen, dann nehmen wir den Raum als wärmer wahr.

Diese Erkenntnisse haben direkte Auswirkungen auf unseren Alltag und sind von besonderem Interesse für Lehrer und Eltern, die ihren Kindern beim Umgang mit unterschiedlichen Situationen helfen wollen. Viele Kinder und Jugendliche fühlen sich in der Schule einsam und ausgegrenzt, was zu Anpassungsschwierigkeiten führen kann. Wenn wir wissen, dass sich Wärme positiv auf zwischenmenschliche Beziehungen auswirkt, können wir unseren Kindern helfen, die Schule als warm zu empfinden, und dafür sorgen, dass andere Kinder ihnen mit mehr Wärme begegnen. Wenn wir die Raumtemperatur anheben, unsere Kinder ausreichend warm anziehen oder in der Pause Heißgetränke und warmes Essen reichen, kann dies das zwischenmenschliche Klima schon erheblich verbessern.

Ein junger Mann erzählte mir, seine Eltern hätten ihn als Jugendlichen in die Psychotherapie geschickt, um ihre Beziehung zu verbessern, doch er habe sich in der Praxis derart unwohl gefühlt, dass er während der ersten vier Monate nicht einmal die Jacke ausgezogen habe. So lange brauchte er, um mit dem Therapeuten warm zu werden. Ich selbst erinnere mich an Partys, bei denen ich niemanden kannte und mich beim Betreten des Raums sehr einsam fühlte. Anderen Gästen schien es ähnlich zu gehen, denn auch sie zogen ihre Jacken nicht aus. Wenn Sie zu einer Party einladen oder eine Sitzung organisieren, dann sorgen Sie dafür, dass im Raum eine angenehme Temperatur herrscht. Wenn Sie zur kalten Jahreszeit vornweg ein warmes Getränk anbieten oder eine heiße Suppe servieren, dann kann das sehr helfen. Einsame Menschen – Menschen in einer neuen, unbekannten Umgebung – benötigen nicht nur seelische, sondern auch körperliche Wärme.

Temperatur, Großzügigkeit und Vertrauen

Könnte es sein, dass die Temperatur nicht nur unsere Meinungen und Gefühle beeinfluss? Könnte es sein, dass sie sich sondern sich sogar auf unser Verhalten auswirkt? Könnten Sie beispielsweise nach Ihrer morgendlichen Tasse Kaffee eher bereit sein, einem Bettler am Eingang zur U-Bahn eine Münze zu geben? Hilft Ihnen eine Tasse Tee am Morgen, den Tag offener und positiver zu beginnen und anderen mehr Vertrauen entgegenzubringen? Williams und Bargh, die das Experiment mit den Kaffeetassen durchgeführt hatten, entwickelten einen Versuch, um auch diese Frage zu beantworten.[9]

Sie erklärten ihren Studenten, sie führten eine Verbraucherbefragung durch und stellten ihnen als neues Produkt ein therapeutisches Kissen vor. Die Teilnehmer sollten das Kissen – das entweder warm oder kalt war – eine gewisse Zeit lang in der Hand halten und danach seine Wirksamkeit bewerten und angeben, ob sie das Produkt Freunden, Angehörigen oder Fremden empfehlen würden. Der wichtigste Teil des Experiments war jedoch nicht die Beurteilung des vermeintlichen Produkts, sondern eine Entscheidung, die die Teilnehmer danach treffen sollten. Als Dankeschön für die Teilnahme sollten sie sich nämlich zwischen einem Erfrischungsgetränk für sich selbst und einem kleinen Geschenk für eine befreundete Person ihrer Wahl entscheiden.

Das Ergebnis war erstaunlich. Von den Teilnehmern, die das kalte Kissen in der Hand gehabt hatten, wollten 75 Prozent das Erfrischungsgetränk für sich selbst, während von den Teilnehmern mit dem warmen Kissen 54 Prozent einen anderen Menschen beschenkten. Das ist ein gewaltiger Unterschied, der offenbar ausschließlich durch die Temperatur des Kissens bewirkt wurde.

Dieses Experiment bestätigt, dass Schenken und Spenden eine emotionale Angelegenheit ist. Was nicht heißen soll, dass Geben ein rein emotionales Bedürfnis ist, denn es hat natürlich auch einen rationalen Aspekt. Wir neigen nicht dazu, willkürlich große Summen für gute Zwecke zu geben, sondern wir spenden aus den unterschiedlichsten Gründen: Vielleicht wollen wir die Zuneigung und Anerkennung der Empfänger gewinnen, vielleicht wollen wir von unserer Umgebung als großzügig wahrgenommen werden oder vielleicht wollen wir einfach das Gefühl haben, gebraucht zu werden. Doch wie die meisten Experimente der Embodiment-Forschung zeigt auch dieses, dass wir unsere Entscheidungen eben nicht nur im Kopf treffen, wie wir immer meinen, sondern dass der Körper ein gewichtiges Wörtchen mitzureden hat. Aber nicht nur unser Unbewusstes und unsere Emotionen können unser Verhalten beeinflussen, sondern auch scheinbar unbedeutende Kräfte – in diesem Fall ein Kissen, das die Versuchsteilnehmer einige Sekunden lang in der Hand hielten.

Williams und Bargh führten ein weiteres Experiment durch, um herauszufinden, ob der Kontakt mit einem warmen Gegenstand nicht nur großzügiger, sondern auch vertrauensvoller macht.[10] Vertrauen ist die Grundlage von Ehen, Freundschaften und Geschäftsbeziehungen, es muss oft hart erarbeitet werden, ist zerbrechlich und wird von vielen Faktoren bestimmt. Warum zeichnen sich manche Beziehungen durch Vertrauen aus und andere nicht? Wir entscheiden oft in wenigen Augenblicken und aus dem Bauch heraus, ob wir einem anderen Menschen vertrauen oder nicht, doch ein bisschen Wärme kann nachhelfen.

Wieder gaben die Wissenschaftler ihren Versuchsteilnehmern ein warmes oder kaltes Kissen in die Hand (15 oder 41 Grad Celsius). Dann sollten die Teilnehmer an einem Spiel teilnehmen, in dem die einen in die Rolle von Anlegern schlüpften und die anderen in die Rolle von Unternehmern. Die Anleger mussten entscheiden, wie viel Geld sie einem Unternehmer geben wollten, der anonym im Nebenraum saß. Die Unternehmer erhielten das Dreifache dieser Summe und sollten entscheiden, wie viel davon sie den Anlegern als Dividende ausschütten wollten. In jeder Runde konnten die Anleger entscheiden, ob sie zwischen 0 und 1 Dollar investieren wollten. Je mehr sie gaben, umso größer war die Wahrscheinlichkeit, dass sie etwas zurückerhielten – doch ob sie tatsächlich etwas bekamen, hing von den Unternehmern ab. Die Teilnehmer glaubten, es handele sich um ein Anlagespiel, doch in Wirklichkeit sollte ihr Vertrauen gemessen werden. Je mehr ein Anleger einem Unternehmer vertraute, umso größer die Investition.

Einmal mehr war das Ergebnis erstaunlich. Diejenigen Teilnehmer, die zuvor das kalte Kissen in der Hand gehabt hatten, investierten weniger als die Teilnehmer mit dem warmen Kissen. Sie vertrauten den Unternehmern weniger und waren sich weniger sicher, dass sie ihnen eine Dividende zahlen würden. Wer das warme Kissen in der Hand gehabt hatte, schien dagegen mehr Nähe und Vertrauen zu den Unternehmern zu spüren.

Die Wärme scheint uns nur kurzfristig großzügiger und vertrauensvoller zu machen. Der Einfluss unserer körperlichen Empfindungen auf unsere Psyche ist zeitlich begrenzt, doch das macht ihn nicht weniger wichtig. Unsere spontanen Entscheidungen können weitreichende Folgen haben. Wenn wir die Signale aus der Umwelt und von anderen Menschen verstehen und für uns nutzen wollen, müssen wir uns zunächst bewusst werden, dass es sie gibt.

Beispielsweise können Sie den Verlauf eines Rendezvous oder Geschäftstreffens positiver gestalten, indem Sie Ihrem Gegenüber ein warmes Getränk geben. Sie könnten das Treffen auch in ein japanisches Restaurant verlegen, das vor dem Essen feuchte warme Tücher für die Hände reicht. Wann immer Sie von anderen als warm oder sympathisch wahrgenommen werden wollen, reichen Sie ihnen eine Tasse Kaffee oder Tee. Bei Gehalts-, Verkaufs- oder Scheidungsverhandlungen, in denen Sie die andere Seite zu Kompromissen oder Zugeständnissen bewegen wollen, sollten sie kalte Getränke vermeiden und lieber einen Espresso oder einen Tee anbieten. Das könnte schon ausreichen, um die Situation zu ihren Gunsten zu verändern.

Kapitel 2

Weichspüler und Kratzbürsten

Was Oberflächen und Textur bewirken

Die Bibel erzählt die Geschichte von Esau und Jakob, den beiden Söhnen des Patriarchen Isaak. Als ältester Sohn hatte Esau, ein hartgesottener Jäger, Anspruch auf das Erbe des Vaters. Als er einmal hungrig vom Feld nach Hause kam, verkaufte er jedoch sein Erstgeburtsrecht gegen eine Linsensuppe an seinen Bruder Jakob, den Liebling der Mutter. Als der Tag gekommen war, an dem der alte, blinde Vater den Erstgeborenen segnen sollte, nahm Jakob den Platz seines Bruders ein. Um den Vater zu täuschen und so haarig zu wirken wie sein Bruder Esau, hüllte er sich in ein Ziegenfell. Isaak konnte sich lediglich auf seinen Tastsinn verlassen und sagte: »Die Stimme ist Jakobs Stimme, aber die Hände sind Esaus Hände.« So gab er Jakob seinen Segen.

❖

Diese Geschichte zeigt, wie wichtig unser Tastsinn für die Wahrnehmung unserer physischen Umwelt ist und wie sehr wir uns auf ihn verlassen, um unter die Oberfläche zu »blicken«. Wie Isaak ertasten wir eine Situation. Die Geschichte warnt uns allerdings auch davor, uns bei wichtigen Entscheidungen allein auf unsere Sinneseindrücke zu verlassen. Sie erinnert uns daran, unsere Sinne zu hinterfragen, wenn sie uns widersprüchliche Informationen liefern, und uns nicht nur auf unsere Annahmen und Überzeugungen zu verlassen, sondern unser Hirn einzuschalten. Und natürlich warnt sie uns davor, die kurzfristige Befriedigung nicht über langfristige Ziele zu stellen, wie dies Esau tat, als er seinem Hunger nachgab und eine Linsensuppe gegen sein Erstgeburtsrecht eintauschte. Einerseits liefern unsere Sinne uns überlebenswichtige Informationen. Aber andererseits müssen wir uns bewusst sein, dass sich ihre Botschaften widersprechen können.

Geschichten und Redewendungen warnen uns vor Sinnestäuschungen. Jakob nutzte das Embodiment zu seinem Vorteil, während Isaak für einen kurzen, aber entscheidenden Moment seinen Verstand ausschaltete und die Entscheidung seinen Sinnen überließ. Es ist oft nicht einfach, eine Situation und die Motive eines anderen Menschen wirklich zu verstehen. »Wirklich« ist das, was wir mithilfe unserer Sinne zu erkennen glauben und bewusst oder unbewusst verarbeiten. Dies spiegelt sich in unseren Redewendungen wider. Wir sprechen von harten Tagen, weichen Herzen, rauen Sitten, weichen Landungen, glatten Verhandlungen, harten Bandagen – Metaphern, die sich auf Tastwahrnehmungen beziehen. Aber handelt es sich hier nur um hübsche sprachliche Bilder, oder besteht ein tieferer Zusammenhang zu unserer menschlichen Natur?

Die Antwort geht buchstäblich unter die Haut. Die Haut ist das größte Sinnesorgan des menschlichen Körpers. Sie bedeckt ihn ganz, von den empfindlichen Fingerspitzen eines Pianisten zu den harten Fußsohlen eines Fakirs, der über glühende Kohlen geht.

Wir sprechen davon, mit Freunden *in Kontakt* zu bleiben, womit wir meist Kommunikation meinen und nicht den Körperkontakt. Wir sprechen davon, dass wir Dinge *begreifen*, so als müssten wir sie körperlich anfassen, um sie verstehen zu können – reicht es denn nicht, wenn wir sie mit dem Verstand erfassen? Wenn wir so viele Metaphern des Berührens und Anfassens verwenden, dann liegt das daran, dass dies die intimste Form der Welterfahrung ist.

Wissenschaftler vermuten, dass die Menschen schon lange vor der Entwicklung der Sprache über nonverbale Gesten und Berührungen miteinander kommuniziert haben. Auch als Kinder entwickeln wir uns von der nonverbalen zur verbalen Kommunikation. Über die Berührungen der Eltern – Umarmungen und Küsse, Halten und Wiegen – lernen Kleinkinder ihre Umwelt kennen. Psychologen haben gezeigt, wie wichtig der körperliche Kontakt in der kindlichen Entwicklung ist. Er gibt Kindern Sicherheit und fördert ihre Sozialkompetenz. Kinder, die kaum körperlichen Kontakt erfahren, bleiben in ihrer emotionalen, sozialen und kognitiven Entwicklung zurück; ein so bekanntes wie tragisches Beispiel sind Kinder aus rumänischen Waisenhäusern.[1]

Auch Erwachsene lassen sich durch Berührungen beeinflussen, zum Beispiel in ihrer Kooperationsbereitschaft, Selbstlosigkeit oder Risikofreudigkeit. In einem Experiment gingen Verkäufer in einem Supermarkt auf Kunden zu und baten sie, einen neuen Snack zu probieren; dabei berührten sie einen Teil der Kunden leicht am Unterarm. Diese Berührung steigerte die Bereitschaft der Kunden, den Snack zu probieren und sogar zu kaufen.[2] Ein anderes Experiment zeigte, dass ein leichter Klaps auf die Schulter die Risikobereitschaft von Anlegern steigerte, möglicherweise weil ihnen die Berührung ein Gefühl der Sicherheit vermittelte.[3] Eine weitere Untersuchung zeigte, dass Kellnerinnen, die die Gäste an der Hand oder Schulter berührten, mehr Trinkgeld erhielten.[4] Dieser kurze Körperkontakt hatte keinen Einfluss darauf, wie die Gäste die Kellnerin oder das Ambiente des Restaurants bewerteten, was darauf schließen lässt, dass sie sich der Auswirkung der Berührung auf ihr Verhalten nicht bewusst waren.

Berührungen fördern Vertrauen und Kooperationsbereitschaft. Sie wirken entspannend und sorgen dafür, dass wir uns weniger vor Gefahren fürchten und uns insgesamt sicherer fühlen. Ängstlichen Menschen hilft es, wenn sie andere berühren oder deren Hand halten. Bei einer potenziell schmerzhaften ärztlichen Behandlung können Ärzte die Anspannung ihrer Patienten mit einer leichten Berührung an der Stirn oder Schulter reduzieren. Ich persönlich entspanne mich nach einem anstrengenden Arbeitstag gern mit einer Massage, selbst wenn ich nicht sonderlich verkrampft oder angespannt bin.

Dieses Bedürfnis, zu berühren und berührt zu werden, hat sogar die Entwicklung von Geräten angestoßen, die das Gefühl menschlicher Berührungen imitieren. Ein Beispiel sind »Umarmungs-T-Shirts«, mit deren Hilfe räumlich getrennte Menschen per Handy eine Umarmung verschicken können; das Hemd ist aus weichem Material, und der Anruf aktiviert Drucksensoren, die das Gefühl einer Umarmung vermitteln sollen.[5] Tatsächlich bewirkt die virtuelle Umarmung ähnliche körperliche Reaktionen wie eine körperliche Umarmung, zum Beispiel einen Rückgang der Herzfrequenz. Eine andere Erfindung ist eine Puppe in Kombination mit einem »Cyber-Schlafanzug«, die einem Kind eine Umarmung vermittelt.[6] Wir sind offenbar bereit, viel Zeit und Geld zu investieren, um miteinander »in Kontakt« zu bleiben, sei es durch moderne Apparate oder durch altmodische Umarmungen nach einer langen Trennung.

Unser Tastsinn ist natürlich nicht auf menschliche Berührungen beschränkt. Wir machen andauernd Tasterfahrungen, ohne uns dessen bewusst zu werden. Wir spüren weiche, harte, raue oder glatte Oberflächen, wenn wir Kleider tragen, Bücher, Taschen oder Handys in der Hand halten oder Computer bedienen. Zu Hause, im Büro und in Restaurants spüren wir weiche und harte Kissen, Polster und Stühle. Abends legen wir uns in ein Bett, dessen Matratze wir nach ihrer Härte ausgewählt haben. Wir trocknen uns mit flauschigen oder kratzigen Handtüchern ab, und beim Pilates oder Yoga turnen wir auf harten oder weichen Unterlagen.

Tastempfindungen haben auch Eingang in die Metaphern gefunden, mit denen wir Menschen und Situationen beschreiben. Menschen bezeichnen wir als *hart*, wenn wir sie als unnahbar oder unnachgiebig empfinden. Als *weich* beschreiben wir dagegen Menschen, mit denen wir gut auskommen und die uns entgegenkommen wie ein formbarer Gegenstand.

Diese Metaphern wurzeln in einer tieferen Verbindung zwischen unseren körperlichen Empfindungen einerseits und unseren Verhaltensweisen und Urteilen andererseits. Wissenschaftler wollten herausfinden, ob Metaphern wie *harte* und *weiche* Verhandlungsführung mehr als leere Redewendungen sind und ob die Oberflächenbeschaffenheit der Gegenstände, mit denen wir in Berührung kommen, Auswirkungen auf unser Verhalten hat. Hat ein harter oder weicher Stuhl einen Einfluss darauf, wie unnachgiebig oder flexibel wir reagieren? Sollten wir bei schwierigen Verhandlungen auf unsere Sitzunterlage achten? Um Fragen wie diese geht es in diesem Kapitel.

Harte Schale, weicher Kern

Während der Semesterferien fahre ich immer nach San Diego, um meine Tochter und meine Enkelkinder zu besuchen. Ich genieße das Zusammensein, höre mir ihre Geschichten an und erzähle ihnen meine eigenen. Tagsüber, wenn die Mädchen in der Schule sind, erfreue ich mich an der frischen Luft und gehe am Strand spazieren. Das Wetter ist schön und man kann kilometerweit an Bilderbuchstränden entlanggehen. Oft unternehme ich einen Spaziergang mit einer guten Freundin und setze mich dann mit ihr in eines der Strandcafés.

Beim Spaziergang haben wir die Wahl, durch den weichen Sand oder über einen hölzernen Steg zu gehen. Meiner Freundin und mir ist es im Grunde egal, wir gehen mal durch den Sand und mal über den Steg.

Ich beobachte allerdings schon seit einiger Zeit, dass meine Freundin an manchen Tagen ausgesprochen starrköpfig ist und an anderen nachgiebiger wirkt. Manchmal ist es ihr gleichgültig, in welches Café wir uns setzen, und bei anderen Gelegenheiten besteht sie darauf, dass wir uns an unseren ursprünglichen Plan halten. Ich hielt sie lange für eine launische Frau, die an manchen Tagen einfach besser drauf ist als an anderen. In letzter Zeit habe ich allerdings beobachtet, dass sie an den Tagen, an denen wir über den Steg gehen, deutlich unflexibler ist als an den Tagen, an denen wir durch den Sand gehen. Sollte das Verhalten meiner Freundin wirklich davon abhängen, ob wir über einen harten oder weichen Untergrund gehen?

Genau dieser Frage gingen Wissenschaftler von Harvard, Yale und MIT nach. In einem ersten Experiment dachten sie sich eine kreative Möglichkeit aus, ihre Versuchspersonen einen harten oder weichen Gegenstand berühren zu lassen, ohne dass diese Verdacht schöpften.[7] Dazu luden sie Passanten zu einer Zaubervorführung ein. Sie erinnern sich vermutlich, dass die Zauberer, bevor sie Taschentücher in Tauben verwandeln oder Geld aus einem Kästchen schütteln, Freiwillige aus dem Publikum bitten, die betreffenden Gegenstände zu berühren und zu überprüfen. Das machten sich die Wissenschaftler zunutze und ließen die Passanten die magischen Gegenstände in die Hand nehmen. Die Hälfte der Teilnehmer sollte einen harten Holzwürfel überprüfen, die andere ein weiches Tuch. Dann erklärten sie den Teilnehmern, die Darbietung ziehe sich noch ein wenig hin, und gaben ihnen in der Zwischenzeit eine scheinbar nicht damit zusammenhängende Aufgabe.

Die Teilnehmer sollten einen kurzen Text lesen, der eine unklare Situation zwischen einem Vorgesetzten und einem Mitarbeiter schilderte. Dann sollten sie ein paar Fragen zur Persönlichkeit des Mitarbeiters beantworten, die sich zum Teil auf seine Flexibilität und Nachgiebigkeit bezogen. Diejenigen Versuchspersonen, die zuvor das weiche Tuch berührt hatten, schätzten den Mitarbeiter als flexibler und nachgiebiger (also weicher) ein als diejenigen, die zuvor den harten Würfel in der Hand gehalten hatten. Alle Teilnehmer hatten denselben Text gelesen, und bei der Beurteilung von Persönlichkeitseigenschaften wie Offenheit oder Seriosität kamen sie zu demselben Ergebnis; nur bei der Beurteilung der Flexibilität und Nachgiebigkeit unterschieden sie sich.

Die Wissenschaftler wollten auch herausfinden, ob die harte oder weiche Tastempfindung nicht nur die Wahrnehmung und das Urteil beeinflusste, sondern auch das Verhalten – zum Beispiel in Verhandlungssituationen. Weiche Verhandlungsführer sehen in ihrem Gegenüber eher Partner, mit denen sie eine Einigung erzielen wollen; dazu sind sie bereit, von ihrer ursprünglichen Position abzurücken und Kompromisse einzugehen. Harte Verhandlungsführer sehen in ihrem Gegenüber dagegen eher einen Gegner, dem sie nicht vertrauen können; sie sind seltener bereit, ihre Position aufzugeben und Kompromisse einzugehen.

Die Wissenschaftler wollten herausfinden, inwieweit der Kontakt mit harten oder weichen Oberflächen einen Einfluss auf unsere Verhandlungsführung hat. Diesmal sollten die Versuchsteilnehmer keine Gegenstände berühren, sondern auf einem harten beziehungsweise weichen Stuhl Platz nehmen und sich vorstellen, sie seien in einem Autohaus und wollten ein bestimmtes Fahrzeug kaufen. Sie sollten zwei Angebote machen, wobei sie davon ausgehen sollten, dass der Händler das erste Angebot nicht annehmen würde. Die Teilnehmer, die auf einem weichen Stuhl saßen, stockten ihr Angebot häufiger auf als die Teilnehmer, die auf einem harten Stuhl saßen. Der weiche Stuhl machte offenbar auch die Verhandlungspartner weicher.

Als »hart« und »weich« werden nicht nur Menschen und Verhaltensweisen beschrieben, sondern auch die Geschlechter. Die Geschlechterrollen haben sich zwar erheblich gewandelt, doch Männern und Frauen werden immer noch bestimmte stereotype Eigenschaften zugeschrieben. Eine dieser Eigenschaften ist die Weichheit. Ob uns das Vorurteil gefällt oder nicht, Frauen gelten nach wie vor als weicher und Männer als härter.

Eine Gruppe von Wissenschaftlern führte zwei Untersuchungen durch, um zu ermitteln, inwieweit wir weiche oder harte Tastempfindungen mit weiblichen und männlichen Eigenschaften assoziieren.[8] In einem ersten Versuch sahen die Teilnehmer auf einem Bildschirm acht geschlechtsneutrale Gesichter und sollten angeben, ob es sich um Männer oder Frauen handelte. Dabei sollten sie einen Ball drücken, denn vorgeblich sollte dieses Experiment untersuchen, inwieweit sich bestimmte Tätigkeiten auf die Gesichtserkennung auswirkten. Die Teilnehmer wurden in zwei Gruppen eingeteilt, die eine drückte einen harten Ball und die andere einen weichen. Die Teilnehmer mit dem harten Ball identifizierten die geschlechtsneutralen Gesichter eher als männlich. Mit anderen Worten hatte die harte oder weiche Tastempfindung einen Einfluss darauf, ob die Teilnehmer eine Person als Mann oder Frau wahrnahmen.

Auch im zweiten Versuch sollten die Teilnehmer Gesichter als männlich oder weiblich identifizieren. Diesmal erhielten sie jedoch Papierabzüge und sollten ihre Antworten direkt auf das Blatt schreiben. Eine Gruppe sollte beim Schreiben kräftig aufdrücken, da sich unter dem Blatt ein Durchschlag befand. Die zweite Gruppe sollte möglichst nicht aufdrücken, um das Durchschlagpapier nicht zu beschädigen. Dabei stellte sich heraus, dass die Teilnehmer, die fest aufdrücken sollten, die Gesichter eher als männlich identifizierten als die Teilnehmer, die möglichst nicht aufdrücken sollten.

Harte und weiche Tastempfindungen werden also mit Männlichkeit und Weiblichkeit assoziiert. Was ist mit anderen Dingen, die wir gern in die Schubladen »hart« und »weich« stecken? Um dies zu beantworten, untersuchten Wissenschaftler unsere Wahrnehmung von wissenschaftlichen Fächern und politischen Parteien.

An der Universität unterscheidet man gern zwischen »harten« und »weichen« Disziplinen. Naturwissenschaften gelten als »hart«, Gesellschafts- und Geisteswissenschaften als »weich«. Ich halte nicht viel von dieser Einteilung, zumal die Psychologie meist in die weiche Schublade gesteckt wird, obwohl Psychologen kontrollierte Experimente durchführen und quantitative Messungen vornehmen, genau wie Biologen oder Physiker.

In der Politik werden Konservative gern als »Hardliner« bezeichnet, weil sie in der Außen- und Wirtschaftspolitik sowie in gesellschaftlichen Fragen wie Abtreibung oder homosexuelle Partnerschaften konservative Positionen vertreten; Sozialdemokraten werden dagegen als weicher und mitfühlender wahrgenommen.[9]

In einem Experiment überprüften Wissenschaftler, welchen Einfluss weiche oder harte Tastempfindungen darauf hatten, ob die Teilnehmer einen Menschen als Sozialdemokraten oder als Konservativen beziehungsweise als Physiker (harte Naturwissenschaft) oder als Historiker (weiche Geisteswissenschaft) identifizierten.[10] Sie zeigten den Versuchspersonen vier Fotos von Männern und vier von Frauen und ließen sie ihre politische Einstellung einschätzen, während sie gleichzeitig einen harten oder weichen Ball kneteten. Ähnlich wie im vorigen Experiment identifizierten die Teilnehmer mit dem weichen Ball mehr Gesichter als Sozialdemokraten.

Im nächsten Experiment sahen die Teilnehmer Gesichter von Professoren und sollten entscheiden, ob es sich um Physiker oder Historiker handelte. Die Teilnehmer mit dem harten Ball sahen mehr Physiker, die mit dem weichen mehr Historiker.

Diese Beobachtungen legen den Schluss nahe, dass harte oder weiche Tastempfindungen einen Einfluss darauf haben, wie wir bestimmte Dinge einordnen. Offenbar assoziieren wir harte und weiche Tastempfindungen mit den entsprechenden psychologischen Kategorien. Körperliche Empfindungen haben einen Einfluss darauf, wie wir Interaktionen und Menschen wahrnehmen und wie wir uns selbst verhalten.

Stein im Schuh

Eines Tages bemerkte meine dreijährige Enkelin Natalie, dass ihr Vater schlecht gelaunt war. Stimmungen sind eine extrem komplexe Angelegenheit und Wissenschaftler können ein ganzes Leben mit ihrer Erforschung zubringen. Doch als kindliche Psychologin hatte Natalie sofort eine Erklärung für die Stimmung ihres Vaters parat: Er war böse, weil er Haare im Gesicht hatte. Damit meinte sie seine Bartstoppeln. Sie war überzeugt, dass ihr Vater schlecht gelaunt war, weil sein Kinn so kratzig war.

Viele Sprachen stellen einen Zusammenhang zwischen unebenen, rauen und kratzigen Oberflächen und schwierigen, frustrierenden und schmerzhaften Erfahrungen her. Das scheint darauf hinzuweisen, dass es einen tieferen Zusammenhang zwischen Metaphern und Empfindungen gibt.

Als junge Soldatin der israelischen Luftstreitkräfte arbeitete ich eine Zeit lang im Schichtdienst. Wenn ich Nachtschicht hatte, arbeitete ich von 19 Uhr abends bis 8 Uhr morgens, dann hatte ich einen Tag und eine Nacht frei und meldete mich am nächsten Morgen wieder zum Dienst. Dank der Nachtschichten konnte ich gleichzeitig studieren, doch das änderte nichts daran, dass ich nur ungern nachts in die Kaserne ging. Zu Dienstbeginn wurden wir in zwei Gruppen eingeteilt und jede durfte vier Stunden in einem kleinen Raum schlafen. Ich erinnere mich noch deutlich an die steifen Laken und kratzigen Decken. Irgendwann erfuhren wir, dass wir auch unsere eigenen Bettbezüge mitbringen konnten, und von diesem Tag an schlief ich viel besser. Ich empfand auch den Schichtdienst als weniger unangenehm und begann, die Zeit mit befreundeten Kollegen zu genießen. Die Arbeit verlief insgesamt reibungsloser und harmonischer, wir hatten weniger Konflikte. Uns allen war klar, dass es angenehmer war, auf weichen Laken zu schlafen, aber wir hatten nicht damit gerechnet, dass sich der Wechsel auch auf unsere Arbeit auswirken würde. Heute bin ich überzeugt, dass diese Tastwahrnehmung der Laken einen großen Einfluss auf unser Verhalten und unsere Zusammenarbeit hatte.

Seither haben Wissenschaftler untersucht, ob der Kontakt mit glatten oder rauen Oberflächen damit zusammenhängt, dass wir zwischenmenschliche Interaktionen als reibungslos oder holprig wahrnehmen.[11] Um Versuchsteilnehmer mit glatten beziehungsweise rauen Oberflächen in Kontakt zu bringen, sollte eine Gruppe ein Puzzle mit glatten, glänzenden Teilen zusammenfügen, während eine zweite Gruppe ein Puzzle erhielt, dessen Teile mit grobem Schleifpapier bezogen waren. Danach sollten die Teilnehmer einen Text lesen, der ein Gespräch zwischen zwei Menschen beschrieb. Die in dem Text beschriebene Situation war nicht ganz eindeutig, man hätte sie als freundliches Gespräch deuten können, aber auch als unterschwelligen Konflikt. Die Teilnehmer sollten einschätzen, inwieweit es sich ihrer Ansicht nach um ein freundschaftliches Gespräch oder um eine weniger freundschaftliche Auseinandersetzung handelte.

Die Teilnehmer, die das Schmirgelpuzzle zusammengesetzt hatten, nahmen die Situation eher als unfreundliches, wenig konstruktives Wortgefecht wahr, während die Teilnehmer mit den glatten Puzzleteilen eher ein freundschaftliches und konstruktives Gespräch erkannten. Alle Teilnehmer hatten denselben Text gelesen, doch der Kontakt mit rauen oder glatten Oberflächen sorgte dafür, dass sie die Interaktion unterschiedlich beurteilten. Andere Aspekte, zum Beispiel die Nähe der beschriebenen Personen, schätzten beide Gruppen gleich ein. Lediglich die Aspekte, die mit der Reibung der Situation zu tun hatten, schätzten sie unterschiedlich ein.

Warum Oberfläche nicht oberflächlich ist

Die Gegenstände, mit denen wir in Berührung kommen, beeinflussen unsere Urteile, Wahrnehmungen und Verhaltensweisen, ohne dass wir uns dessen bewusst werden. Wenn wir raue, glatte, harte oder weiche Gegenstände berühren, hat dies Auswirkungen darauf, wie wir eine Situation einschätzen und wie wir uns selbst verhalten. So unglaublich das klingt, aus Sicht des Embodiment ist es nur logisch. Das legt die Vermutung nahe, dass unsere Redewendungen und abstrakten Konzepte in engem Zusammenhang mit unserem körperlichen Erleben stehen und sogar auf diesen aufbauen – in der Psychologie spricht man auch vom »Scaffolding«. Das heißt, unser physischer Kontakt mit Oberflächen und Texturen ist die Basis, auf der abstrakte Vorstellungen aufbauen, die wir mit denselben Attributen beschreiben. Die Vorstellung einer reibungslosen Verhandlung basiert beispielsweise auf der Erfahrung einer glatten Oberfläche, die wir schon zu einem sehr frühen Zeitpunkt der kindlichen Entwicklung machen.

Jedes Gebäude beginnt mit einem Fundament, auf dem ein Stockwerk nach dem anderen errichtet wird. Auf ähnliche Weise lernen wir als Kinder abstrakte Konzepte verstehen, indem wir von einem Fundament körperlicher Empfindungen ausgehen. Wir beginnen mit unseren körperlichen Wahrnehmungen und bauen neue Konzepte auf diesen auf. Wir lernen beispielsweise, dass manche Oberflächen weich sind, zum Beispiel der Körper der Mutter oder das Fell unseres Teddys. Wir lernen, dass die Liege beim Arzt hart ist, und dass wir dort schmerzhafte Erfahrungen machen, zum Beispiel wenn wir geimpft werden. Dieses körperliche Erleben ist das Fundament, auf dem wir später abstrakte Konzepte errichten. Man könnte auch sagen, dass wir einen Dateiordner mit dem Namen »weich« anlegen, in dem wir verwandte emotionale und körperliche Erfahrungen ablegen. Wenn wir älter werden, rufen Tastempfindungen Emotionen hervor, die mit diesen frühen Sinneserfahrungen zusammenhängen, und beeinflussen unser Verhalten, unsere Emotionen und unser Urteil. Wir lesen quasi eine alte Datei und verhalten uns entsprechend. Abstrakte Konzepte können auf unserem sinnlich-motorischen Erleben aufbauen, wenn körperliche Empfindungen bestimmte Gehirnregionen aktivieren. Wenn unsere These stimmt – wenn also die körperlichen Empfindungen tatsächlich die Grundlage unseres abstrakten Wissens sind und bestimmte sprachliche Bilder aus dem sinnlich-motorischen Erleben herrühren –, dann müssten die Gehirnregionen, die bei realen physischen Wahrnehmungen (rau/glatt, hart/weich) aktiv werden, auch bei der Verwendung der entsprechenden Redewendungen aktiviert werden (reibungsloser Verlauf, harte Verhandlung). Wenn abstrakte Konzepte dagegen nicht auf unserer Sinneserfahrung aufbauen und unsere Redewendungen nichts als hübsche Sprachmalereien sein sollten, dann müssten beim Kontakt mit harten Gegenständen und beim Gebrauch der Metapher *harte Verhandlung* unterschiedliche Gehirnregionen aktiv werden. Genau diesen Zusammenhang haben Wissenschaftler mithilfe von funktionalen Magnetresonanztomografien überprüft.[12]

Die funktionelle Magnetresonanztomografie (fMRT) misst Veränderungen in der Durchblutung bestimmter Gehirnregionen, die darauf hinweisen, dass diese Regionen aktiv sind. Mit diesem Gerät lassen sich kognitive und emotionale Verhaltensweisen beobachten, etwa wenn wir urteilen, entscheiden, Probleme lösen, lernen, verschiedene Textsorten lesen und so weiter.

In einer Untersuchung wählten Wissenschaftler 54 Sätze mit Tastmetaphern aus, zum Beispiel »Sie hatte einen harten Arbeitstag hinter sich.« und stellten sie neben Sätze mit derselben Bedeutung, aber ohne diese Metapher, beispielsweise »Sie hatte einen anstrengenden Arbeitstag hinter sich.« Die Teilnehmer lagen in der Röhre des Hirnscanners und hörten diese Sätze über Kopfhörer. Dabei stellten die Wissenschaftler fest, dass beim Hören einer

Tastmetapher dieselben Gehirnregionen aktiv wurden wie bei der entsprechenden Tastempfindung. Wenn die Teilnehmer die Sätze ohne diese Metaphern hörten, wurden die Sinnesregionen des Gehirns nicht aktiv.

Die Untersuchung beweist, dass das Gehirn eine Metapher in denselben Regionen verarbeitet wie den Input des entsprechenden Sinnesorgans. Die Hirnregionen werden nicht aktiv, wenn wir Sätze mit derselben Bedeutung, aber ohne die Metapher verarbeiten.

Rasieren oder nicht?

Das Leben besteht aus einer endlosen Abfolge von Verhandlungen. Die eben beschriebenen Erkenntnisse haben zum Beispiel direkte Auswirkungen auf geschäftliche Verhandlungen. Plötzlich müssen Sie überlegen, auf welchen Stühlen Sie und Ihre Verhandlungspartner bei wichtigen Gesprächen sitzen sollen. Auf weichen Sesseln sind Ihre Gegenüber eher flexibel und machen Zugeständnisse. Auf kalten und harten Stühlen dürften sie dagegen eher unnachgiebig auf ihren Positionen beharren.

Die Bedeutung dieser Erkenntnisse geht allerdings weit über Sitzmöbel hinaus. Denken Sie an all die Dinge, die Sie täglich in die Hand nehmen. Ohne uns dessen bewusst zu werden, fassen wir andauernd irgendwelche Gegenstände an. Ich habe zum Beispiel immer meine weiche Handtasche dabei – manchmal lege ich sie zwar beiseite, aber oft genug habe ich sie auch in der Hand. Aber zu Geschäftsterminen kommen wir heute meist mit Laptops und halten uns während der gesamten Sitzung an diesen kalten, harten Geräten fest. Könnte es sein, dass wir so eher zu unnachgiebigen Positionen neigen? Ein weiterer harter Gegenstand, den wir oft in der Hand haben, ist unser Handy, das manche Menschen in eine Hülle stecken. Wirkt eine weiche Hülle entspannender, wenn wir mit Freunden, Angehörigen oder Geschäftspartnern telefonieren?

Auch mit unseren Kindern müssen wir täglich Verhandlungen führen. Wir müssen festlegen, wie viele Stunden sie vor dem Computer oder dem Fernseher verbringen dürfen, wie viel Taschengeld sie bekommen sollen und wann sie nach einer Party wieder zu Hause sein müssen. Mit unseren Lebenspartnern müssen wir über das Budget, Reisepläne und Fragen der Kindererziehung verhandeln. Am Arbeitsplatz bewerten wir Projekte, Verträge und Konditionen und entscheiden über Entlassungen und Neueinstellungen. Und mit Kunden handeln wir Konditionen und Prozente aus.

In vielen Verhandlungen sind wir weich, manchmal sogar zu weich, in anderen hart oder zu hart. Kennen Sie das? Am Abend zuvor haben Sie noch beschlossen, im Verhandlungsgespräch keine Zugeständnisse zu machen, nur um dann am nächsten Tag doch nachzugeben. Oder beharren Sie doch auf Ihrer Position und ignorieren die Argumente der anderen? Nach der Theorie des Embodiment lässt sich unsere Wahrnehmung einer Situation durch den einfachen Kontakt mit glatten oder rauen, weichen oder harten Gegenständen in unserer Umgebung beeinflussen. Unsere Haltung hängt von den Dingen ab, die wir benutzen, seien es samtweiche Handtücher oder kratzige Laken. Es ist nichts Neues, dass sich frisch gewaschene und gebügelte Bettbezüge angenehm anfassen, doch die hier beschriebenen Experimente lassen den Schluss zu, dass das weiche Laken einen Einfluss darauf hat, welche Gefühle Sie Ihrem Partner oder Ihrer Partnerin in diesem Bett entgegenbringen. Um die Anspannung des Tages abzubauen und zu Ihrem Wohlbefinden beizutragen, könnten Sie beispielsweise Ihr Gesicht oder Ihre Beine rasieren oder weiche Schlafanzüge tragen.

Im Alltag können uns diese Erkenntnisse im Umgang mit unseren Kindern helfen, die weiche Spielsachen mögen. Psychologen bezeichnen Decken oder weiche Spielsachen, an denen Kinder hängen, als »Übergangsobjekte«. Diese Gegenstände geben den

Kindern Sicherheit und bauen Ängste ab, vor allem in unbekannten und beängstigenden Situationen. Allein der Kontakt mit weichen Gegenständen, die nicht einmal unbedingt Übergangsobjekte sein müssen, kann dazu beitragen, dass Kinder eine Situation als weniger bedrohlich wahrnehmen und ihr Verhalten »weicher« wird.

Auch älteren Kindern hilft der Kontakt mit weichen Gegenständen. Schulpsychologen und Lehrer erzählen mir oft von ihren kreativen Bemühungen, Kindern mit dem Zappelphilipp-Syndrom oder anderen Verhaltensproblemen zu helfen. Eine Methode besteht darin, die Kinder während des Unterrichts weiche Bälle drücken zu lassen, weil dies ihre Aufmerksamkeit verbessert und Aggressionen abbaut.

Eine befreundete Psychologin sucht eine Therapeutin auf, die in der Sitzung immer eine Katze auf dem Schoß hat. Weil meine Freundin keine Katzen mag, war sie anfangs ein wenig skeptisch, doch sie gewöhnte sich daran und ist ihrer Therapeutin seit Jahren treu. Die Therapeutin ist eine ausgesprochen offene, mitfühlende und tolerante Frau, die auch an schwierigen Situationen immer das Positive entdeckt. Diese Eigenschaften sind natürlich Ausdruck einer mitfühlenden und weichen Persönlichkeit, doch man kann sich durchaus fragen, ob nicht auch der Kontakt mit dem weichen Fell der Katze etwas dazu beiträgt.

In der Therapie werden oft Tiere eingesetzt, um den Patienten zu helfen, ihre soziale und emotionale Kompetenz zu verbessern.[13] Es besteht kein Zweifel, dass der Umgang mit Tieren einen positiven Einfluss auf uns hat. Untersuchungen haben gezeigt, dass allein das Streicheln von Tieren Puls und Blutdruck senkt, Stress und Angst abbaut und entspannend wirkt.[14] Wenn Sie überlegen, sich ein Haustier anzuschaffen, denken Sie also nicht nur an die zusätzliche Verantwortung, die das Tier bedeutet, sondern auch an den Nutzen, den es der ganzen Familie bringt. Sie müssen nur ihr weiches Fell berühren, und schon zeigt sich Ihre weiche Natur.

Kapitel 3

Nehmen Sie nichts auf die leichte Schulter!

Wie uns Gewichte manipulieren

Ich bin Psychologin, keine Gewichtheberin. Trotzdem kam mir der Gedanke zu diesem Buch, während ich im Fitnessstudio Hanteln stemmte. Nichts Übermäßiges, nur ein einfaches Ausdauertraining, das ich zwei- oder dreimal pro Woche mache, um mich fit zu halten. Anders als professionelle Gewichtheber, die hochkonzentriert bei der Sache sind, lasse ich während der Übungen meine Gedanken umherschweifen. Ich hatte schon länger daran gedacht, ein Buch zu schreiben, aber an diesem Tag wusste ich plötzlich, dass ich es tun musste. Mir wurde schlagartig klar, wie wichtig es mir war, diese erstaunlichen neuen Erkenntnisse über den Einfluss von körperlichen Empfindungen auf unser Fühlen und Handeln einem breiteren Publikum zugänglich zu machen.

Aber warum kam mir der Einfall gerade in diesem Moment, und nicht abends vor dem Einschlafen oder bei einem Spaziergang? Kann es sein, dass uns alles gewichtiger vorkommt, wenn wir einen schweren Gegenstand heben?

❖

Man könnte sagen, dass ich *abwog*. Unsere Sprache stellt eine unmittelbare Verbindung her zwischen der Bedeutung einer Sache und ihrem Gewicht. Wenn wir Möglichkeiten gegeneinander abwägen, entscheiden wir, welche von beiden schwerer wiegt und damit wichtiger ist. Wir können andere um ihre Ansicht bitten, deren Meinung für uns Gewicht hat. Gewicht ist keine leichte Sache. Wir sprechen von *schweren* oder *gewichtigen Entscheidungen*, wenn sie weitreichende Folgen haben. Einflussreiche Menschen *werfen ihr Gewicht in die Waagschale*. Probleme sind wie ein *Mühlstein um den Hals* und *ziehen uns runter*. Manchmal empfinden wir es als *Bürde*, wenn sich andere auf uns stützen, und sind froh, wenn uns jemand *eine Last von den Schultern* nimmt. Ein klassisches Bild ist der Titan Atlas, der die gesamte Welt auf den Schultern trägt.

Diese Metaphern sind nicht aus der Luft gegriffen. Die abstrakten Vorstellungen dahinter basieren auf körperlichen Empfindungen. Unsere Vorstellung von der Wichtigkeit einer Angelegenheit hängt eng mit der körperlichen Wahrnehmung der Gewichtigkeit zusammen.

Verschiedene Embodiment-Forscher haben Experimente entwickelt, um diesem Zusammenhang zwischen Gewicht und Bedeutung auf den Grund zu gehen.[1] In einem Experiment erhielten die Teilnehmer beispielsweise einen Lebenslauf und sollten damit einen Bewerber beurteilen. Der Lebenslauf war immer derselbe, der einzige Unterschied war das Gewicht des Klemmbretts, auf dem die Teilnehmer ihn erhielten: In der Hälfte der Fälle wog es 350 Gramm und in der anderen Hälfte zwei Kilogramm. Die Teilnehmer mit dem schweren Klemmbrett hielten den Bewerber für besser qualifiziert und waren der Ansicht, er habe ein ernsthafteres Interesse an der Stelle.

Bei der Beurteilung der Kollegialität oder der Teamfähigkeit waren sich die beiden Gruppen einig. Das Gewicht beeinflusste lediglich die Einschätzung der Qualifikation und Ernsthaftigkeit. Das schwerere Klemmbrett hatte zwar messbare Auswirkungen, jedoch nur auf die Wahrnehmung der Qualität und Seriosität.

In einem zweiten Experiment baten die Wissenschaftler Passanten auf der Straße, an einer Umfrage zur staatlichen Finanzierung verschiedener öffentlicher Vorhaben teilzunehmen und sie nach ihrer Förderungswürdigkeit einzustufen. Darunter waren Themen wie Bildung und Umweltverschmutzung, die von allgemeinem gesellschaftlichen Interesse sind, aber auch spezielle Themen wie der Lohn von Briefträgern und die relativ bedeutungslose Frage einer Normierung von Waschbecken in öffentlichen Toiletten. Wie zuvor sollten die Teilnehmer die Fragebögen auf unterschiedlich schweren Klemmbrettern ausfüllen, das leichtere wog 450 Gramm, das schwerere anderthalb Kilogramm.

Wieder gab das Gewicht des Klemmbretts den Ausschlag, doch diesmal ließen sich nur Männer beeinflussen, und auch nur bei der Beurteilung der allgemeinen Fragen. Frauen wollten gesellschaftliche Anliegen gefördert wissen, egal wie schwer das Klemmbrett war. Männer wiesen jedoch allgemeinen und speziellen Fragen mehr Bedeutung zu, wenn sie das schwerere Brett in der Hand hielten. In ihrem Fall beeinflusste das reale Gewicht des Fragebogens das gefühlte Gewicht der Themen. Untersuchungen zeigen, dass Frauen generell ein größeres Interesse an der Finanzierung von sozialen Anliegen wie Sozialhilfe, Gesundheit, Bildung oder Minderheitenförderung haben.[2] Sie halten diese Bereiche ohnehin für unterstützungswürdig und lassen sich daher nicht zusätzlich vom Gewicht des Klemmbretts beeinflussen. Männer, die sich weniger für soziale Fragen interessieren, ließen sich jedoch durch das schwerere Klemmbrett von der Gewichtigkeit der Themen überzeugen.

Niederländische Wissenschaftler ließen Studierende einen Fragebogen ausfüllen, auf dem sie den Wert verschiedener Währungen schätzen sollten.[3] Auch hier bekam die eine Hälfte der Befragten ein leichtes Klemmbrett von 650 Gramm, die andere Hälfte ein Brett von einem Kilogramm. Die Gruppe mit den schwereren Klemmbrettern bewertete die Währungen höher als die Gruppe mit den leichten Klemmbrettern. Das Gewicht in der Hand verlieh auch den Währungen zusätzliches Gewicht.

In einem zweiten Experiment sollten Studenten einen fiktiven Text über ein Komitee der Universität lesen, das Auslandsstipendien vergab und die Bewerber nicht anhörte. Die Teilnehmer sollten angeben, wie wichtig es ihnen war, dass die Bewerber vor diesem Ausschuss gehört wurden. Bei der Beantwortung der Fragen standen die Studenten und hielten ein schweres oder leichtes Klemmbrett in der Hand. Die Teilnehmer mit dem schweren Klemmbrett hielten es für wichtiger, dass die Bewerber angehört wurden – wieder ließen sie sich vom Gewicht des Brettchens beeinflussen.

Als Dekanin und Mitglied im Direktorium meiner Universität habe ich auch mit der Stipendienvergabe und der Forderung nach der studentischer Mitbestimmung zu tun, vor allem wenn es um die direkten Belange der Studenten geht. Die Stipendienvergabe hat schließlich direkte Auswirkungen auf das Leben und die weitere Laufbahn von Studierenden. Nach meiner Erfahrung hätte ich erwartet, dass die meisten Studenten ein Mitspracherecht einfordern, unabhängig vom Gewicht des Fragebogens. Doch dieser und die anderen Versuche machen klar, dass wir Gewicht mit Bedeutung assoziieren.

Die Versuche zeigen auch, dass diese Assoziation von Gewicht und Bedeutung nicht nur eine Frage von bloßen Redewendungen, sondern realer Teil unserer Welterfahrung ist. Das Gefühl des Gewichts weckt psychische und emotionale Assoziationen und beeinflusst so unsere Einschätzung des Werts, der Bedeutung und der Ernsthaftigkeit einer Sache oder eines Menschen.

Gewichtige Lektüre

Das Gewicht hat also einen Einfluss darauf, wie gewichtig uns etwas erscheint. Die physische Wahrnehmung des Gewichts aktiviert eine abstrakte Vorstellung von Bedeutung, weshalb wir etwas Schwerem mehr Bedeutung zumessen als etwas Leichtem. Funktioniert dieser Zusammenhang in beide Richtungen? Hat unsere abstrakte Vorstellung von Bedeutung auch einen Einfluss darauf, wie wir das physische Gewicht eines Gegenstands wahrnehmen? Dieser Frage gingen niederländische Wissenschaftler nach.[4] Dazu entwickelten sie ein Experiment, das aus zwei Teilen bestand. Im ersten sollten Teilnehmer ein Buch in die Hand nehmen und sein Gewicht schätzen. Alle Teilnehmer wussten, dass dieses Buch in der Fakultät verwendet wurde, doch die Hälfte der Teilnehmer erhielt die zusätzliche Information, dass es sich um ein wichtiges Lehrbuch handelte. Die Teilnehmer, die das Buch für besonders wichtig hielten, schätzten das physische Gewicht höher ein.

Im zweiten Teil des Experiments wollten die Wissenschaftler herausfinden, ob der Zusammenhang zwischen Gewicht und Bedeutung auch dann hergestellt wurde, wenn die Teilnehmer das Buch nicht in die Hand nahmen, sondern nur ansahen. Also führten sie das Experiment ein zweites Mal durch und ließen diesmal eine Kontrollgruppe nur einen Blick auf das Buch werfen. Dabei stellten sie fest, dass der Zusammenhang zwischen Gewicht und Bedeutung nur dann hergestellt wurde, wenn die Teilnehmer das Buch tatsächlich in der Hand hielten. Dieses Ergebnis unterstrich einmal mehr, dass das abstrakte Konzept der Bedeutung in der physischen Wahrnehmung des Gewichts verkörpert ist.

Die Versuche zeigen also, dass die Assoziation zwischen Bedeutung und Gewicht in beide Richtungen funktioniert. Das physische Gewicht aktiviert die abstrakte Vorstellung von Bedeutung, und die Vorstellung von Bedeutung aktiviert die physische Wahrnehmung des Gewichts. Das wiederum wirft ein interessantes Licht auf einige unserer Verhaltensweisen. Empfinden Rucksacktouristen, die mit ihren Habseligkeiten auf dem Buckel durch die Welt reisen, ihre Erfahrungen als bedeutungsvoller, weil sie ein schweres Gewicht auf dem Rücken tragen? Würden sie ihre Erfahrungen anders wahrnehmen, wenn sie ihr Gepäck nicht tragen müssten? Wenn Sie jeden Abend mit einem schweren Stapel Unterlagen nach Hause kommen, empfinden Sie die Arbeit dann eher als Belastung, weil Sie Ihrer Familie nicht zur Verfügung stehen?

Dieses Phänomen hat weitreichende Auswirkungen. Ein gutes Beispiel sind Bewerbungen – die Experimente legen die Vermutung nahe, dass es wichtig ist, auf welchem Papier wir unsere Unterlagen verschicken. Natürlich hat der Inhalt erhebliches Gewicht (metaphorisch natürlich), und wer nicht für eine Stelle qualifiziert ist, dem hilft vermutlich auch ein schweres Büttenpapier nicht weiter. Aber bei vielen Ausschreibungen melden sich viele gleichermaßen qualifizierte Kandidaten und die Personaler müssen aus der Fülle der Bewerbungen diejenigen aussuchen, die zu einem Vorstellungsgespräch eingeladen werden sollen. Wenn Sie wissen, dass etwas umso gewichtiger wirkt, je schwerer es ist, könnten Sie bei Ihrer nächsten Bewerbung schwereres Papier verwenden, um ihre potenziellen Arbeitgeber zu beeinflussen. Manchmal reicht ein winziger Vorsprung, um eine Stelle zu bekommen, und wer geschickt sein Gewicht in die Waagschale wirft, behält vielleicht die Nase vorn.

Diese Erkenntnisse werfen natürlich Fragen auf, denn wir würden uns wünschen, dass Bewerber ausschließlich nach ihren

Qualifikationen ausgewählt werden. Wir wissen jedoch, dass das oft nicht der Fall ist und unsere Entscheidung von Faktoren wie Geschlecht, sexueller Orientierung, Alter, Hautfarbe und so weiter beeinflusst wird. Sollte das Gewicht Ihres Lebenslaufs tatsächlich darüber entscheiden, ob Sie eine Stelle bekommen oder nicht? Das psychologische Konzept der »Verzerrung« bezieht sich auf alles, was unsere Entscheidung in eine bestimmte Richtung beeinflusst, egal wie subtil oder unbewusst dieser Einfluss auch sein mag. Heute werden Lebensläufe oft per E-Mail verschickt, und Dokumente, die am Bildschirm gelesen werden, haben kein physisches Gewicht. Das könnte dazu beitragen, die Chancengleichheit wiederherzustellen, aber wenn Sie Ihre Bewerbung zusätzlich per Post verschicken und dazu vielleicht auf einem teuren Papier ausdrucken, dann wirkt sich dies immer noch darauf aus, wie Sie wahrgenommen werden. Allein die physische Präsenz könnte Ihrer Bewerbung in der Einschätzung der Personalchefs zusätzliches Gewicht verleihen.

Als Professorin, die seit Jahrzehnten Semesterarbeiten korrigiert, frage ich mich jetzt natürlich, ob ich mich bei der Benotung vom Gewicht des verwendeten Papiers habe beeinflussen lassen. Ich lese die Arbeiten für gewöhnlich im Sitzen und halte sie dabei in der Hand, statt sie auf den Schreibtisch zu legen. Psychologie ist nicht Mathematik, und die Note ist letztlich immer eine subjektive Bewertung der Gedanken und ihrer Präsentation. Es wäre schon zu ironisch, wenn ich mich unbewusst vom Gewicht des Papiers hätte beeinflussen lassen. Wer weiß, vielleicht habe ich so mancher Studentin eine zwei gegeben, obwohl sie eine eins verdient hätte, nur weil sie ihre Arbeit auf leichterem, rauerem Umweltpapier ausgedruckt hat.

Obwohl inzwischen fast alles per E-Mail verschickt wird, lesen wir nach wie vor viele Dokumente auf Papier. Wenn Sie das nächste Mal einen Lebenslauf, einen Aufsatz, einen Förderantrag oder einen Brief verschicken, dann verleihen Sie dem Inhalt zusätzliches Gewicht und verwenden Sie schwereres Papier oder eine gewichtige Mappe. Vielleicht verschafft Ihnen das ein gewisses Gewicht gegenüber Ihren Mitbewerbern.

Und obwohl auch Unterschriftensammlungen und Umfragen heute im Internet durchgeführt werden, werden wir nach wie vor oft auf der Straße gebeten, auf einem Klemmbrett und mit Bleistift Fragebögen auszufüllen oder uns in Listen einzutragen. Es gibt Unterschriftensammlungen zu den unterschiedlichsten politischen, gesellschaftlichen, bildungspolitischen oder umweltpolitischen Themen, von denen einige wichtiger sind als andere. Viele Menschen bleiben nicht einmal stehen, wenn sie auf der Straße von Menschen mit Klemmbrett angesprochen werden. Und wer sich die Zeit nimmt, weiß oft noch nicht, ob er unterschreiben will oder nicht, vor allem wenn es um ein Thema geht, mit dem er sich bislang noch nicht beschäftigt hat; hier könnte das Gewicht des Klemmbretts durchaus den Ausschlag geben.

Wir schleppen oft Gewichte wie Einkaufstüten und schwere Taschen mit uns herum, oder wir haben Kinder auf dem Arm. Wenn Sie das nächste Mal eine Entscheidung treffen, während Sie einen relativ schweren Gegenstand tragen, dann fragen Sie sich, ob Sie diese Entscheidung auch so getroffen hätten, wenn Sie in diesem Moment nichts getragen hätten.

Ich habe immer eine Tasche bei mir, in der ich meinen Computer, mein Handy, meinen Geldbeutel, mein Kosmetiktäschchen, eine Haarbürste, Aufsätze, ein Buch und was weiß ich was noch alles mit mir herumtrage. Die Tasche ist schwer. Wenn ich in mein Büro komme, lege ich sie ab, aber auf dem Weg zwischen den Seminarräumen und meinem Büro trage ich sie für gewöhnlich bei mir. Am Ende des Seminars kommen oft Studierende auf mich zu, um Ideen zu erörtern oder Fragen zu stellen. Ich bitte sie oft, mich in mein Büro zu begleiten und spreche auf dem Weg dorthin mit ihnen. Jetzt frage ich mich, ob mir ihre Ideen und Fragen gewichtiger erscheinen, wenn ich meine schwere Tasche über der Schulter habe, als wenn ich unbeschwert in meinem Büro säße.

Dank der Untersuchungen zu diesem Thema sehen wir unser Verhältnis zu unserer Umwelt möglicherweise mit ganz neuen Augen. Dingen, die uns wichtig sind, geben wir in unseren Gedanken einen einmaligen Stellenwert. Tätigkeiten, die wir für wichtig halten, stellen wir in den Mittelpunkt, weshalb es uns oft schwerfällt zu akzeptieren, dass wir irrational mit ihnen umgehen könnten. Ein schweres Klemmbrett wird zwar kaum unsere Überzeugungen auf den Kopf stellen, doch die Erkenntnis, dass es uns überhaupt beeinflusst, kann schon erschreckend genug sein. Um unsere Entscheidungen frei zu treffen und uns nicht von einfachen Faktoren wie dem Gewicht beeinflussen zu lassen, müssen wir uns diese subtilen Mechanismen bewusster machen.

Bekenntnisse eines schweren Herzens

»Nachdem ich darüber gesprochen hatte, fiel mir eine Last von der Seele. Ich habe mein Gewissen erleichtert und mein Geheimnis gestanden. Das Geheimnis hat schwer auf mir gelastet«, sagte Leutnant Josh Seefried von den Luftstreitkräften der Vereinigten Staaten. Selbst befreundete Kollegen wussten lange Zeit nicht, dass er homosexuell war, und sie hatten keine Ahnung, wie isoliert und beschämt er sich fühlte, wenn sie ihn fragten, ob er nicht zu Hause eine Freundin habe. Das Militär duldete zwar homosexuelle Männer und Frauen, doch es verbot ihnen, sich offen zu ihrer sexuellen Orientierung zu bekennen. Da ein offenes Bekenntnis zu seiner Homosexualität seine unehrenhafte Entlassung bedeutet hätte, verheimlichte er sie vor seinen Freunden und Kollegen.

Um diese Belastung auszuhalten, suchte Seefried unter dem Pseudonym J. D. Smith in sozialen Netzwerken Unterstützung bei schwulen und lesbischen Soldaten. Als er feststellte, dass viele aktive Soldaten ihre sexuelle Orientierung verheimlichten, gründete er ein Unterstützernetzwerk namens OutServe. Dort forderte er eine Gleichstellung von homosexuellen Soldaten. Als J. D. Smith war er in den Medien bekannt und gab Interviews, in denen sein Gesicht unkenntlich gemacht wurde. Zwei Jahre lang blieb er anonym. Als der Kongress am 18. Dezember 2010 ein Gesetz verabschiedete, das Homosexuelle in der Armee zuließ, gab sich Seefried zu erkennen. Einem CNN-Reporter erklärte er: »Mir ist eine Last von den Schultern gefallen und ich muss mir keine Sorgen mehr machen.«

Wenn Leutnant Seefried sein Geheimnis als Last bezeichnete, dann ist das mehr als eine einfache Redewendung, wie die Embodiment-Forschung zeigt. Viele von uns haben persönliche und berufliche Geheimnisse, unbedeutende oder extrem folgenschwere. Es gibt Familiengeheimnisse, schmerzhafte und traumatische Geheimnisse, etwa sexueller Missbrauch in der Kindheit oder Krankheiten, über die man nicht spricht. Ich habe von Menschen gehört, die ihre Arbeit verloren haben, dies aber vor ihren Partnern und Kindern geheim halten und jeden Morgen so tun, als würden sie ins Büro oder in die Fabrik gehen.

Wir halten Dinge geheim, weil es uns und anderen schaden könnte, wenn wir unser Geheimnis preisgeben würden. Viele Menschen schämen sich und hüten ein Geheimnis aus Angst, verspottet und diskriminiert zu werden. Oder sie halten etwas geheim, um nicht gegen gesellschaftliche Normen zu verstoßen und andere Menschen zu verletzen.

Ein Geheimnis – egal ob unser eigenes oder das eines anderen Menschen – ist eine Bürde, eine psychische Belastung. Wir müssen immer auf der Hut sein, um uns nicht unbedacht zu verraten. Manche Menschen können ein Geheimnis nicht für sich behalten, andere beschließen bewusst, es zu verraten. Es heißt allgemein, ein Bekenntnis sei gut und danach fühlten wir uns besser. Psychologen haben tatsächlich herausgefunden, dass Geheimnisse auf lange Sicht eine körperliche Belastung sind. In vielen Fällen muss das Geheimnis jedoch gewahrt bleiben, um den Beteiligten keinen schweren Schaden zuzufügen.

Viele Menschen berichten, als sie ihr Geheimnis preisgaben, sei eine schwere Last von ihnen abgefallen. Im Jahr 2010 schrieb der Sänger Ricky Martin auf seiner Website, er sei ein »glücklicher homosexueller Mann«. Er erklärte, er habe seine sexuelle Orientierung geheim gehalten, weil die Gesellschaft ihn dazu gezwungen habe, und schrieb weiter: »Lange habe ich Dinge mit mir herumgeschleppt, die ich irgendwann nicht mehr tragen konnte.«

Wenn wir davon ausgehen, dass unsere Emotionen auf unseren körperlichen Empfindungen aufbauen, könnte es dann sein, dass wir Geheimnisse nicht nur als emotionale, sondern auch als körperliche Last empfinden? Ein Wissenschaftler-Team behauptete, dass Menschen, die wichtige Geheimnisse tragen, ähnliche Verhaltensweisen an den Tag legen wie Menschen, die eine physische Bürde tragen.[5]

Andere Experimente zeigten, dass Menschen mit schweren Rücksäcken einen Berg als steiler und eine Strecke als länger einschätzen als Menschen, die kein Gewicht tragen.[6] Das ist nicht weiter erstaunlich. Der Aufstieg mit einem schweren Rucksack ist körperlich anstrengender, weshalb der Berg steiler erscheint. Normalerweise ist es kein Problem, von einem Zimmer zum anderen zu gehen, aber wenn man dabei einen Schrank zu schleppen hat, zählt man jeden Schritt, und der Weg kommt einem viel weiter vor als sonst. Wissenschaftler wollten nun herausfinden, ob wir Geheimnisse ähnlich mit uns herumschleppen wie eine physische Last, und führten dazu vier Experimente durch.

Im ersten Versuch baten sie die Teilnehmer, sich an ein Geheimnis zu erinnern. Die Hälfte sollte sich an ein wichtiges persönliches Geheimnis erinnern, die andere an ein unwichtiges persönliches Geheimnis. Dann sollten die Teilnehmer schätzen, wie steil ein bestimmter Hügel war. Tatsächlich hielten die Teilnehmer, die sich an das wichtige persönliche Geheimnis erinnerten, den Hügel für steiler. Das heißt, wichtige Geheimnisse hatten tatsächlich genau dieselbe Wirkung wie eine körperliche Last.

Auch im zweiten Experiment sollte sich die eine Hälfte der Teilnehmer an ein wichtiges und die andere Hälfte an ein unwichtiges Geheimnis erinnern. Dann sollten sie einen Medizinball in einen drei Meter entfernten Korb werfen, um zu überprüfen, wie sie Entfernungen wahrnahmen. Die Wissenschaftler gingen davon aus, dass die Teilnehmer zu weit werfen würden, wenn sie die Entfernung überschätzten, oder nicht weit genug, wenn sie die Entfernung unterschätzten. Tatsächlich warfen die Teilnehmer, die sich an ein wichtiges Geheimnis erinnerten, den Ball zu weit, das heißt, sie überschätzten die Entfernung.

Im dritten Experiment sollte es um ein ganz bestimmtes Geheimnis gehen, nämlich die Untreue. Dazu wählten sie Freiwillige aus, die angaben, vor Kurzem untreu gewesen zu sein, und baten sie anzugeben, inwieweit diese Untreue sie belastete und wie oft sie daran denken mussten. Dann sollten die Teilnehmer schätzen, wie viel Energie sie zur Bewältigung von sechs einfachen Aufgaben benötigen würden. Die Hälfte der Aufgaben erforderte körperlichen Einsatz, zum Beispiel schwere Einkaufstüten eine Treppe hinaufzutragen oder einem Freund beim Umzug zu helfen. Die andere Hälfte war nicht mit körperlichen Anstrengungen verbunden, zum Beispiel jemandem einen Weg zu beschreiben oder Geld zu wechseln.

Je mehr die Teilnehmer nach eigenen Angaben von ihrer Untreue belastet wurden, umso anstrengender erschienen ihnen die körperlichen Aufgaben. Bei den Aufgaben, die nicht mit körperlicher Anstrengung einhergingen, ergab sich dagegen kein Unterschied. Das heißt, je belastender sie ein Geheimnis empfanden, umso anstrengender erschienen ihnen alltägliche körperliche Tätigkeiten. Man könnte mutmaßen, ob Menschen, die ein Geheimnis mit sich herumschleppen, anderen Menschen gegenüber weniger großzügig oder hilfsbereit sind, doch diese Untersuchungen zeigten, dass dies nicht der Fall ist. Menschen mit einem Geheimnis sind nach wie vor bereit, anderen zu helfen, solange dies keine körperliche Anstrengung bedeutet.

Im vierten Experiment schließlich baten die Wissenschaftler 30 homosexuelle Männer an einer Untersuchung zu ihrer Selbstdarstellung teilzunehmen. Die Teilnehmer sollten Fragen beantworten und wurden dabei gefilmt. Die Hälfte der Teilnehmer wurde aufgefordert, ihre sexuelle Orientierung zu verbergen, die andere Hälfte sollte eine andere Eigenschaft verbergen, in diesem Fall ihre Extraversion. Dahinter verbarg sich der Gedanke, dass die Homosexualität ein wichtigeres Geheimnis war als die Extraversion. Nach Abschluss des Experiments sollten die Teilnehmer helfen, Bücher aus dem Labor zu tragen, unter dem Vorwand, das Labor müsse umziehen. In Wirklichkeit wollten die Wissenschaftler ermitteln, wie viele Bücher jeder der Teilnehmer trug. Dabei stellten sie fest, dass die Teilnehmer, die ihre sexuelle Orientierung verheimlicht hatten, weniger Bücher trugen als diejenigen, die ihre extravertierte Persönlichkeit verbergen sollten. Wieder wirkte das gewichtigere Geheimnis wie ein physisches Gewicht.

Nehmen Sie's leicht!

Menschen mit Geheimnissen haben auch körperlich das Gefühl, eine Last mit sich herumzuschleppen. Wichtige Geheimnisse wie die sexuelle Orientierung, traumatische Erlebnisse, Untreue, Krankheit und so weiter belasten uns und ziehen uns nach unten wie eine körperliche Bürde.

Wenn Sie schwer an einem Geheimnis tragen, können Sie sich diese Bürde erleichtern, indem Sie ein Tagebuch führen, sich in Therapie begeben oder sich einem guten Freund anvertrauen. Selbsthilfegruppen im Internet und andere geschützte Räume können Ihnen einen Teil Ihrer Last abnehmen. Ein Geheimnis kann eine unerträgliche Bürde sein; diese Untersuchungen zeigen uns, wie wichtig es ist, diese Last abzuladen, da sie uns auch körperlich beeinträchtigt.

Kapitel 4

Vorsicht Ampel!

Wie die Farbe Rot Ihre Leistung beeinflusst

Wer hat nicht schon die Wirkung von Farben gespürt – die wechselnden Blautöne des Himmels, das Grün des Meeres oder die Augenfarbe eines geliebten Menschen? Farben und unser Farberlebnis sind ein faszinierendes Studienobjekt. Physiker erklären Farben als die Frequenz von Lichtstrahlen, die von Oberflächen zurückgeworfen werden. Augenärzte ergänzen, dass Farben im Auge entstehen und dass es ohne die Farbrezeptoren der Netzhaut keine Farben gäbe. Neurologen fügen hinzu, dass Farben nichts anderes sind als eine elektrochemische Reaktion auf Impulse der Nerven im Sehzentrum des Gehirns. Und als Psychologin würde ich betonen, dass Farben ein entscheidender Teil unserer Umwelt sind, die uns stimulieren und fortwährend auf verschiedenste Weise beeinflussen.

❖

Jeder von uns hat schon einmal gehört, dass uns Farben beeinflussen können und eine symbolische Bedeutung haben. Oft verwenden wir Farben als Metaphern, genau wie Temperatur, Gewicht oder Textur. Unser Lexikon ist voller farbenfroher Sprachbilder wie *schwarz vor Ärger, grün vor Neid* oder *Grauzone*. Unser Farbkasten ist voller kreativer Farbnamen von Moosgrün und Ultramarinblau über Königspurpur und Karminrot bis hin zu exotischeren Bezeichnungen wie Sahara, Lagune, Papaya oder Taupe. Und ob Sie es glauben oder nicht, die bunten Uniformen, Fahnen, Logos und Zeichen in unserer Umwelt haben einen Einfluss auf unser Fühlen, Denken und Handeln.

Der Hollywood-Klassiker *Der Zauberer von Oz* beginnt als Schwarz-Weiß-Film, doch nachdem eine Windhose Dorothys Haus fortgetragen und in einem anderen Land abgesetzt hat, öffnet sie die Tür und tritt hinaus in eine neue, bunte Welt. Auch im wirklichen Leben sehen wir die Dinge oft neu und anders, nachdem wir eine schwere Herausforderung oder Krise gemeistert haben. Unsere Umwelt erscheint in ständig neuen Tönen. Farbe verleiht Identität, weshalb sich politische Parteien Farben anheften: Sozialdemokraten sind rot, Liberale blau. In den fünfziger Jahren wurde der Kommunismus als »rote Gefahr« bezeichnet, während *Les Bleus*, der Spitzname der französischen Fußballnationalmannschaft, einer multikulturellen Nation eine Farbe gibt, hinter der sie sich scharen kann. Jeder Sportverein hat seine Farben, Celtic Glasgow ist keltisch-grün, Bayern München ist rot-weiß, Juventus Turin ist weiß-schwarz. Fans erkennen einander an den Farben ihrer Schals und T-Shirts.

Manche Farben haben je nach Kultur eine andere Bedeutung. Orange ist die heilige Farbe der Buddhisten und die Farbe der niederländischen Fußballnationalmannschaft, aber für mich als Tochter von Obstbauern ist es vor allem die Farbe von Apfelsinen. Ich assoziiere die Farbe mit unseren Ausflügen zu den Orangenhainen oder der Lagerhalle, wo die Arbeiter Berge von Früchten in Kisten verpackten. Für die meisten Israelis wurde die Assoziation zwischen der Farbe und der Frucht um eine Facette bereichert, als im Jahr 2005 der Gazastreifen geräumt wurde. Viele der Siedler widersetzten sich und wählten für ihre Proteste die Farbe Orange. Damit stand die Farbe plötzlich für eine politische Haltung, weshalb Israelis, die für die Räumung des Gazastreifens waren, keine orangefarbene Kleidung mehr trugen. Eine Freundin von mir, die Orange liebte, verschenkte ihre Blusen und Hosen in dieser Farbe, weil sie meinte, sie könne sie jetzt unmöglich tragen. Die Katholiken Nordirlands wiederum sehen die Farbe Orange als Erkennungszeichen der protestantischen Mehrheit, der Orangemen.

Andere Farben, zum Beispiel Rot, haben dagegen nahezu universelle Bedeutungen. In jüngster Zeit wurde in Experimenten nachgewiesen, dass Farben erstaunlichen Einfluss auf verschiedenste Verhaltensweisen haben. Die in diesem Kapitel beschriebenen Untersuchungen zeigen, dass die Farbsymbolik nicht nur fest in unserer Sprache verankert ist, sondern sehr viel tiefer geht.

In Rot getaucht

Rot ist nicht einfach irgendeine Farbe. Rot ist die Farbe unserer tiefsten und primitivsten Empfindungen. In vielen Kulturen steht sie für Leidenschaft und Gefahr, Raserei und Lust. Die Farbe Rot ist so intensiv, dass wir ihre Macht intuitiv spüren. Einen knallroten Lippenstift nehmen wir noch auf der überfülltesten Party wahr. Und selbst wenn wir zu schnell fahren, sehen wir die rote Ampel noch rechtzeitig, um scharf zu bremsen.

Rot wird seit jeher mit Aggression in Verbindung gebracht. Wir sprechen davon, dass wir *rot sehen*, wenn wir zornig oder wütend sind, und wir stellen eine rote Fahne am Strand auf, um zu signalisieren, dass das Meer tobt. Wissenschaftler haben nachgewiesen, dass sich Rot auf unser Sexualverhalten, unsere körperliche Leistungsfähigkeit und sogar unsere Leistung in Mathematik- und Sprachtests auswirkt.

Die Farbe Rot und Intelligenz

Unsere westliche Gesellschaft ist geradezu besessen von Leistungsmessungen und Vergleichen. Zu Vorstellungsgesprächen gehören heute oft Tests, die logisches Denken und sprachliche Kompetenz abfragen sollen. Als Erwachsene haben wir die vielen Tests und Prüfungen unserer Schulzeit vermutlich längst vergessen (oder verdrängt), doch unsere Kinder und Enkel werden andauernd Tests unterzogen, in denen ihr Vokabular, ihre Rechtschreibung und ihr Sprachverständnis abgefragt wird, von Mathematik ganz zu schweigen.

Unser Abschneiden in diesen Tests hängt jedoch nicht nur von unserem Wissen und unseren Fähigkeiten ab, sondern auch von anderen Faktoren, nicht zuletzt von Farben. Wir merken in der Regel, wenn unsere Leistung durch Müdigkeit oder Lärm beeinträchtigt wird. Aber auch andere Faktoren spielen eine Rolle.

Verschiedene Untersuchungen haben gezeigt, dass Frauen bei Mathematiktests schlechter abschneiden, wenn sie vor der Prüfung an ihr Geschlecht erinnert werden – es reicht schon, wenn sie auf dem Prüfungsbogen ihr Geschlecht ankreuzen müssen.[1] Afroamerikanern geht es nicht anders, wenn sie vor dem Test ihre Hautfarbe angeben sollen.[2] Wenn man Studierende vor einem Test daran erinnert, dass sie einer Gruppe angehören, die laut Vorurteil generell »schlecht in Mathe« ist, dann erzielen sie eine schlechtere Note – selbst wenn sie normalerweise gut in Mathematik sind. Dabei waren sich die Untersuchungsteilnehmer nicht einmal bewusst, dass sich das Vorurteil auf ihre Leistung niederschlug. Aber nicht nur Vorurteile beeinträchtigen unbemerkt unsere Leistung – die Farbe Rot kann das auch.

Deutsche und amerikanische Wissenschaftler unter der Leitung von Andrew J. Elliot untersuchten den Zusammenhang zwischen der Farbe Rot und der Leistung in Tests.[3] Dazu führten sie in Deutschland und den Vereinigten Staaten eine Reihe von Experimenten durch. Im ersten Experiment wurden 71 amerikanische Studierende in Einzeltests geprüft. Dazu sollten sie eine sinnlose Abfolge von Buchstaben (zum Beispiel *suha*) so anordnen, dass sich ein sinnvolles Wort ergab (zum Beispiel *Haus*). Die Aufgaben waren nicht besonders schwierig. Nach einem Übungslauf wurden die Teilnehmer in drei Gruppen eingeteilt.

Alle Teilnehmer erhielten exakt dieselben Aufgaben, die Tests der drei Gruppen unterschieden sich lediglich in einer Hinsicht: der Farbe der Teilnehmernummer, die in der Kopfzeile jedes Arbeitsblatts stand. Eine Gruppe erhielt Testbögen mit roten Teilnehmernummern, eine zweite mit grünen und eine dritte mit schwarzen. Das war der einzige Unterschied. Um sicherzugehen, dass die Teilnehmer die Ziffern wahrnahmen, wurden sie aufgefordert, sie vor dem Test auf jeder Seite zu überprüfen (die Wissenschaftler erklärten ihnen, die Bögen würden später getrennt ausgewertet). Dann bekamen die Teilnehmer fünf Minuten, um die Aufgaben zu bearbeiten.

Das Ergebnis war erstaunlich: Die Farbe der Ziffer hatte dramatische Auswirkungen auf die Leistung. Teilnehmer mit einer roten Ziffer schnitten deutlich schlechter ab und lösten weniger Aufgaben richtig als die Teilnehmer mit grünen oder schwarzen Ziffern.* Das Experiment war so angelegt, dass außer dieser Ziffer alle Testbedingungen exakt identisch waren, weshalb man keine Leistungsunterschiede hätte erwarten können. Die einzige

---

* Bei der Auswertung berücksichtigten die Wissenschaftler die allgemeinen Fähigkeiten der Teilnehmer, um sicherzustellen, dass diese nicht für die Unterschiede verantwortlich waren.

Erklärung für dieses Phänomen war, dass die Teilnehmer *rot sahen*.

Um das Ergebnis zu überprüfen, änderten die Wissenschaftler die Testbedingungen, zum Beispiel die Art des Tests und die Intensität der Farbwirkung. In einem zweiten Experiment, das in Deutschland durchgeführt wurde, war nicht die Teilnehmerziffer das Entscheidende, sondern die Farbe des Deckblatts. Die Aufgaben bestanden darin, Analogien herzustellen, zum Beispiel »*Bein* verhält sich zu *Gehen* wie: 1. *Zunge* zu *Mund*, 2. *Lid* zu *Blinzeln*, 3. *Kamm* zu *Haar* oder 4. *Nase* zu *Gesicht*.« (Die richtige Antwort ist natürlich 2., denn Sie benutzen die Beine genauso zum Gehen, wie Sie das Lid zum Blinzeln verwenden.)

An diesem Experiment nahmen 46 Studenten teil. Sie erhielten 20 Aufgaben in einem Hefter mit einem Deckblatt und sollten sie in fünf Minuten lösen. Der einzige Unterschied zwischen den Teilnehmern war die Farbe des Deckblatts: Bei einigen Teilnehmern war es rot, bei anderen weiß oder grün. Da die Farbe das ganze Blatt einnahm, bekamen die Teilnehmer es nur kurze Zeit zu sehen (nach fünf Sekunden sollten sie umblättern) und nur vor dem Test. Trotzdem fiel dieses Experiment ähnlich aus wie das mit den farbigen Ziffern.

Wiederum schnitten die Teilnehmer mit den roten Deckblättern deutlich schlechter ab. Zwischen den Farben grün und weiß ergab sich kein Unterschied.* Die Wissenschaftler führten weitere Untersuchungen mit Sprach- und Mathematikaufgaben durch. Jedes Mal schlug sich die Farbe Rot negativ auf die Ergebnisse nieder, unabhängig von den Teilnehmern und der Art des Tests.

Um auszuschließen, dass der Ort die Ergebnisse beeinträchtigte, ließen Wissenschaftler den Analogietest nicht im Labor durchführen, sondern in einem Klassenzimmer im Rahmen eines

---

* Auch hier berücksichtigten die Wissenschaftler die allgemeinen Fähigkeiten der Teilnehmer, um sicherzustellen, dass diese nicht die Ursache für die Unterschiede waren.

Intelligenztests. Diesmal waren die Teilnehmer Schüler, und sie wurden nicht einzeln getestet, sondern in der Gruppe. Wieder war das Ergebnis dasselbe, die Farbe Rot wirkte sich fast durchgängig negativ auf die Leistung aus, egal ob die Teilnehmer Schüler oder Studenten waren, ob sie Sprach- oder Mathematikaufgaben lösen sollten oder ob das Experiment im Labor oder im Klassenzimmer durchgeführt wurde.

Keiner der Teilnehmer bemerkte die Manipulation. Sie sollten sogar raten, worum es in der Untersuchung ging, doch niemand kam darauf, dass die Wirkung von Farben ermittelt werden sollte. Es scheint, als würde die Farbe Rot sich einfach in unser Unterbewusstsein drängen.

In anderen Experimenten untersuchten die Wissenschaftler den Einfluss der Farbe Rot auf die Motivation. Dabei stellten sie fest, dass Rot Versagensängste und Vermeidungsverhalten bewirkt, das heißt, je größer unsere Versagensängste, umso mehr versuchen wir, einer Situation zu entkommen. Elliot und seine Kollegen fanden eine einfache Methode zur Messung der Motivation bei einem Test.[4] Stellen Sie sich zwei sehr unterschiedliche Situationen vor, in denen Sie in das Büro Ihres Chefs zitiert werden: Im ersten Fall sollen Sie eine Gehaltserhöhung bekommen, und im zweiten sollen Sie erklären, warum Sie eine Arbeit nicht termingerecht erledigt haben. In beiden Fällen ist die Tür Ihres Chefs geschlossen und Sie müssen anklopfen. Was meinen Sie, in welcher der beiden Situationen klopfen Sie wohl häufiger? Vermutlich, wenn Sie eine gute Nachricht erwarten.

Um diese Annahme zu überprüfen, luden die Wissenschaftler 67 Studenten in ihr Labor ein und teilten ihnen mit, dass sie entweder an einem Vokabel- oder an einem Analogietest teilnehmen sollten. Die Wissenschaftler gaben ihnen vorab Beispielfragen, um den Teilnehmern einen Eindruck von den möglichen Aufgabenstellungen zu vermitteln. Dann gaben sie den Teilnehmern weiße Hefter und baten sie, diese zu öffnen und auf der ersten Seite den Namen des Tests zu lesen. Dies war der Test, von dem sie annahmen, dass sie ihn lösen sollten. Was sie sahen, war das Wort »Analogie« in einem roten oder einem grünen Rechteck.

Nachdem sie den Namen des Tests gelesen hatten, an dem sie angeblich teilnehmen sollten, wurden sie in einen etwa zehn Meter entfernten Raum geschickt, in dem sie die Aufgaben erledigen sollten. Der Raum war verschlossen, doch an der Tür hing ein Schild mit der Aufschrift »Bitte klopfen!«. Die Wissenschaftler zählten, wie oft die Teilnehmer klopften. Diejenigen, die ein Wort auf rotem Grund gelesen hatten, klopften weniger häufig als die übrigen. Offenbar hatte die Farbe Rot Versagensängste geweckt und sie demotiviert.

Wie kommt es, dass eine Farbe unsere Leistung und Motivation derart beeinträchtigen kann? Wie so oft in der Psychologie ist die Antwort komplex. Es gibt viele Emotionen, die sich auf unsere Leistungsfähigkeit und unser Selbstvertrauen auswirken können. Rot signalisiert Gefahr und kann Anspannung oder Angst bewirken. Die Farbe kann schlechte Erinnerungen an frühere Tests wecken, die mit roter Tinte korrigiert wurden und auf denen eine große, rote »6« prangte. Dass Assoziationen wie diese nervös machen, Vermeidungsverhalten provozieren und die Leistung beeinträchtigen, ist verständlich.

Die Assoziation zwischen Rot und Gefahr ist erlernt, doch sie könnte auch in unserer evolutionären Entwicklung verankert sein. In der menschlichen Vorgeschichte könnten Reaktionen auf bestimmte Farben ein Überlebensvorteil gewesen sein. Und wenn wir als Kinder rote Ampeln und Stoppschilder sehen, wird diese Tendenz verstärkt, weil wir lernen, dass sie mögliche Gefahren signalisieren.

Wir sollten diesen Zusammenhang zwischen der Farbe Rot und unserer Leistungsfähigkeit ernst nehmen, vor allem Lehrer. Wenn wir noch so kleine oder unbewusst wirkende Faktoren erkennen, die sich negativ auf die Leistung auswirken, können wir Schülern und Studenten helfen, deren Auswirkungen zu mindern. Die Schulbehörde der australischen Provinz Queensland schrieb beispielsweise Briefe an die Lehrer von 30 Schulen und forderte sie auf, künftig keine roten Stifte mehr bei der Korrektur von Hausaufgaben und Prüfungen zu verwenden, da die Farbe zu aggressiv sei. In dem Brief hieß es sogar, die Farbe könne sich negativ auf die Psyche der Kinder auswirken, doch das ist ein wenig übertrieben. Die eben geschilderten Experimente untersuchten schließlich nicht die Auswirkungen der Farbe auf die Psyche der Teilnehmer, sondern sie zeigten nur, dass sie die Leistung beeinträchtigt. Doch schlechte Leistungen wirken natürlich auch auf die Psyche eines Kindes zurück. Es sollte kein Problem für Lehrer sein, ihre Kommentare und Korrekturen mit Bleistift oder in schwarzer Tinte zu schreiben, oder sie auf einem eigenen Blatt anzufügen, um die Assoziation der Kinder zwischen der Farbe Rot und der Gefahr des schulischen Versagens zu verringern.

Doch es geht nicht nur um die Farbe des Korrekturstifts, sondern darum, dass die Farbe Rot ganz aus dem Prüfungsumfeld verschwinden sollte. Deckblätter, Anweisungen oder Aufgaben sollten nicht in Rot geschrieben sein, und bei der Arbeit am Computer sollte die Farbe nicht auf dem Bildschirm erscheinen. Eltern sollten die Bücher und Hausaufgaben ihrer Kinder auf rote Korrekturen durchsehen und Lehrer sowie Schulbuchverlage auf diese Erkenntnisse aufmerksam machen. Auch am Arbeitsplatz oder im Alltag sollten Anweisungen nicht in roter Farbe geschrieben werden, denn die Farbe könnte Ihre Kollegen und Mitarbeiter demotivieren. Das gilt auch für Spielanleitungen, die Bauanleitung für Ihren Wohnzimmerschrank oder die Bedienungsanleitung für Ihre neue Küchenmaschine. Auch hier ist Rot die falsche Farbe. Für Ampeln und Gefahrenhinweise aller Art könnte es dagegen keine bessere geben.

Die Farbe Rot wirkt sich allerdings nicht nur auf unsere schulischen Leistungen aus. Zwei britische Wissenschaftler haben nachgewiesen, dass Kampfsportler und Ringer öfter gewinnen, wenn sie rote Kleidung tragen.[5] Auf den ersten Blick scheint dies den eben erwähnten Beobachtungen zu widersprechen, doch auf den zweiten Blick ist es nur logisch. Die Wissenschaftler untersuchten vier Kampfsportarten: Taekwondo, Boxen, Ringen im griechisch-römischen Stil und Freistilringen. Bei den Olympischen Spielen werden den Sportlern entweder rote oder blaue Trikots zugelost, doch in allen vier Sportarten gewinnen die Rotträger überdurchschnittlich häufig. Außerdem werteten die Wissenschaftler englische Fußballmeisterschaften zwischen 1946 und 2003 aus und untersuchten, ob es einen Zusammenhang zwischen der Farbe der Trikots und dem Erfolg der Teams gab.[6] Dabei stellten sie fest, dass Mannschaften mit roten Trikots häufiger gewannen als Mannschaften mit blauen, gelben, weißen oder orangefarbenen.

Für dieses Phänomen gibt es verschiedene Erklärungen. Es wäre durchaus denkbar, dass Sportler in roten Trikots intensivere Emotionen verspüren, die ihre sportlichen Leistungen auf ganz andere Weise beeinflussen als ihre geistigen. Es könnte auch sein, dass aufgrund komplexer körperlicher Reaktionen, zum Beispiel eines erhöhten Adrenalinausstoßes, die Leistung im Wettkampf besser wird, während es uns gleichzeitig schwerer fällt, uns hinzusetzen und uns auf sprachliche oder mathematische Aufgaben zu konzentrieren. Es wäre auch möglich, dass Rot Aggressionen weckt, die in einer Prüfung allerdings nicht sonderlich hilfreich sind.

In Wirklichkeit besteht gar kein Widerspruch zwischen der positiven Auswirkung der Farbe Rot auf das Ergebnis bei Sportwettkämpfen und der negativen Auswirkung auf schulische Leistungen. Die Sportler, die den rotbetuchten Gegnern gegenüberstehen, sehen ständig, wie die Farbe Rot – Gefahr! – auf sie zustürmt. Wenn eine kleine rote Zahl auf einem Testbogen unser Unterbewusstsein schon derart beeinträchtigt, wie wirkt dann erst ein rotes Trikot! Die Ergebnisse legen die Vermutung nahe, dass rote Trikots die Ängste der Gegner schüren, was nicht ausschließt, dass sich die Rotträger selbst stärker fühlen.

Drei deutsche Wissenschaftler haben eine weitere Erklärung dafür gefunden, dass Rot öfter gewinnt. Sie behaupten, die Farbe beeinflusse weniger die Leistung der Sportler als vielmehr die Entscheidungen der Schiedsrichter.[7] Sie zeigten 42 Kampfrichtern Videos von fünf mehr oder weniger gleich starken Taekwondo-Kämpfern. In jedem Video trug ein Sportler ein rotes und der andere ein blaues Trikot. In zwei Fällen waren die Videos identisch, doch mithilfe von Bildbearbeitungsprogrammen war die Trikotfarbe vertauscht worden. Der Kämpfer, der im Video zuerst Rot getragen hatte, trug nun Blau, und umgekehrt. Nach jedem Video sollten die Kampfrichter Punkte vergeben. Dabei gaben sie den Roten mehr Punkte als den Blauen. Erstaunlicherweise gaben sie den Kämpfern nach ihrer Umwandlung von Blau zu Rot ebenfalls mehr Punkte. Diese Untersuchung legt die Vermutung nahe, dass sich die Kampfrichter tatsächlich von der Farbe beeinflussen lassen. Vermutlich entgeht niemand dem Sog dieser Farbe.

Wenn Rot in bestimmten Situationen Gefahr signalisiert und Vermeidungsverhalten provoziert, dann ist es nur verständlich, dass wir in Denkaufgaben schlechter abschneiden. Bei einfachen motorischen Aufgaben könnte sich das Vermeidungsverhalten jedoch anders auswirken, weshalb Wissenschaftler in zwei weiteren Experimenten die Auswirkungen der Farbe auf körperliche Tätigkeiten untersuchten.[8] In einem Experiment sollten die Teilnehmer eine kleine Klammer so weit wie möglich öffnen; zuvor sollten sie jedoch einen weißen Bogen mit persönlichen Angaben ausfüllen, auf den oben eine rote oder graue Teilnehmernummer gedruckt war. Die Teilnehmer sollten diese Nummer laut vorlesen und dann die Klammer öffnen. In einem anderen Experiment sollten sie eine Fingerhantel drücken, so lange sie das Wort *drücken* auf einem roten, blauen oder grünen Bildschirm sahen.

In beiden Fällen steigerte die Farbe Rot die körperliche Leistungsfähigkeit der Teilnehmer. Wer eine rote Ziffer gesehen hatte, öffnete die Klammer weiter, und wer auf einen roten Bildschirm sah, drückte die Hantel fester.

Wirkt Rot nun leistungssteigernd oder -hemmend? Um dies zu beantworten, müssen wir zwischen geistigen und körperlichen und zwischen einfachen und komplexen Aufgaben unterscheiden. In sämtlichen Fällen signalisiert Rot Gefahr und provoziert Vermeidungsverhalten, und in beiden Fällen mobilisieren wir Energie, um der Gefahr zu begegnen. Einfache motorische Handlungen wie Zupacken, Drücken oder Springen werden durch dieses Alarmsignal verstärkt. Komplexere motorische oder kognitive Handlungen werden dagegen behindert.

Was auch immer die genaue Ursache sein mag – die Tatsache, dass Rot Probleme verursacht, hat unmittelbare Konsequenzen für Sportler, Schulen, Lehrer oder Testentwickler. Auch die virtuelle Welt bleibt nicht von den Auswirkungen der roten Farbe verschont. Rumänische und dänische Wissenschaftler haben zum Beispiel beobachtet, dass bei Ballerspielen, die als Ego-Shooter bekannt sind, die roten Mannschaften meist einen Vorteil gegenüber den blauen haben.[9] Spieleentwickler und Trainer sollten bedenken, dass sich die Farbe Rot sowohl auf dem Bildschirm als auch im wirklichen Leben auf die Leistung auswirkt, und dies bei der Wahl von Spieloptionen und Trikots bedenken.

Doch der Zusammenhang spielt eine entscheidende Rolle. Auch auf einem ganz anderen Gebiet ist Rot ein ausgesprochen starkes Signal: beim Sex und Sexualverhalten.

Kapitel 5

Die Dame in Rot

Was Farben sexy macht

Eilat ist eine Stadt im Süden Israels am Roten Meer. Einer der schönsten Strände dort ist der Coral Beach, der zum Schnorcheln und Tauchen einlädt. Jeden Winter begleite ich meinen Mann, einen Augenarzt, zu einer Konferenz in Eilat. Für gewöhnlich reisen wir mit einem befreundeten Ehepaar. Während unsere Gatten an der Konferenz teilnehmen, machen meine Freundin und ich Urlaub. Die Winter in Eilat sind warm, aber oft nicht warm genug, um sich an den Strand zu legen, weshalb wir an den Nachmittagen oft shoppen gehen. Da Eilat die einzige Stadt in ganz Israel ohne Mehrwertsteuer ist, haben sich hier die teuersten und elegantesten Designerläden niedergelassen. Als Touristen können wir den Schnäppchen nicht widerstehen.

Letzten Januar erspähten meine Freundin und ich beim Shoppen ein rotes Kleid, das uns beiden gut gefiel. Wir probierten es an, es schien jeder von uns wunderbar zu stehen, und der Preis war unschlagbar. Da wir gute Freundinnen sind, macht es uns nichts aus, beide dasselbe Kleid zu haben, also kaufte jede von uns eines. Wieder im Hotel, erzählten wir einer Bekannten von den Schnäppchen in diesem Laden, und sie ging sofort hin. Sie kam jedoch nicht mit einem roten, sondern mit einem schwarzen Kleid wieder und erklärte uns: »Ich habe das rote anprobiert, und es hat mir super gestanden. Aber ich habe es lieber nicht gekauft. Es war mir einfach zu rot.«

Als ich das hörte, kamen mir Zweifel. Ich wäre fast wieder in den Laden gegangen, um das rote Kleid gegen ein schwarzes umzutauschen. Im Nachhinein bedauere ich es, dass ich das nicht getan habe, denn ich habe das Kleid seither kaum angehabt. Zu besonderen Anlässen ziehe ich es nicht an, weil es kein Abendkleid ist. Aber auch zur Arbeit und in meinen Vorlesungen trage ich es nicht. Was meinte meine Bekannte, als sie das Kleid als »zu rot« bezeichnete? Warum fühlte sie sich wohler, wenn sie dasselbe Kleid in Schwarz trug? Was hat die Farbe Rot an sich, dass meine Bekannte das Kleid nicht kaufen wollte, obwohl es ihr gut stand? Warum ist Rot manchen Frauen zu viel, während andere die Farbe lieben?

❖

Das Schöne an meiner Arbeit als Professorin ist, dass ich meine Studenten als spontane Fokusgruppen verwenden kann. Als ich die Teilnehmer eines Kurses fragte, welche Farbe sie mit Sex assoziierten, antworteten 90 Prozent »Rot«. In Rotlichtbezirken wird Sex verkauft. Evas roter Apfel ist ein Symbol der Verführung. Zum Valentinstag werden rote Karten verschickt. Rot gilt als Aphrodisiakum, das die Leidenschaft schürt. Im Kino tragen verführerische Frauen Rot, von Marylin Monroe in *Niagara* bis zu Jessica Rabbit in ihrem geschlitzten Kleid. In einer Szene des Films *American Beauty* träumt der Protagonist Lester, seine jugendliche Verführerin Angela liege nackt in einem riesigen Bett aus roten Rosen. Es regnet Blütenblätter und im Hintergrund säuselt Musik. »Es ist schon komisch«, sagt Lesters Stimme. »Ich habe das Gefühl, ich habe 20 Jahre lang im Koma gelegen und wache erst jetzt wieder auf.« Die ganze Leinwand ist rot.

Aber lässt sich wissenschaftlich beweisen, dass wir Rot mit Sexualität und Leidenschaft assoziieren? Kann es sein, dass wir Menschen anders wahrnehmen, nur weil sie etwas Rotes tragen? Nehmen wir sie als attraktiver wahr? Fühlen wir uns stärker zu ihnen hingezogen? Die Antwort ist in allen Fällen Ja. Unlängst überprüften Andrew Elliot und Daniela Niesta in einer Untersuchung, inwieweit Rot Frauen sexuell attraktiver wirken lässt.[1] In einem ersten Experiment nahmen sie ein Schwarz-Weiß-Foto, auf dem der Kopf und der Oberkörper einer brünetten jungen Frau zu sehen waren. Dieses Foto zeigten sie zwei Gruppen von männlichen Studenten und sagten, es ginge darum, den ersten Eindruck des anderen Geschlechts zu ermitteln. Die Männer erhielten fünf Sekunden Zeit, um sich das Foto anzusehen, dann sollten sie einige Fragen beantworten.

Alle Teilnehmer sahen dasselbe Bild. Es gab jedoch einen kleinen Unterschied: Die Hälfte der Männer sah das Foto auf einem weißen Passepartout, die andere auf einem roten. Dann sollten die Männer die Attraktivität der Frau auf einer Skala von 1 bis 9 bewerten. Den Männern, die das Foto auf einem roten Passepartout sahen, schien die Frau attraktiver als denen, die sie vor einem weißen Hintergrund sahen.

Mit anderen Worten hat die Farbe Rot einen Einfluss darauf, wie attraktiv uns ein Mensch erscheint. Wir empfinden Rot als anziehend, auch wenn uns dieser Effekt gar nicht bewusst wird – die Männer hatten keine Ahnung, dass die Farbe des Passepartouts ihre Entscheidung beeinflusste. Sie sollten angeben, was ihrer Ansicht nach der entscheidende Faktor für ihre Beurteilung war: der Gesichtsausdruck, die Kleidung oder der Hintergrund. Nach Ansicht der Teilnehmer spielte die Farbe des Passepartouts die *geringste* Rolle. Wir wissen eben nicht immer, worauf wir anspringen.

In weiteren Experimenten wollten die Wissenschaftler überprüfen, ob die Wirkung der Farbe Rot universell ist. Nun zeigten sie ihren Teilnehmern Fotos von Frauen, die sich in körperlichen Eigenschaften, Gesichtsausdruck und Kleidung unterschieden. Sie sahen Bilder von blonden und brünetten Frauen; Frauen mit Rollkragenpullover oder Bluse; lächelnde Frauen und Frauen mit neutralem Gesichtsausdruck. Manchmal zeigten sie ihnen die Bilder länger als fünf Sekunden. Neben roten und weißen verwendeten sie graue, grüne und blaue Passepartouts. In einem Experiment verwendeten sie keinen farbigen Hintergrund, sondern färbten die Bluse der Frau rot. Die Wissenschaftler klopften ihre Erkenntnis auf jede nur erdenkliche Art ab, doch der »Rot-Effekt« blieb.

Da es einen kleinen, aber wichtigen Unterschied zwischen »attraktiv« und »sexy« gibt, sollten die Teilnehmer außerdem beurteilen, inwieweit sie die Frau als sexuell anziehend wahrnahmen. Sie sollten beurteilen, wie gern sie diese Frau küssen oder mit ihr schlafen würden. In einem Experiment sollten die Teilnehmer bewerten, wie gern sie mit dieser Frau ausgehen würden und wie viel Geld sie bei einer Einladung ausgeben würden. Außerdem sollten sie die Frauen nach anderen Eigenschaften bewerten, die nichts mit ihrer sexuellen Anziehung zu tun hatten, beispielsweise Liebenswürdigkeit, Ehrlichkeit, Fürsorglichkeit oder Intelligenz.

Wieder und wieder schlug der »Rot-Effekt« durch: Die Teilnehmer nahmen Frauen auf Fotos mit rotem Passepartout als attraktiver und begehrenswerter wahr, wollten eher mit ihnen schlafen oder ausgehen und wollten bei einem Rendezvous mehr Geld ausgeben. Der Effekt traf durch die Bank alle Frauen: Ob blond, ob braun, ob mit Rolli oder Bluse – die Farbe Rot verdrehte den Männern unbewusst den Kopf und ließ die Frau attraktiver und anziehender erscheinen. Interessanterweise hatte die Farbe des Hintergrunds keinerlei Auswirkungen auf ihre Einschätzung der Liebenswürdigkeit und Intelligenz der Frauen. Männer nahmen Frauen vor einem roten Passepartout nicht als netter oder zickiger, klüger oder dümmer wahr. Die Farbe beeinflusste lediglich ihre Einschätzung der Attraktivität und der sexuellen Anziehung.

Zusammen mit meinen Studenten Alon Valency und Gil Michaeli wiederholte ich das Experiment und baute es aus. Zunächst wollte ich sehen, ob die Farbe Rot auf israelische Männer dieselbe Wirkung hat wie auf die getesteten Amerikaner. Die israelische Kultur ist der amerikanischen sehr ähnlich, und Rot wird mit ähnlichen Assoziationen verknüpft. Diese Wiederholung von Untersuchungen in anderen Kulturen ist wichtig, weil sie Erkenntnisse bestätigen oder widerlegen kann. Uns ging es jedoch noch um etwas anderes: Wir wollten herausfinden, ob die Farbe Rot die Wahrnehmung der Männer auch dann beeinflusst, wenn die Frauen besonders attraktiv oder unattraktiv sind. Ich bin mir bewusst, dass Attraktivität immer subjektiv ist, doch es gibt einen gewissen Konsens darüber, wer als besonders attraktiv oder unattraktiv gilt. Die Medien, vor allem Hollywood, zeigen außergewöhnliche Schönheiten, aber im wirklichen Leben können natürlich nicht alle Frauen überdurchschnittlich attraktiv sein.

Elliot und seine Kollegen hatten mit Bildern von Frauen gearbeitet, die als durchschnittlich attraktiv galten, und dazu einen

Vorlauf durchgeführt. Sie hatten männlichen Teilnehmern (nicht den späteren Testteilnehmern) Fotos von Frauen vorgelegt und sie gebeten, deren Attraktivität auf einer Skala von 1 bis 9 zu bewerten, wobei 1 sehr unattraktiv und 9 sehr attraktiv war. Im eigentlichen Experiment verwendeten sie dann Bilder von Frauen, die durchschnittlich etwa 6 Punkte bekommen hatten. Das heißt, ihre Erkenntnisse zu den Auswirkungen der Farbe Rot galten streng genommen nur für durchschnittlich attraktive Frauen.

Zusammen mit meinen beiden Studenten führte ich einen ähnlichen Vorlauf durch. Im eigentlichen Experiment verwendeten wir dann Fotos von Frauen, die in dieser ersten Runde als unterdurchschnittlich, durchschnittlich oder überdurchschnittlich attraktiv bewertet worden waren. Diese legten wir 58 männlichen israelischen Studenten vor – einige auf rotem Passepartout, andere auf grünem. Auf einer Skala von 1 bis 9 sollten die Teilnehmer drei Aspekte bewerten. Zwei Fragen bezogen sich auf die Attraktivität der Frauen (»Wie schön ist diese Frau?« und »Wie attraktiv erscheint sie Ihnen?«), zwei bezogen sich auf ihre sexuelle Anziehung (»Wie begehrenswert erscheint Ihnen diese Frau?«) und zwei auf ihre sexuelle Bereitschaft (»Wie gern würden Sie mit dieser Frau schlafen?«). Außerdem sollten die Männer die Liebenswürdigkeit und Intelligenz der Frauen beurteilen.

Im Falle der durchschnittlich attraktiven Frauen hatte die Farbe Rot auf israelische Männer denselben Effekt wie auf amerikanische: Vor einem roten Hintergrund wurden diese Frauen grundsätzlich als attraktiver und begehrenswerter wahrgenommen als vor einem grünen Hintergrund. Bei unter- und überdurchschnittlich attraktiven Frauen ergab sich jedoch ein anderes Ergebnis. Unabhängig von der Farbe des Hintergrunds wurden überdurchschnittlich attraktive Frauen immer als attraktiver und begehrenswerter wahrgenommen als unterdurchschnittlich attraktive Frauen. Der Hintergrund änderte auch nichts daran, dass die Männer lieber mit attraktiven als mit unattraktiven schlafen wollten. Das heißt, der Rot-Effekt betraf nur Frauen in der Mitte der Skala, aber nicht Frauen am oberen oder unteren Ende.

Als wir jedoch die attraktive und die unattraktive Gruppe trennten und die Auswirkungen eines roten oder grünen Hintergrunds untersuchten, stellten wir fest, dass sich Rot nur auf die sexuelle Bereitschaft der Männer auswirkte. Das heißt, attraktive Frauen wurden unabhängig von der Farbe des Hintergrunds insgesamt als attraktiver wahrgenommen, doch innerhalb jeder Gruppe entschied die Hintergrundfarbe über die Wahrnehmung der sexuellen Attraktivität. Unabhängig von der Farbe des Hintergrunds wollten Männer lieber mit attraktiven als mit unattraktiven Frauen schlafen, doch der rote Hintergrund ließ unattraktive Frauen sexuell attraktiver erscheinen, während der grüne keine Auswirkungen hatte. Auch attraktive Frauen erschienen vor einem roten Hintergrund begehrenswerter als vor einem grünen.

Diese Erkenntnisse legen die Vermutung nahe, dass die Farbe Rot unsere Wünsche beeinflusst, auch wenn es unsere bewussten Einschätzungen unberührt lässt. Selbst wenn Männer eine Frau als sehr sexy und attraktiv (beziehungsweise nicht sexy und attraktiv) beurteilen, hat die Farbe Rot einen gewissen Einfluss auf den Wunsch der Männer, mit dieser Frau zu schlafen.

Es ist zwar nichts Neues, dass körperliche Eigenschaften einer Frau einen Einfluss darauf haben, ob Männer sie als attraktiv wahrnehmen und mit ihr schlafen wollen. Neu ist, dass die Farbe Rot durchschnittlich attraktive Frauen begehrenswerter erscheinen lässt. Die Tatsache, dass sich dieser Effekt nur bei durchschnittlich, nicht aber bei unter- oder überdurchschnittlich attraktiven Frauen einstellt, lässt vermuten, dass Umweltfaktoren einen Ausschlag geben, wenn andere Faktoren, die Verhalten und Urteil beeinflussen, relativ schwach sind. Im Falle von attraktiven Frauen ist ihre Attraktivität der augenfälligste Faktor bei der Beurteilung, und die Farbe des Hintergrunds fällt kaum ins Gewicht. In diesem Fall spricht man von einem »Deckeneffekt«. Bei durchschnittlich attraktiven Frauen fallen Umweltfaktoren, in diesem Fall die Farbe Rot, dagegen stärker ins Gewicht. Je ambivalenter die Situation, umso stärker der Einfluss der Umwelt.

Selbst in relativ eindeutigen Situationen wirken sich Umweltfaktoren eher auf automatische und weniger auf kognitive Reaktionen aus. Bei über- oder unterdurchschnittlichen Frauen hatte die Farbe Rot zwar keinen Einfluss auf die Wahrnehmung der Attraktivität, sehr wohl aber darauf, ob Männer mit ihnen schlafen wollten oder nicht. Das passt zu anderen Erkenntnissen über die Auswirkung von Umwelteinflüssen. Beispielsweise wirkt sich eine warme Umgebungstemperatur vor allem auf unser Urteil über Menschen aus, die sich nicht besonders warm oder kühl verhalten. Auf sehr herzliches oder sehr unterkühltes Verhalten hat die Umgebungstemperatur vermutlich keinen Einfluss.

Unlängst gingen Elliot und seine Kollegen der Frage nach, ob der Zusammenhang zwischen der Farbe Rot und der Attraktivität universell ist. Dazu führten sie ein Experiment in einer isolierten ländlichen Gemeinde von Burkina Faso durch.[2] Dort zeigten sie 42 Männern ein Foto einer afrikanischen Frau, entweder auf rotem oder blauem Passepartout. Die Männer sollten ähnliche Fragen beantworten wie die Israelis und die Amerikaner. Wieder hielten die Männer die Frauen vor dem roten Hintergrund für attraktiver und wollten sie eher kennenlernen. Aber anders als die Männer im Westen verspürten die Männer aus Burkina Faso beim Anblick der Frauen vor dem roten Hintergrund kein gesteigertes sexuelles Bedürfnis. Das heißt, die Assoziation zwischen der Farbe Rot und Attraktivität existiert auch in isolierten Kulturen und scheint universell zu sein. Die Assoziation zwischen Rot und sexuellem Begehren scheint dagegen kulturspezifisch zu sein.

In einem nächsten Schritt wollten Elliot und seine Kollegen herausfinden, ob die Farbe Rot auch Auswirkungen auf das tatsächliche Verhalten hat, oder nur auf Absichten und Urteile.[3] Absichten können Handlungen anstoßen, sie müssen es aber nicht. Wie oft haben wir die Absicht, etwas zu tun – jemanden anzurufen, etwas zu schreiben, irgendwohin zu gehen, etwas zu verändern –, ohne es in die Tat umzusetzen? Die Psychologen luden männliche Teilnehmer zu einem Experiment ein und behaupteten, es gehe um Kommunikation. Die Wissenschaftler gaben jedem Teilnehmer das Foto einer durchschnittlich attraktiven Frau, die angeblich mit einem Foto von ihm in den Händen im Nebenzimmer saß. In Wirklichkeit befand sich im Nebenzimmer keine Frau. Alle Teilnehmer erhielten dasselbe Foto, aber auf der Hälfte der Bilder war die Bluse der Frau rot gefärbt, auf der anderen Hälfte grün. Das war der einzige Unterschied.

Nachdem die Teilnehmer das Foto gesehen hatten, erhielten sie eine Liste mit 24 Fragen und sollten fünf auswählen, die sie der Frau im Nebenzimmer stellen wollten; die Wissenschaftler behaupteten, sie würden diese Fragen überbringen. Einige Fragen waren relativ neutral, zum Beispiel »Wo sind Sie geboren?« Andere waren persönlicher und bezogen sich zum Beispiel darauf, wo sich die Frau gern aufhielt. Andere waren recht forsch, zum Beispiel »Was muss ein Mann tun, um in einer Kneipe Ihre Aufmerksamkeit zu gewinnen?« Wie zu erwarten war, stellten die Teilnehmer den Frauen in der roten Bluse persönlichere Fragen als den Frauen in der grünen Bluse.

In einer zweiten Runde wurde die grüne durch eine blaue Bluse ersetzt, und nun wurde den Teilnehmern gesagt, dass sie die Frau tatsächlich im Nebenzimmer treffen sollten. Nachdem sie das Foto gesehen hatten, sollten sie ins Nebenzimmer gehen, die Frau werde folgen. Die Teilnehmer sollten einen Stuhl nehmen und sich einem leeren Stuhl gegenübersetzen. Wieder war die Frau eine reine Erfindung, doch diesmal interessierten sich die Wissenschaftler für die Entfernung, in der sich die Männer zu dem leeren Stuhl setzten. Das Ergebnis war erstaunlich: Die Männer rückten näher an die Frau in Rot als an die Frau in Blau. Die Absichten der Männer übersetzten sich also tatsächlich in Taten.

Verschiedene Untersuchungen haben versucht, den Zusammenhang zwischen Rot und der Anziehung im Alltag zu untersuchen. Ein Experiment ging beispielsweise der Frage nach, ob Kellnerinnen in Rot mehr Trinkgeld bekommen.[4] Sechs Wochen lang beobachteten französische Wissenschaftler elf junge Kellnerinnen in fünf verschiedenen Restaurants. Die Kellnerinnen wussten nicht, worum es in dem Experiment ging, sie erhielten nur jeden Tag Anweisung, ob sie ein rotes, schwarzes, weißes, gelbes, blaues oder grünes T-Shirt tragen sollten. Die Wissenschaftler ermittelten die Trinkgelder von 722 männlichen und weiblichen Gästen, die allein an einem Tisch saßen.

Die Männer (nicht die Frauen) gaben Kellnerinnen in roten T-Shirts großzügigere Trinkgelder als Kellnerinnen in weißen, gelben, blauen oder grünen T-Shirts. Obwohl die jungen Frauen nicht wussten, worum es in dem Experiment ging, besteht natürlich die Möglichkeit, dass sie sich anders verhielten, wenn sie ein rotes T-Shirt trugen. Um diese Frage zu beantworten, sind weitere Experimente nötig.

In einem anderen Experiment untersuchten Wissenschaftler, ob Anhalterinnen in roten T-Shirts öfter mitgenommen werden als andere.[5] Fünf junge Frauen in verschiedenfarbigen T-Shirts stellten sich abwechselnd an den Straßenrand und sollten zählen, wie viele Autos anhielten. Wie im Experiment mit den Kellnerinnen hielten Männer öfter, wenn die Frauen ein rotes T-Shirt trugen. Frauen ließen sich hingegen nicht davon beeinflussen.

Es scheint also, als wirkten Frauen in Rot auch im echten Leben anziehender auf Männer als Frauen in anderen Farben.

Im Kalender rot angestrichen

Rot wird mit intensiven Instinkten und Emotionen assoziiert. In Nathaniel Hawthornes Roman *Der scharlachrote Buchstabe*, der in einem puritanischen Dorf des 17. Jahrhunderts spielt, bringt die Protagonistin Hester Prynne ein uneheliches Kind zur Welt und muss zur Strafe den roten Buchstaben »A« auf ihrer Kleidung tragen. Warum Rot? Über diese Frage diskutieren Literaturstudenten schon seit anderthalb Jahrhunderten. Steht die Farbe für Blut? Sünde? Eine Gefahr für die Gemeinde?

Wie wir aus eigener Erfahrung und aus Literatur und Kino wissen, ist Rot sexy. Verführerinnen tragen Rot. Die Hauptfigur von *Vom Winde verweht* heißt sogar die Rote beziehungsweise Scarlett O'Hara. Doch vermutlich hätten Sie nie vermutet, dass allein ein rotes Passepartout hinter einem Foto einen Einfluss darauf hat, wie ein Mann die Attraktivität einer Frau einschätzt und welche Absichten er ihr gegenüber hegt. Natürlich entscheiden Farben nicht allein über unser Verhalten, sie sind nur einer von vielen Faktoren. Doch wir sollten der Farbe Rot mit Respekt begegnen. Sie übt einen starken Einfluss aus, und wenn wir uns das ins Gedächtnis rufen, können wir uns ihre Wirkung zunutze machen.

Wenn Sie als Frau wie so oft vor der Frage stehen, was Sie anziehen sollen, und sexy aussehen wollen, dann ist Rot erwiesenermaßen die Farbe der Wahl. Eine rote Bluse oder ein roter Hut lassen sie aus der Menge hervorstechen, aber oft reicht auch schon ein weniger auffälliges Kleidungsstück wie ein Schal oder eine Schleife oder ein roter Lippenstift. Man kann Rot allerdings auch zu dick auftragen. Es ist gut zu wissen, wann Rot das falsche Signal wäre. Vor einem beruflichen oder gesellschaftlichen Termin oder vor einem Rendezvous sollten Sie sich fragen, wie Sie wahrgenommen werden wollen, und die Farbe Ihrer Kleidung entsprechend auswählen. Genauso gut kann es Ihnen aber auch egal sein, wie andere Sie wahrnehmen, und Sie können einfach die Kleidung tragen, in der Sie sich am wohlsten fühlen.

Mann in Rot

Wirken Männer in Rot auch attraktiver auf Frauen? Attraktive Männer werden selten in roten Hemden dargestellt. Im Kino und in Liedern geht es um die »Dame in Rot«. Der »Herr in Rot« ist unbekannt.

Rot wird nicht nur mit Sex assoziiert, sondern auch mit Macht, vor allem in der Tierwelt. Untersuchungen an verschiedenen Tierarten haben gezeigt, dass Rot bei den Männchen Überlegenheit signalisiert und von den Weibchen bei der Paarung bevorzugt wird. Bei den Zoobesuchen meiner Kindheit lachten meine Geschwister und ich über die roten Hinterteile der Paviane. Doch für die Affenmännchen ist das eine ernste Angelegenheit, denn damit demonstrieren sie ihren Status. Britische Wissenschaftler fanden heraus, dass bei Mandrill-Männchen das Rot im Gesicht, am Körper und an den Genitalien ein Zeichen der Dominanz ist.[6] Wenn zwei Männchen mit ähnlicher Rötung aufeinandertreffen, kommt es häufiger zu Kämpfen. Wenn eines der Männchen dagegen mehr rote Färbung aufweist, wird es als dominant wahrgenommen und die weniger dominanten Männchen gehen ihm aus dem Weg.

Unlängst präsentierten Wissenschaftler Rhesusaffenmännchen auf einem Computerbildschirm verschiedene Gesichter von weiblichen Artgenossen.[7] Einige der Gesichter waren blass, andere gerötet. Die Wissenschaftler maßen, wie lange die Männchen auf jedes der Gesichter blickten und stellten fest, dass die Männchen rote Gesichter länger ansahen als blasse. Daher kamen sie zu dem Schluss, dass die Farbe Rot bei der Anziehung eine Rolle spielt. Das Experiment ist vor allem deshalb interessant, weil es nicht in freier Wildbahn, sondern unter kontrollierten Bedingungen im Labor durchgeführt wurde, genau wie die psychologischen Untersuchungen an Menschen. Auch andere Primaten finden die Farbe Rot offenbar attraktiv.

Bei anderen Tierarten signalisiert Rot ebenfalls Dominanz. Im australischen Sydney stellten Wissenschaftler fest, dass bei Gouldamadinen, einer Prachtfinken-Art mit unterschiedlich gefärbten Köpfen, die Männchen mit roten Köpfen immer dominant sind und dass sie sich aggressiver verhalten als Männchen mit schwarzen oder gelben Köpfen.[8] Bei Zebrafinken, die ebenfalls in Australien vorkommen, beeinflussen sogar künstliche rote Signale das Verhalten. Nach dem Zufallsprinzip kennzeichneten Wissenschaftler Männchen mit roten oder grünen Bändchen und beobachteten, dass sich die rot markierten Vögel dominanter verhielten.[9] Untersuchungen bei verschiedenen Tierarten haben gezeigt, dass die Weibchen dominante rote Männchen bevorzugen. Beispielsweise sind die Männchen des dreistachligen Stichlings während der Paarungszeit rot gefärbt, und Wissenschaftler beobachteten, dass sich Weibchen bevorzugt mit intensiv roten Männchen paaren.[10]

Zwei britische Forscher wollten herausfinden, ob Rot auch unbelebten Gegenständen Dominanz verleiht.[11] Sie legten Versuchsteilnehmern rote und blaue Kreise vor und ließen sie entscheiden, welche von beiden dominanter wirkten. Die Frage mag absurd klingen: Wie soll eine geometrische Form dominant sein? Doch vor die Wahl gestellt, bezeichneten die Teilnehmer die roten Kreise als dominanter. Das Wort und die damit verbundenen Vorstellungen werden offenbar automatisch mit Rot assoziiert.

Dominanz gilt als stereotype männliche Eigenschaft, und zahlreiche Experimente haben nachgewiesen, dass Frauen dominantere Männer und Männer mit höherem gesellschaftlichen Status bevorzugen. Wenn aber Rot mit Dominanz und Status assoziiert wird und Frauen Männer mit höherem Status bevorzugen, könnte es dann sein, dass Frauen Männer mit roten Kleidungsstücken attraktiver finden?[12] Dieser Frage gingen Elliot und Niesta nach und überprüften in sieben Experimenten, inwieweit die Farbe Rot die Wahrnehmung der Männer durch Frauen beeinflusst. Die ersten fünf Experimente verliefen analog zu den mit Männern durchgeführten Versuchen, nur dass diesmal Frauen die Fotos von Männern bewerten sollten.

Die Teilnehmerinnen sahen Schwarz-Weiß-Fotos von Männern auf rotem, weißem oder grauem Passepartout und sollten deren Attraktivität bewerten beziehungsweise angeben, inwieweit sie sich sexuell angezogen fühlten. Vor einem roten Hintergrund wurden Männer als attraktiver und begehrenswerter wahrgenommen als vor einem weißen oder grauen. Die Manipulation der Hemdfarbe ergab ähnliche Ergebnisse: Als Frauen denselben Mann in grünem oder rotem Hemd beurteilen sollten, nahmen sie den Mann in Rot als attraktiver wahr. Wer hätte das gedacht?

Darüber hinaus wollten die Wissenschaftler herausfinden, was genau an der Farbe Rot das Urteil der Frauen beeinflusste. Wieder zeigten sie Frauen das Foto eines Mannes, mal in rotem, mal in grauem Hemd. Diesmal sollten die Teilnehmerinnen den Status des Mannes beziehungsweise sein künftiges Statuspotenzial bewerten. Die Ergebnisse waren eindrucksvoll: Dem Mann im roten Hemd gestanden die Frauen mehr Status oder Potenzial zu. Mit anderen Worten wirkte derselbe Mann mächtiger, nur weil er ein rotes Hemd trug.

Die Farbe Rot hat also einen großen Einfluss darauf, wie attraktiv ein Mann in den Augen einer Frau erscheint, und spielt eine wichtige Rolle in der Anziehung zwischen beiden Geschlechtern. Bei Männern signalisiert Rot Status, bei Frauen Sex, und beides wirkt anziehend auf das jeweils andere Geschlecht. Das heißt, Rot beeinflusst die Wahrnehmung des anderen Geschlechts, wenn auch bei Männern und Frauen aus unterschiedlichen Gründen. Dieses Phänomen muss weiter erforscht werden. Es könnte durchaus sein, dass Rot auch Frauen Status verleiht, und dass Männer sich von diesem Status angezogen fühlen; doch um das herauszufinden, sind weitere Experimente nötig.

Männer können sich diesen Effekt einfach zunutze machen, indem sie bei sozialen Anlässen oder geschäftlichen Besprechungen etwas Rotes tragen. Eine rote Krawatte oder ein rotes Hemd könnten im beruflichen Umfeld oder bei einem Rendezvous mehr Status verleihen und zum Erfolg führen.

Tag für Tag präsentieren Menschen ihre Ideen vor potenziellen Sponsoren, Kollegen, Klienten oder Arbeitgebern. Dabei geht es nicht nur um die Frage, wie sie ihre Ideen am besten verkaufen können, sondern auch darum, was sie tragen. Die Kleidung ist ein wichtiger Teil der Präsentation. Die hier beschriebenen Experimente lassen vermuten, dass ein roter Schlips oder ein unauffälliges rotes Kleidungsstück positiv wirken können. Aber Vorsicht: Ein roter Anzug hätte vermutlich den gegenteiligen Effekt, denn er wäre zu schrill und würde von der Präsentation ablenken. Wenn Situationen jedoch auf der Kippe stehen und Investoren oder Klienten das Risiko scheuen, dann könnte die Farbe dazu beitragen, dem Vortragenden mehr Gewicht zu verleihen.

In der Politik tragen Männer gern rote Krawatten, um Wähler von sich zu überzeugen. Sie oder ihre Berater haben vermutlich von Untersuchungen gehört, die den Einfluss der Farbe Rot auf unsere Wahrnehmung und unser Verhalten nachweisen, oder sie spüren intuitiv, dass wir Rot mit Macht, Autorität und Dominanz assoziieren. Im Marketing wirkt sich die Farbe Rot auf unsere Wahrnehmung von Preisen aus. In Experimenten hatten männliche Verbraucher beispielsweise das Gefühl, mehr Geld zu sparen, wenn die Preise in Rot statt in Schwarz gedruckt wurden.[13]

Auch die Wirkung von Kleidung wurde mehrfach untersucht. Nur einige Beispiele: Lehrkräfte in Anzug oder Kostüm werden als kompetenter wahrgenommen als Lehrkräfte in Freizeitbekleidung.[14] Frauen in Führungspositionen, die aufreizende Kleidung tragen, werden als weniger kompetent wahrgenommen als konservativ gekleidete Frauen.[15] Kunden nehmen den Service als hochwertiger wahr und kaufen eher, wenn Kundendienstler und Verkäufer seriös gekleidet sind.[16]

Unsere Kleidung beeinflusst nicht nur unsere Wirkung auf andere, sondern auch unser eigenes Verhalten. Unlängst haben Wissenschaftler gezeigt, dass Versuchsteilnehmer bei Denkaufgaben bessere Ergebnisse erzielten, wenn sie sich einen Laborkittel überzogen.[17] Das traf allerdings nur zu, wenn der weiße Kittel als Arzt- und nicht als Malerkittel wahrgenommen wurde.

Unlängst sah ich im israelischen Fernsehen eine Debatte zwischen einem Mann und einer Frau, die sich um den Vorsitz ihrer Partei bewarben. Der Mann trug einen dunklen Anzug und eine rote Krawatte, die Frau trug nichts Rotes. Bei früheren Gelegenheiten hatte der Mann keine rote Krawatte getragen; die Ausnahme war sein Auftritt auf dem Parteitag, auf dem er Zuversicht, Dominanz und Zukunftspotenzial ausstrahlen wollte. Der Kandidat hatte sich entweder mit Psychologie beschäftigt oder amerikanischen Politikern zugesehen. Schließlich schlug er die Gegenkandidatin um Längen. Natürlich spielten hier auch Geschlechterstereotype eine Rolle. Es wäre interessant herauszufinden, welche Farbe für Politikerinnen die geeignetste ist, denn Rot ist vermutlich wenig ratsam.

Wir gehen wie selbstverständlich davon aus, dass die meisten Menschen Farben wahrnehmen können. Aber im Grunde ist es ein Wunder, dass unser Gehirn diese Signale verarbeiten kann. Wir Menschen sind nur eine von Hunderttausenden Arten auf der Erde, die dank ihres Gesichtssinns überleben. Doch unsere Augen haben Rot-Grün-Rezeptoren, mit deren Hilfe wir ein breites Spektrum von Lichtwellen in unserer Umwelt wahrnehmen können. So willkürlich das sein mag, aber das Licht einer ganz bestimmten Wellenlänge (etwa zwischen 630 und 740 Nanometer) weckt ganz bestimmte Assoziationen. Rot bewirkt ein Feuerwerk im Gehirn und signalisiert Lust, Gefahr, Sex und Macht. Unsere Reaktionen auf diese Farbe sind so heftig wie unwillkürlich. Wenn wir den Mechanismus verstehen, können wir unsere Reaktion jedoch beeinflussen und uns der Umweltfaktoren bewusst werden, die uns in die Irre führen können.

Die Unterhaltungs- und Werbebranche versteht es, Farben effektiv einzusetzen. Achten Sie einmal auf die Trikots von Sportlern oder auf die Kleidung, die Ihre Freunde auf einer Party tragen. Achten Sie auch auf die Farben, die Sie selbst wählen. Sehen Sie sich die Hintergrundfarbe von Plakat- oder Zeitschriftenwerbung an oder die Beleuchtung in Restaurants und Galerien. Und beobachten Sie, dass Sie sich in der Gegenwart der Farbe Rot plötzlich auf subtile Weise anders fühlen. Wenn Sie die Macht der Farbe Rot verstehen, verstehen Sie das menschliche Verhalten ein bisschen besser und können sich die Wirkung dieser Farbe zunutze machen.

Kapitel 6

Kontrastprogramm

Wo sich Hell und Dunkel unterscheiden

Auf einer Hochzeit trägt nur die Braut Weiß, für die anderen Gäste ist die Farbe tabu. Es gibt jedoch Anlässe, zu denen alle Weiß tragen. Zum Beispiel am jüdischen Festtag Schawuot. Dieser Feiertag ist unter den säkularisierten Juden in aller Welt weitgehend unbekannt, doch in Israel wird er mit besonderen Traditionen begangen. An diesem Tag werden vor allem Milchprodukte gegessen, aber kein Fleisch. Viele Menschen tragen Weiß. In ganz Israel sieht man an diesem Tag Kinder in Weiß, die Tüten mit Obst tragen.

Vor einigen Jahren wurden mein Mann und ich von langjährigen Bekannten zu einer Schawuot-Party eingeladen. Der Gastgeber war ein Wirtschaftswissenschaftler und Aktienhändler, und die Gäste waren vor allem angesehene Unternehmer, Politiker und Anwälte. Wir wurden zum ersten Mal eingeladen und waren spät dran. Im großen Garten tummelten sich bereits 150 Gäste. Ich trug das klassische »kleine Schwarze« (es war schließlich eine Party), aber zu meinem Entsetzen bemerkte ich beim Betreten des Gartens, dass alle, aber auch wirklich *alle* anderen Gäste Weiß trugen.

Ich hatte angenommen, dass an Schawuot nur Kinder Weiß trugen, denn ich hatte nicht einmal daran gedacht, etwas Weißes anzuziehen. Doch alle Frauen trugen weiße Kleider oder weiße Blusen und Hosen, und die Männer trugen weiße Hemden und Hosen. Ich fühlte mich schrecklich deplatziert in meinem schwarzen Kleid inmitten dieses Meers von Weiß und spürte das Bedürfnis, mich zu verteidigen. »Das hat mir niemand gesagt!«, wiederholte ich. Schließlich fing ich an, mich zu unterhalten und Bekannte zu grüßen. Israel ist ein kleines Land, und ich kannte einige der anwesenden Unternehmer, Medienmacher und Politiker persönlich, andere aus Presse und Fernsehen.

Nachdem sich die Peinlichkeit ein wenig gelegt hatte, genoss ich die Party. Alle schienen so unglaublich freundlich zu sein. Die meisten Gäste, selbst die Politiker mit dem Haifischgrinsen und die berechnenden Unternehmer, kamen mir ausgesprochen nett vor. Lag es an dem Feiertag? Oder an den Gastgebern? Vielleicht. Oder kamen mir die Leute einfach nur freundlicher vor, weil sie alle Weiß trugen? Hat die Farbe Weiß einen Einfluss auf unser Denken und unser Urteil?

❖

Schwarz und Weiß sind Gegensätze. Weiß steht für das Gute –
Reinheit, Moral, Tugend, Sauberkeit – und Schwarz für das Böse.
In der Bibel heißt es: »So kommt denn und lasst uns miteinander
rechten, spricht der Herr. Wenn eure Sünde auch blutrot ist, soll
sie doch schneeweiß werden, und wenn sie rot ist wie Scharlach,
soll sie doch wie Wolle werden.« (Jesaja 1:18). In vielen Kulturen
hat die Farbe Weiß Symbolkraft. Die alten Griechen legten sich
in weißen Kleidern schlafen, weil sie glaubten, dass sie damit gut
träumten. Engel werden meist in weißer Kleidung dargestellt. Das
Symbol des Friedens ist die weiße Taube, die weiße Fahne symbolisiert Waffenstillstand. Im Märchen wird die Prinzessin von
einem Prinzen auf einem weißen Pferd gerettet. Im Alltag verwenden wir Bilder wie *blütenweiß* oder *weißwaschen* zur Beschreibung guter Eigenschaften.

Weiß kann auch für Spiritualität stehen. Mutter Teresa aus
Kalkutta trug einen weißen Sari mit blauen Streifen, um Nächs-
tenliebe und Barmherzigkeit auszudrücken. Auch Gandhi trug
Weiß; der handgewebte weiße Stoff war ein Symbol für die Autar-
kie Indiens und den gewaltlosen Widerstand gegen die Briten.
Schwarz symbolisiert dagegen das Böse und Schmutz. Metaphern
wie *schwarzer Tag, schwarze Liste, Schwarzbuch, schwarze Wolke,
schwarzes Schaf* oder *Schwarzmarkt* sind negativ besetzt. Hexen
werden oft in schwarzer Kleidung dargestellt, und die Hexerei ist
die »schwarze Kunst«. Kinoschurken wie Darth Vader, Voldemort
oder Joker tragen Schwarz. Auch der Teufel wird gern in schwarzer Kleidung dargestellt, selbst wenn es Anzüge von Prada sind,
wie in Lauren Weisbergers Roman, der mit Meryl Streep und
Anne Hathaway verfilmt wurde.

Schwarz kann natürlich auch mit Eleganz assoziiert werden und
viele Frauen tragen zu formellen Anlässen Schwarz. Doch in der Literatur und Kunst steht Schwarz oft für Boshaftigkeit, wie zum Beispiel im Film *Der schwarze Schwan*. Natalie Portman erhielt einen
Oskar für ihre Rolle als Tänzerin Nina, die in einer New Yorker Bal-

letgruppe um die Hauptrolle in Tschaikowskys *Schwanensee* kämpft. In diesem Film steht der weiße Schwan für Unschuld und Reinheit, und sein Pendant, der schwarze Schwan, für Sexualität und gefährliche Leidenschaften. Diese beiden Kräfte ringen in Ninas Seele. Während der Proben erklärt der Regisseur, sie sei nur für die Rolle des weißen Schwans geeignet, und ihr fehle die Leidenschaft für die Rolle des schwarzen Schwans. Als sie ihm das Gegenteil zeigt und ihre dunkle Sinnlichkeit unter Beweis stellt, erhält sie die Rolle. In diesem Film prallen die Gegensätze aufeinander: Reinheit und Keuschheit, symbolisiert durch die Farbe Weiß, und Aggression und primitive Gewalt, repräsentiert durch die Farbe Schwarz.

Wie in der Bibel ist die Unterscheidung von Hell und Dunkel der erste Hinweis auf Sein und Bewusstsein. Bevor Gott die Welt erschafft, ist die Erde »wüst und leer und es war finster auf der Tiefe«. Dann spricht Gott: »Es werde Licht! Und es ward Licht.« Licht ist auch die erste Erfahrung des Kindes, das den Mutterleib verlässt und aus der Finsternis ans Licht kommt. Wenn das Kind die Augen schließt, ist es von Dunkelheit umhüllt, und wenn es sie wieder öffnet, ist alles hell.

Schwarz und Weiß sind keine gewöhnlichen Farben. Schwarz ist vielmehr die Abwesenheit von Licht, also Dunkelheit. Je dunkler etwas ist, umso schwärzer erscheint es. Weiß ist dagegen die Anwesenheit von Licht, das alle drei Zapfentypen im Auge stimuliert. Wird eine Farbe mit Weiß gemischt, erscheint sie heller. Wissenschaftler, die sich mit diesem Phänomen beschäftigen, unterscheiden daher nicht zwischen diesen Begriffen und bezeichnen Reize als *dunkel* oder *schwarz* beziehungsweise *hell* oder *weiß*.

Die Kinder des Lichts und die Kinder der Finsternis

Im Jahr 1954 kündigte eine Anzeige im *Wall Street Journal* den Verkauf eines biblischen Manuskripts an, das vor mehr als zwei

Jahrtausenden verfasst worden war. Dahinter verbargen sich die Qumran-Schriften, die auf Papyrus niedergeschrieben und in Tongefäßen aufbewahrt worden waren. Die Schriftrollen waren 1947 von drei Beduinen in einer Höhle am Westufer des Toten Meers entdeckt worden und gelten seither als einer der wichtigsten archäologischen Funde der Geschichte. Sie sind die ältesten erhaltenen Abschriften dessen, was die Christen als Altes Testament und die Juden als Bibel bezeichnen. Sie bieten Aufschluss über die Zeit kurz vor Beginn der modernen Zeitrechnung und die jüdisch-christliche Theologie.

Eines der zuerst gefundenen Dokumente, das von der Hebräischen Universität in Jerusalem erworben wurde, ist die sogenannte Kriegsrolle. Diese Endzeitprophezeiung beschreibt unter anderem den Krieg der Kinder des Lichts und der Finsternis. Die Kinder des Lichts sind das Volk Gottes, die verschiedenen Stämme Israels, und die Kinder der Finsternis sind verschiedene Nachbarvölker, zum Beispiel die Edomiter, Amalekiter, Hittiter und Moabiter. Der Krieg, der im Detail beschrieben wird, dauert 40 Jahre und endet mit dem Sieg der Kinder des Lichts.

Diese Assoziation zwischen Hell und Gut einerseits und Dunkel und Böse andererseits ist uralt. Wir stellen sie automatisch und instinktiv her. Metaphern wie *Licht am Ende des Tunnels* oder *Licht in der Finsternis* symbolisieren Positives. Auch Strahlen, Leuchten und Helligkeit stehen für Gutes. Wir sprechen von einer *strahlenden* oder *leuchtenden Zukunft*. Andererseits sprechen wir vom *finsteren Mittelalter* und von der *dunklen Seite* eines Menschen, um vor seinem Charakter und seinem Verhalten zu warnen. In der Kinoserie *Krieg der Sterne* hat »die Macht« auch ihre dunkle Seite.

In seinem Epos *Paradise Lost* beschrieb der englische Dichter John Milton die Hölle als Ort der »sichtbaren Finsternis«. Diese Formulierung griff der Romanautor William Styron in seinem Roman *Sturz in die Nacht* auf, in dem er seine Depression beschreibt*. Die Psychoanalytikerin und Philosophin Julia Kristeva gab ihrem Buch über Depression und Melancholie den Titel *Schwarze Sonne*, und mein unlängst verstorbener Freund Norman Endler, Psychologe und Wissenschaftler an der kanadischen York University, schrieb ein Buch mit dem Titel *Holiday of Darkness*, in dem er seine Depression und ihre Auswirkungen auf sein Leben und seine Familie beschreibt. Diese Titel zeigen die Komplexität negativer psychischer Zustände und die Tatsache, dass wir zugleich Licht und Dunkelheit in uns tragen.

Im Alltag verwenden wir Metaphern, die Licht, Helligkeit und die Farbe Weiß mit positiven Zuständen verbinden, und die Abwesenheit von Licht, Finsternis und die Farbe Schwarz mit negativen. Die Frage ist: Handelt es sich nur um Redewendungen? Oder lösen dunkle oder schwarze Reize tatsächlich negative Emotionen aus, und helle oder weiße positive? Wie stark und instinktiv sind diese Assoziationen zwischen Weiß und Gut beziehungsweise Schwarz und Böse, und könnten diese Assoziationen unser Urteil und unser Verhalten beeinflussen? Kann es sein, dass die Gäste der Schawuot-Party tatsächlich freundlicher waren, weil sie Weiß trugen?

Einige Wissenschaftler haben diese Frage mithilfe des sogenannten Stroop-Effekts untersucht. In einem klassischen Stroop-Test werden den Versuchspersonen Farbwörter vorgelegt, die in einer anderen Farbe gedruckt sind, zum Beispiel das Wort *grün* in roter Druckfarbe, oder das Wort *gelb* in blauer Druckfarbe. Die Testpersonen sollen die Farbe der Buchstaben nennen und Wissenschaftler messen die Zeit, die sie dazu benötigen. Wenn das Wort *Tisch* in roter Farbe gedruckt ist, dann fällt es Ihnen nicht weiter schwer, »rot« zu sagen. Wenn jedoch das Wort *grün* in roter Farbe gedruckt ist, dann brauchen Sie deutlich länger, weil die Farbe (rot) im Widerspruch zur Bedeutung des Worts (grün) steht.

---

* Im Original heißt Styrons Buch *Darkness Visible*. (Anm. d. Übers.)

Ihr Gehirn nimmt widersprüchliche Informationen auf und benötigt deshalb länger für die Aufgabe. Diese Konfusion wird als Stroop-Effekt bezeichnet.

Dieses klassische Experiment wurde von Farben auf Metaphern übertragen. Nun zeigten Wissenschaftler ihren Versuchspersonen positive und negative Begriffe, die in hellen oder dunklen Tönen gedruckt waren.[1] Sie zeigten den Teilnehmern positive Begriffe wie *großzügig, mutig, treu, freundlich, reif, Held, Kuss, Liebe* oder *Treue* und negative Begriffe wie *grausam, bitter, gemein, unhöflich, unfair, Verbrechen, Krebs, Betrug, Lügner* oder *Gift* und baten sie anzugeben, welches Wort positiv und welches negativ besetzt war. Dabei variierten die Wissenschaftler die Helligkeit der Buchstaben und des Hintergrunds, sodass einige Wörter strahlend weiß erschienen und andere tiefschwarz. Dann maßen sie, wie lange die Teilnehmer benötigten, um die Wörter als positiv oder negativ einzuordnen. Dabei gingen sie davon aus, dass eine Aufgabe umso einfacher war, je schneller die Teilnehmer antworteten. Außerdem hielten die Wissenschaftler fest, wie viele Fehler die Teilnehmer machten, vor allem wenn sie so schnell wie möglich antworten sollten.

Wenn wir Helligkeit tatsächlich mit positiven Eigenschaften assoziieren und Dunkelheit mit negativen, dann müssten wir ein dunkel gedrucktes positives Wort als Widerspruch wahrnehmen. Wer ein dunkel gedrucktes positives Wort sieht, erhält widersprüchliche Informationen: Die Dunkelheit ist negativ, die Bedeutung des Wortes positiv. Wenn wir Positives automatisch mit Helligkeit assoziieren und Negatives mit Dunkelheit, dann müssten wir mehr Zeit für die Aufgabe benötigen, wenn ein positives Wort dunkel und ein negatives Wort hell gedruckt ist.

In der Tat fiel es den Teilnehmern leichter, Begriffe als positiv zu identifizieren, wenn sie hell erschienen, und als negativ, wenn sie dunkel waren. Sie brauchten länger, um helle, negative beziehungsweise dunkle, positive Begriffe einzuordnen und machten mehr Fehler, wenn sie schnell antworten sollten. Diese Erkenntnisse legen die Vermutung nahe, dass wir Helligkeit instinktiv mit Gut und Dunkelheit mit Schlecht identifizieren.

Der Effekt ist erstaunlich stark. Eine Gruppe niederländischer Wissenschaftler wandelte das Experiment ein wenig ab.[2] Sie erklärten ihren Teilnehmern, es gehe darum zu sehen, ob sie in der Lage seien, niederländische Wörter ins Chinesische zu übersetzen (obwohl sie gar kein Chinesisch konnten). Sie legten den Teilnehmern eine Liste von Wörtern in ihrer Muttersprache vor, von denen einige negativ und andere positiv besetzt waren. Unter jedem Wort befanden sich zwei chinesische Schriftzeichen, eines schwarz und ein anderes weiß, und die Teilnehmer sollten entscheiden, welches Zeichen dem niederländischen Wort entsprach. Wenn das Wort eine positive Bedeutung hatte, entschieden sich die Versuchspersonen häufiger für das weiße Schriftzeichen, und wenn es negativ war, wählten sie eher das schwarze.

Dass diese Experimente so eindeutig ausfielen, macht klar, dass wir bei der Beurteilung von Personen und Ereignissen vollkommen irrelevante Faktoren heranziehen, zum Beispiel die Farben Schwarz und Weiß. In weißer Kleidung werden wir positiver wahrgenommen als in schwarzer. Vielleicht neigte ich auf der Schawuot-Party spontan dazu, alle Gäste als angenehme Zeitgenossen zu sehen; andererseits gefällt mir der Gedanke gar nicht, dass mich die anderen als »schwarzes Schaf« wahrgenommen haben könnten.

Nach meiner Promotion an der Universität von Tel Aviv zog ich mit meinem Mann und unserer dreijährigen Tochter nach Cambridge, Massachusetts, wo ich an der Harvard University und mein Mann am MIT forschte. In Tel Aviv hatten wir in einem hellen Haus mit großen Fenstern und weißen Wänden gelebt. Unsere erste Wohnung in Cambridge hatte dagegen kleine Fenster und die Wände waren dunkelgrau gestrichen. Die ersten Monate in Cambridge waren nicht einfach. Alles schien mir negativ, doch ich schob es auf die Tatsache, dass ich in einer fremden Stadt lebte, niemanden kannte und mich einsam fühlte. Ein Jahr später zogen wir in eine neue Wohnung, die zwar kleiner war, aber große Fenster hatte und freundlicher wirkte. Plötzlich fühlte ich mich wohl und freute mich, dass wir nach Cambridge gezogen waren. Die Veränderung erklärte ich mir damit, dass ich mich inzwischen eingelebt und Freunde gefunden hatte. Im Rückblick bin ich mir jedoch sicher, dass die ersten Monate in der dunklen Wohnung sich auf meine Emotionen und mein Urteil niederschlugen. Schließlich fühlten wir uns in Cambridge so wohl, dass wir noch einmal zurückkamen und ich ein Jahr lang an der psychologischen Fakultät unterrichtete. Diesmal suchten wir uns gleich eine helle Wohnung. Cambridge erschien mir herrlich und ich genoss die Zeit.

Schwarze Ritter

Vor mehr als 20 Jahren gingen Mark G. Frank und Thomas Gilovich von der Cornell University der Frage nach, ob die Assoziation schwarz/böse und weiß/gut nicht nur unser Urteil beeinflusst, sondern auch unser Verhalten im Alltag.[3] Sie zeigten Versuchsteilnehmern weiße und schwarze Uniformen und stellten fest, dass die schwarze Uniform als gemeiner und aggressiver wahrgenommen wurde. Dann werteten sie Football- und Eishockeyspiele aus 15 Jahren aus und stellten fest, dass Teams in schwarzen Trikots häufiger bestraft wurden als Teams in anderen Farben.

So interessant diese Erkenntnisse sind, so beunruhigend sind sie auch, da sie unsere unbewussten Vorurteile offenlegen. Sie widersprechen unserem Gerechtigkeitsempfinden. Die Zahlen lassen sich allerdings unterschiedlich erklären. Vielleicht verhalten sich Mannschaften in schwarzen Trikots ja tatsächlich aggressiver und verdienen mehr Strafen. Vielleicht entscheiden sich Trainer und Manager von Mannschaften, die traditionell in Schwarz spielen, eher für aggressive Spieler und stellen so eine aggressivere Mannschaft zusammen. Um möglichen Ursachen auf den Grund zu gehen, führten Frank und Gilovich ein weiteres Experiment durch.

Dazu präparierten sie Aufzeichnungen von Footballspielen und veränderten sie so, dass eine Mannschaft in einer Version des Videos schwarze Trikots trug und in der anderen weiße. Diese Videos wurden Fans und Schiedsrichtern gezeigt. Beide Gruppen sollten Fouls zählen und die Aggressivität der Mannschaften bewerten. Die Ergebnisse waren erstaunlich. Sowohl Fans als auch Schiedsrichter wollten das schwarze Team häufiger bestrafen als das weiße. Die gezeigten Spielszenen waren identisch, der einzige Unterschied war die Farbe der Trikots. Das heißt, dass sich Schiedsrichter tatsächlich von den schwarzen Trikots beeinflussen lassen und das entsprechende Team als aggressiver wahrnehmen.

Aber sind die Ergebnisse tatsächlich so schwarz-weiß? Um herauszufinden, ob die Farbe des Trikots neben der Wahrnehmung der Schiedsrichter auch das Verhalten der Spieler selbst beeinflusst, entwickelten die Wissenschaftler ein weiteres Experiment. Dazu teilten sie Testpersonen in zwei Dreiergruppen ein und brachten sie in getrennte Räume. Jede Gruppe bekam eine Liste von zwölf möglichen Spielen und sollte fünf auswählen, die sie gegen das andere spielen wollte. Diese Spiele unterschieden sich hinsichtlich ihrer Aggressivität. Einige waren relativ aggressiv, zum Beispiel ein menschlicher »Hahnenkampf«, bei dem ein Teilnehmer auf den Schultern eines anderen sitzt und versucht, ein gegnerisches Paar umzuwerfen. Andere waren nicht aggressiv, zum Beispiel Bierkistenstapeln. Um schon bei der Auswahl der fünf Spiele Mannschaftsgeist zu erzeugen, erhielt ein Team schwarze und das andere weiße Trikots. Es stellte sich heraus, dass die Teams in schwarzen Trikots aggressivere Spiele wählten als die Teams in weißen Trikots. Wenn die Teilnehmer keine Trikots erhielten, ergaben sich keine Unterschiede zwischen beiden Teams. Es scheint, als würde allein das schwarze Trikot die Aggressionsbereitschaft eines Teams steigern.

Im Jahr 2012 erweiterten Wissenschaftler die ursprüngliche Untersuchung von Frank und Gilovich zur Auswirkung der Trikotfarbe auf die Strafen im Sport und analysierten die Spiele von 25 Eishockey-Saisons[4]. Anders als Frank und Gilovich untersuchten sie nicht nur den Unterschied zwischen schwarzen und andersfarbigen Trikots, sondern auch den zwischen weißen und andersfarbigen Trikots. Dabei bestätigten sie, dass Mannschaften in schwarzen Trikots mehr Zeitstrafen erhielten als andere. Interessanterweise traf dies nur auf Angriffsfouls wie Ellenbogenchecks oder Bandenfouls zu, nicht auf technische Fouls wie Abseits oder zu viele Spieler auf dem Eis. Umgekehrt erhielten die Mannschaften in weißen Trikots weniger Zeitstrafen. Das heißt, Weiß wurde mit friedlicherem Verhalten assoziiert, und Schwarz mit aggressiverem Verhalten, zumindest gemessen an den Strafminuten.

Diese Beobachtungen legen die Vermutung nahe, dass die negative Besetzung von Schwarz und die positive Besetzung von Weiß nicht nur unser Urteil beeinflusst, sondern auch unser Verhalten. Die weiße Kleidung der Gäste auf der Schawuot-Party könnte sich also tatsächlich auf ihr Verhalten ausgewirkt haben. Vielleicht verhielten sie sich ja tatsächlich freundlicher.

Wie Frank und Gilovich beobachteten, spielt der Kontext eine wichtige Rolle. In Konkurrenzsituationen wird Schwarz mit Aggression assoziiert. Anders als Alltagskleidung wirken Trikots und Uniformen identitätsstiftend. Sobald wir in einer Uniform oder in einem Anzug stecken, laden wir zu bestimmten Assoziationen ein.

Warum assoziieren wir Weiß nicht mit Schlecht und Schwarz nicht mit Gut? Wie kamen unsere Assoziationen zustande? Wissenschaftler nehmen an, dass diese Verbindung im Laufe der Evolution entstand und durch persönliche Erfahrungen verstärkt wird. Die Assoziation zwischen Helligkeit und positiven Erfahrungen könnte in unserer Biologie verankert sein. Wir sind nun einmal Taglebewesen: Wir funktionieren besser bei Tageslicht, wenn wir unsere Umgebung sehen können. Bei Tag ist das Leben weniger gefährlich. Wenn wir zur Welt kommen, sind wir auf Tageslicht eingestellt. Im Laufe unseres Lebens erfahren wir Dinge als positiver und angenehmer, wenn wir sie sehen. Das Leben bei Tag verschafft einen Überlebensvorteil, den wir mit anderen teilen.

Gleichzeitig stellte die Evolution eine Beziehung zwischen Dunkelheit und Gefahr her, und diese Beziehung wird in der Kindheit verstärkt. Selbst wenn Kinder keine Angst vor der Dunkelheit haben, bevorzugen sie das Licht. Meine Kinder wollten immer, dass ich die Kinderzimmertür einen Spalt weit offen lasse, damit ein wenig Licht hereinschien. Die Assoziation zwischen Dunkelheit und negativen Erfahrungen beginnt mit dem sinnlichen Erleben, wenn die Kinder im Bett liegen. Im Dunkeln fühlen sie sich allein und verwundbar und haben oft Angst. Wenn Kinder die Augen schließen, sehen sie das Dunkel, und wenn sie sie wieder öffnen, sehen sie Licht. Versetzen Sie sich einmal in die Situation eines Babys und schließen Sie 30 Sekunden lang die Augen. Wie fühlt es sich an? Nehmen Sie Ihre Umwelt anders wahr? Verändert sich Ihre Haltung und Orientierung? In der Dunkelheit verlieren wir den Kontakt zu unserer Umwelt und werden verwundbar – jemand könnte sich anschleichen. Bei Licht fühlen wir uns sicherer, wir können unser Verhalten an unsere Umgebung anpassen und uns sicher bewegen.

Dunkelheit repräsentiert undifferenziertes Chaos und Unordnung, ja sogar den Tod. Bei Licht sind wir in Kontakt mit der Welt. Die tiefe emotionale Beziehung zwischen Licht und Leben kommt in Goethes letzten Worten zum Ausdruck. »Mehr Licht«, sagte er, damit ein Besucher die Fensterläden öffnete.

Gut und Böse, Licht und Schatten

Helligkeit wird mit positiven Urteilen assoziiert – aber ist auch der umgekehrte Zusammenhang denkbar? Könnte es sein, dass unsere positiven und negativen Urteile und Emotionen Einfluss auf unsere Wahrnehmung der Helligkeit haben? Mit anderen Worten, sehen wir Objekte oder Menschen heller, wenn wir gut gelaunt sind?

Objektiv hängt die Helligkeit von der Lichtmenge ab, die ein Objekt zurückwirft. Je mehr Licht es abstrahlt, desto heller erscheint es uns. Doch unsere Wahrnehmung der Helligkeit ist subjektiv und kontextabhängig. Wie hell oder wie dunkel uns ein Objekt erscheint, hängt zum Beispiel von der Helligkeit der umgebenden Gegenstände und des Hintergrunds ab. Obwohl zwei Gegenstände objektiv dieselbe Menge Licht zurückwerfen, können wir sie ganz unterschiedlich wahrnehmen. Das ist ein bekanntes Phänomen, das jeder Fotograf und Eventplaner kennt.

Sie werden es mir nicht glauben, aber Feld A und B haben denselben Grauton.* Feld A befindet sich vor einem hellen Hintergrund und Feld B vor einem dunklen. Wenn Sie mir das nicht abnehmen, können Sie es überprüfen, indem Sie die Felder um A und B herum abdecken.

Verschiedene Wissenschaftler sind der Frage nachgegangen, ob unsere Wahrnehmung der Helligkeit auch von psychologischen Faktoren wie Urteilen, Emotionen und positiven beziehungsweise negativen Assoziationen beeinflusst werden könnte. Ein und dasselbe Objekt könnte heller oder dunkler wirken, je nachdem, ob wir zuvor mit positiven oder negativen Begriffen konfrontiert werden. Und wir könnten die Persönlichkeit eines Menschen als »heller« wahrnehmen, wenn wir positiv über ihn denken.

In einem Experiment trugen die Teilnehmer Kopfhörer, während auf einem Computerbildschirm nacheinander 100 Wörter

---

* http://persci.mit.edu/gallery/checkershadow

Abbildung: Schattenillusion auf dem Schachbrett:
Feld A und Feld B haben denselben Grauton

erschienen, 50 positive und 50 negative.[5] Sie sollten entscheiden, ob das Wort, das sie sahen, positiv oder negativ besetzt war. Außerdem sagte man ihnen, dass sie nach jedem Wort ein helles oder dunkles Quadrat auf dem Bildschirm sehen würden. In Wirklichkeit war es immer dasselbe Quadrat. Die Teilnehmer sollten angeben, ob es sich um das helle oder das dunkle Quadrat handelte. Nach einem negativen Wort glaubten die Teilnehmer häufiger, ein dunkles Quadrat zu sehen, und nach einem positiven Wort wollten sie öfter ein helles Quadrat erkannt haben. In Wirklichkeit war das Quadrat aber – wie gesagt – immer dasselbe.

In einer Abwandlung des Experiments sahen die Teilnehmer positive oder negative Wörter in unterschiedlicher Helligkeit, also in unterschiedlichen Graustufen. Die Teilnehmer sahen ein Wort, sollten es als positiv oder negativ bewerten, und sahen dann fünf Quadrate in unterschiedlichen Grautönen (auf einem Spektrum von Schwarz bis Weiß). Sie sollten das Quadrat auswählen, das dem Grauton des Wortes entsprach. Beispielsweise sahen die Teilnehmer positive Begriffe wie *sauber, Held, höflich* und *Krankenschwester* und negative wie *vulgär, bitter, korrupt, krank* oder *Feind*. Wie im ersten Experiment hing die Wahrnehmung der Helligkeit von der positiven oder negativen Bedeutung des zuvor gesehenen Wortes ab. Die Teilnehmer wählten tendenziell helle Grautöne für positive Bedeutungen und dunkle für negative, obwohl in Wirklichkeit die Färbung des Wortes unabhängig von der Bedeutung gewesen war.

Andere Wissenschaftler untersuchten Metaphern wie *leuchtende Zukunft* und *strahlendes Lächeln,* in dem sie überprüften, ob lächelnde Gesichter tatsächlich als heller wahrgenommen werden als andere.[6] Dabei fanden sie heraus, dass das *strahlende Lächeln* und der *finstere Blick* nicht nur Metaphern sind – tatsächlich erschienen den Versuchsteilnehmern lächelnde Gesichter in unterschiedlichen Farben und Formaten grundsätzlich heller als verdrießliche.

In einer anderen Untersuchung sollten die Teilnehmer eine ethisch korrekte oder unkorrekte Verhaltensweise aus ihrer Vergangenheit beschreiben und dann die Helligkeit eines Raums auf einer Sieben-Punkte-Skala bewerten.[7] Diejenigen Versuchspersonen, die sich an eine unkorrekte Verhaltensweise erinnerten, nahmen den Raum als dunkler wahr als diejenigen, die sich an eine ethische Verhaltensweise erinnerten. In einer Abwandlung des Experiments sollten sich die Teilnehmer erneut an korrekte oder unkorrekte Verhaltensweisen erinnern und dann aus einer Auswahl von Gegenständen, die zum Teil mit Licht zusammenhingen (Taschenlampe, Kerze, Lampe) und zum Teil neutral waren (Kekse, Apfel, Krug), einen aussuchen. Die Testpersonen, die sich an eine unkorrekte Verhaltensweise erinnerten, entschieden sich öfter für Gegenstände, die mit Licht zu tun hatten, als die anderen.

Unsere Wahrnehmung von Hell und Dunkel hängt also nicht nur von der tatsächlichen Helligkeit eines Objekts ab, sondern auch von unseren psychischen und ethischen Urteilen. Unsere Augen sehen etwas, doch unser Gehirn verändert es je nach unserer momentanen Stimmung. Das zeigt sich auch in unseren Metaphern. Zwei Gegenstände können objektiv exakt gleich hell sein, aber wenn einer negativ besetzt ist (zum Beispiel eine Pistole) und der andere positiv (zum Beispiel eine Blume), dann erscheint uns der negativ besetzte Gegenstand dunkler als der positive. Diese unterschiedlichen Wahrnehmungen erfolgen automatisch und instinktiv. Wenn wir einen Menschen negativ beurteilen, nehmen wir vermutlich auch seine Umgebung als dunkler wahr. Wenn wir eine positive Erfahrung machen, erscheint uns der Tag heller. Die Beziehung zwischen Hell und Positiv beziehungsweise Dunkel und Negativ funktioniert also in beide Richtungen: Helles wird positiver wahrgenommen, und Positives heller. Umgekehrt wird Dunkles negativer wahrgenommen, und Negatives dunkler.

Im Dunkeln ist gut munkeln

In einer Untersuchung mit dem provokativen Titel »Die Farbe der Sünde« konzentrierten sich zwei Wissenschaftler auf einen speziellen Aspekt dessen, was wir als negativ wahrnehmen: die Unmoral.[8] Auch sie verwendeten eine abgewandelte Form des Stroop-Experiments. Die Versuchspersonen lasen mit moralischen oder unmoralischen Verhaltensweisen assoziierte Begriffe wie *ausnutzen, betrügen, Sünde, böse, ehrlich, Freiheit, helfen* oder *Gerechtigkeit,* die in schwarz oder weiß geschrieben waren. Danach sollten sie sagen, ob das Wort schwarz oder weiß war. Wenn mit moralischen Verhaltensweisen assoziierte Begriffe wie *ehrlich* oder *freundlich* in weißen Buchstaben erschienen, identifizierten die Versuchspersonen die Farbe schneller, genau wie bei unmoralischen Begriffen in schwarzen Buchstaben. Offenbar assoziieren wir Moral automatisch mit Weiß und Unmoral mit Schwarz. Diese Assoziation könnte sich auch auf unser Verhalten in der wirklichen Welt niederschlagen.

Es ist eine Tatsache, dass nachts mehr Verbrechen verübt werden als tagsüber. Ein und dieselbe Straße ist am Tag sicherer als in der Nacht. Zu unserer Sicherheit stellen wir nachts unser Auto nicht an einsamen Ecken ab, gehen nachts nicht allein durch die

Straßen und heben um 2 Uhr morgens kein Geld vom Geldautomaten ab. Wir wissen, dass wir nachts zusätzliche Vorsichtsmaßnahmen treffen sollten. Die Zahl der Verbrechen und die Furcht vor ihnen ließe sich durch mehr Straßenlaternen ganz einfach verringern. Denn natürlich können Kriminelle ihr Handwerk im Dunkeln leichter ausüben. Aber es könnte durchaus sein, dass wir unabhängig von der Entdeckungsgefahr und anderen praktischen Erwägungen im Dunklen eher zu unmoralischen Handlungen bereit sind. Mit anderen Worten könnte es sein, dass sich der metaphorische Zusammenhang zwischen Dunkelheit und Unmoral auf die Kriminalitätsstatistik niederschlägt.

Diesem Zusammenhang wollten Wissenschaftler in einem Experiment auf die Schliche kommen.[9] Dazu teilten sie ihre Versuchspersonen in zwei Gruppen ein: Eine Gruppe saß in einem gut ausgeleuchteten Raum mit zwölf Lampen, eine andere in einem düsteren Raum mit vier Lampen. Die Teilnehmer erhielten 20 Zahlengitter und sollten in jeder Reihe zwei Zahlen finden, deren Summe 10 ergab. Sie bekamen fünf Minuten Zeit und sollten pro richtige Antwort 50 Cent bekommen. Die Aufgabe war so gestellt, dass die fünf Minuten nicht ausreichten.

Nach Ablauf der Zeit sollten die Teilnehmer auf einem eigenen Blatt angeben, wie viele Reihen sie gelöst hatten, ihre Lösungsbögen in eine Kiste werfen und die Belohnung kassieren. Da die Versuchspersonen auf dem Lösungsbogen keinen Namen angeben mussten, nahmen sie an, dass es keine Möglichkeit gab, ihr tatsächliches Ergebnis zu überprüfen, und dass sie deshalb einfach betrügen konnten. Tatsächlich hatten die Wissenschaftler eine Möglichkeit eingebaut, um die wirkliche Leistung mit der angegebenen zu vergleichen und herauszufinden, welcher Teilnehmer schummelte. Die Leistung der beiden Gruppen war mehr oder weniger identisch, doch die Teilnehmer aus dem düsteren Raum betrogen häufiger als die Teilnehmer aus dem hell erleuchteten Raum.

Man könnte diese Erkenntnis als belanglos abtun und behaupten, der düstere Raum lade zum Schummeln ein, weil die Teilnehmer weniger leicht beobachtet werden können. Das ist jedoch nicht der Fall, da die Versuchspersonen in beiden Räumen davon ausgehen konnten, dass sich ihre tatsächliche Leistung nicht mehr nachvollziehen ließ und sie nicht erwischt werden würden. Die Assoziation zwischen Licht und Moral beziehungsweise Dunkel und Unmoral scheint also tatsächlich Auswirkungen auf unser Verhalten zu haben. Die Untersuchung legt die Vermutung nahe, dass wir in einer Situation, in der unsere Anonymität gewahrt ist, umso eher schummeln, je dunkler es ist. Ein dunkler Raum fördert Ehrlichkeit, ein heller Unehrlichkeit.

Auch andere Verhaltensweisen könnten durch die Helligkeit unserer Umgebung beeinflusst werden. Dieselben Wissenschaftler führten ein Experiment durch, um herauszufinden, ob Dunkelheit mit unfairem und egoistischem Verhalten in Zusammenhang steht. Sie teilten ihre Versuchspersonen in zwei Gruppen ein, von denen die eine Sonnenbrillen aufsetzen sollte und die andere klare Brillen. Dann sollten die Teilnehmer das Diktatorspiel spielen, das oft in psychologischen Experimenten zur Fairness verwendet wird. Das Spiel hat zwei Mitspieler, einen Geber und einen Empfänger. Der Geber erhält eine bestimmte Summe und soll entscheiden, wie viel davon er an den Empfänger abgeben will, und der Empfänger kann die angebotene Summe annehmen oder ablehnen. Je mehr Geld der Geber gibt, umso selbstloser handelt er. Ein fairer Anteil wäre die Hälfte. In diesem Fall waren alle Teilnehmer Geber und konnten entscheiden, wie viel Geld sie abgeben wollten. Sie saßen vor einem Computer und konnten die anderen Mitspieler nicht sehen.

Die Sonnenbrillenträger traten weniger ab als die anderen Teilnehmer. Sie gaben deutlich weniger als fair gewesen wäre und behielten den größten Teil des Geldes für sich. Die Träger der klaren Brillen waren deutlich fairer und traten im Schnitt etwa die Hälfte ab.

Dieses Ergebnis ist alles andere als trivial. Warum sollte ein harmloser Gegenstand wie eine Sonnenbrille unsere Moral beeinträchtigen? Jeder Teilnehmer saß allein vor einem Bildschirm. Die Sonnenbrille beeinflusste lediglich die Wahrnehmung der Helligkeit, an der Anonymität änderte sie nichts. Doch wenn wir Welt dunkler wahrnehmen, trübt dies offenbar unsere Moral. Die Dunkelheit entfesselt unseren Schatten.

Muss denn alles schwarz-weiß sein?

Wenn Hell und Dunkel unser Urteil, unser Verhalten und unsere Emotionen beeinflussen, dann sollten wir uns ein paar Gedanken über die Helligkeit unserer Umgebung machen. Um Ihr Leben freundlicher zu gestalten, denken Sie an die Räume, in denen Sie sich häufig aufhalten: Ihr Schlafzimmer, Ihr Büro, Ihr Wohnzimmer. Öffnen Sie die Vorhänge oder Jalousien? Wie sieht es im Kinderzimmer aus? Untersuchungen zeigen, dass diese vermeintlichen Kleinigkeiten großen Einfluss auf unsere Lebensqualität haben.

Als der südafrikanische Arzt Norman E. Rosenthal 1980 nach New York City zog, um seine Ausbildung fortzusetzen, stellte er fest, dass er im Winter weniger Schwung hatte. Rosenthal, der aus dem sonnigen Johannesburg kam, nahm an, dass sein Stimmungswandel und Energiemangel mit der Dunkelheit des New Yorker Winters zu tun hatte.

Damals arbeitete Rosenthal am Nationalen Psychiatrischen Institut. Im Jahr 1984 beobachteten er und seine Kollegen, dass bestimmte Menschen jeden Winter unter depressiven Symptomen litten. Er prägte den Begriff der saisonal-affektiven Störung, die mit der winterlichen Dunkelheit einsetzt und geistige und körperliche Prozesse beeinträchtigt.

Die meisten Wissenschaftler gehen davon aus, dass die Symptome mit dem jahreszeitlich bedingten Lichtmangel zusammenhängen. Die Störung tritt häufiger im Winter auf, und dann vor allem in nördlichen Regionen wie Nordeuropa oder Kanada, in denen die Tage besonders kurz werden. In Südeuropa und anderen Regionen, in denen die Länge des Tages zwischen Sommer und Winter weniger stark schwankt und die Tage im Winter länger sind, tritt sie seltener auf. Die verbreitetste Behandlungsform ist die Lichttherapie: Die Patienten werden hellem Kunstlicht ausgesetzt, das dieselben Wellenlängen aufweist wie Sonnenlicht. Damit lassen sich die Symptome nachweislich lindern, vermutlich weil das Licht biologische und chemische Prozesse in unserem Körper beeinflusst.

Interessanterweise ist der Einfluss des Lichts nicht auf klinische Störungen beschränkt. Beispielsweise statteten kanadische Wissenschaftler 48 Versuchspersonen mit Lichtmessern aus, die sie im Winter und Sommer jeweils 20 Tage lang am Handgelenk tragen sollten; gleichzeitig sollten sie ihre Verhaltensweisen, Stimmungen und Interaktionen mit anderen Menschen festhalten.[10] Je heller das Licht, umso besser die Stimmung der Teilnehmer und umso positiver ihre sozialen Interaktionen, und zwar unabhängig von der Jahres- oder Tageszeit. In einer anderen Untersuchung beobachteten Wissenschaftler aus Finnland, wo die Tage im Winter besonders kurz sind, dass Arbeiter, die während der Nachtschicht intensivem Licht ausgesetzt waren, über eine Verbesserung ihres Gesamtbefindens berichteten.[11] Wenn uns in den dunklen Wintermonaten ein Urlaub in den Tropen so verlockend erscheint, dann auch deshalb, weil das Licht unsere Stimmung hebt und uns geselliger macht.

Nach vier Jahren kehrte ich mit meiner Familie aus Cambridge nach Israel zurück, wo ich eine Anstellung an der Psychologischen Fakultät der Universität von Tel Aviv bekam. Ich war derart begeistert, dass es mir egal war, ob ich in einem großen Labor oder in einem Büro mit Fenster arbeitete. Wie alle neuen Professoren bekam ich ein fensterloses, stockdunkles Kabuff. Die einzige

Lichtquelle war eine Neonröhre, die alles andere spendete als Tageslicht.

Die ersten Jahre an der neuen Universität waren schwierig. Um eine Festanstellung zu bekommen, musste ich Artikel veröffentlichen. Gleichzeitig musste ich mich um unsere drei Kinder kümmern, während mein Mann bis spätabends arbeitete. Ich ging jeden Tag ins Büro, um an meinen Aufsätzen zu schreiben, zu unterrichten und Vorlesungen vorzubereiten. Ich fühlte mich nicht wohl und erlebte mein Büro extrem negativ. Damals suchte ich die Gründe dafür in meiner Situation: Der Stress war groß, ich musste um meine Stelle bangen und mich gleichzeitig um die Kinder kümmern.

Schließlich bekam ich meine Festanstellung und ein Jahr später zog ich in ein normales Büro mit großen Fenstern. Da in Israel das ganze Jahr über die Sonne scheint, war mein Büro hell. Obwohl ich nun eine sichere Position hatte, war ich ehrgeizig und wollte mehr. Daher arbeitete ich nach wie vor hart und schrieb eifrig Artikel. Die Kinder waren immer noch anstrengend, mein Mann konnte nach wie vor kaum etwas zum Haushalt beitragen und der Stress blieb groß, doch ich fühlte mich deutlich besser und zufriedener, nachdem ich mein neues Büro bezogen hatte. An der Festanstellung allein lag es nicht, denn ich bekam das neue Büro noch nicht gleich, und solange ich in dem fensterlosen Zimmerchen saß, fühlte ich mich unwohl. Das änderte sich erst nach dem Umzug in das neue, helle Büro.

Solange ich in meinem Kabuff saß, stellte ich keinen Zusammenhang zwischen meinen Schwierigkeiten und meinem Arbeitsplatz her. Das dunkle Büro war ruhig und privat, hier konnte ich ungestört lesen und schreiben. Es war ein Traum! Ganz abgesehen davon, dass ich zu Beginn meiner Laufbahn kaum etwas an meiner Situation ändern konnte. Ich hatte dieses Büro bekommen, und da musste ich arbeiten. Doch die Dunkelheit trug zu meiner eher finsteren Stimmung bei. Ich bin überzeugt, wenn ich damals in einem helleren Büro gesessen hätte, dann wäre mir mein akademischer Alltag heiterer vorgekommen. Wenn ich mich an diese Zeit erinnere, spüre ich noch immer die Belastung, die ich mit der Dunkelheit des Raums assoziiere.

Sie haben viele Möglichkeiten, Ihre Stimmung im Alltag aufzuhellen. Öffnen Sie die Vorhänge und lassen Sie die Sonne herein, oder gehen Sie nach draußen, und sei es nur für ein paar Minuten. Selbst wenn Sie gern in einem Zimmer sitzen, die Vorhänge schließen und nur beim Licht einer Leselampe lesen, sollten Sie Licht hereinlassen, wenn Sie die Dinge positiver sehen wollen. Wenn Sie sehen, dass Ihre Kinder schlecht gelaunt sind, gehen Sie einfach mit Ihnen ins Freie. Lassen Sie Ihre Kinder nicht stundenlang in halbdunklen Zimmern herumhocken, die nur vom Computer, Videospiel oder Handy erleuchtet werden. Selbst wenn Ihre Kinder sagen, dass Sie das schummrige Licht mögen, wissen Sie jetzt, dass sich die Dunkelheit auf ihre Stimmung und ihre Urteile niederschlägt und dafür sorgt, dass sie ihre Umwelt negativ wahrnehmen.

Auch wenn ich die Auswirkungen der Dunkelheit am eigenen Leib erfahren habe, passiert es mir immer noch, dass ich mich in einen Raum mit schummrigem Licht zurückziehe, wenn es mir nicht so gut geht. Doch wenn ich diesem Impuls widerstehe und mich zwinge, hinaus ins Sonnenlicht zu gehen, geht es mir sofort besser. Wenn Sie schlecht gelaunt sind, gehen Sie nach draußen, unternehmen Sie einen Spaziergang. Dann setzen Sie sich auf die Terrasse eines Cafés, wenn möglich irgendwo am Wasser. Der Anblick des Wassers wirkt beruhigend und hebt die Stimmung, und vor allem reflektiert das Wasser das Sonnenlicht, und das hilft Ihnen, die Dinge positiver zu sehen.

Kapitel 7

Der Raum, unendliche Weiten

Körperlicher Abstand und emotionale Distanz

Wenn ich von unserer Position im Raum spreche, dann meine ich nicht den Weltraum – wir müssen kein Planetarium besuchen. Das wäre zwar sicher auch interessant, übersteigt aber ein bisschen meine Kompetenz. Ich meine vielmehr unseren persönlichen Raum. Auch wenn wir es nicht bemerken, nehmen wir eine Position im Raum ein, wir sitzen hoch oder tief, weit weg von anderen oder in deren Nähe, und das alles hat einen erstaunlichen Einfluss auf unser Denken, Fühlen und Handeln.

Die Vorstellung, dass die Anordnung von Dingen und Menschen im Raum eine wichtige Rolle spielt, ist nicht ganz neu. Die Anhänger von Feng Shui, der alten chinesischen Kunst der harmonischen Architektur und Raumgestaltung, gehen davon aus, dass unser Leben besser wird, wenn wir Menschen, Gegenstände und Gebäude optimal in unserer Umwelt positionieren. Nach dieser Philosophie hat unsere Position im Raum erhebliche Auswirkungen auf unseren Erfolg und unser

Wohlbefinden. Beispielsweise gehen sie davon aus, dass es besser ist, mit dem Rücken zu einer Wand zu sitzen und so viel wie möglich vom Raum zu sehen; und wenn sich viele Menschen in einem Raum aufhalten, sollten alle einander sehen können. Diese Ratschläge basieren zwar auf der traditionellen chinesischen Weltvorstellung, doch inzwischen haben auch viele westliche Designer und Architekten Feng Shui aufgegriffen – sehr zur Zufriedenheit ihrer Kunden.

Schon vor sechzig Jahren untersuchten die Psychologen Leon Festinger, Stanley Schachter und Kurt Back den Zusammenhang zwischen räumlicher und emotionaler Distanz und beschäftigten sich mit der Frage, wie sich räumliche Nähe auf Freundschaften auswirkt.[1] Insbesondere untersuchten sie, ob ein Zusammenhang zwischen der Nähe der Zimmer in den Studentenwohnheimen des MIT und der emotionalen Nähe von Studenten bestand. Sie stellten fest, dass Freundschaft tatsächlich mit räumlicher Nähe zusammenhing. Wohnheimbewohner hatten mehr Freunde unter Studenten, die in der Nähe ihres Zimmers wohnten.

Dass wir uns oft mit unseren Nachbarn anfreunden, ist keine große Neuigkeit. Es liegt auf der Hand, dass wir eher mit Menschen anbandeln, die sich in unserer Nähe aufhalten. Es ist nun einmal einfacher, Menschen kennenzulernen, mit denen wir zusammenarbeiten oder die neben uns wohnen. Wir glauben zwar gern, dass wir unsere Freunde aufgrund ihrer Werte und Eigenschaften auswählen, doch die Nähe spielt eine entscheidende Rolle. Wir freunden uns eher mit Menschen an, mit denen wir Tür an Tür wohnen, als mit anderen, die zwei Ecken weiter entfernt wohnen. Wir schließen oft lebenslange Freundschaften mit

Menschen, mit denen wir im Ferienlager oder in der Armee das Zimmer geteilt haben. Auch das Gegenteil ist der Fall: Wenn die Entfernung größer wird, verlieren sich viele Freundschaften und Beziehungen wieder.

In diesem Kapitel geht es allerdings um eine kompliziertere Frage: Besteht ein Zusammenhang zwischen räumlicher Nähe beziehungsweise Ferne und der abstrakten Vorstellung von emotionaler Distanz? Bedeuten Metaphern wie *enge Beziehung, emotionale Nähe, Abstand gewinnen* oder *sich auseinanderleben*, dass emotionale Distanz mit räumlicher Distanz zusammenhängt und emotionale Nähe mit räumlicher Nähe?

In einer Folge der amerikanischen Sitcom *Seinfeld* hat Elaine einen neuen Freund, den Jerry als »Ranschmuser« bezeichnet, weil er zu dicht an andere herantritt, wenn er mit ihnen spricht. Jerry kann den Mann deshalb nicht ausstehen und beschwert sich, dass doch jeder wissen sollte, was ein angemessener Sicherheitsabstand ist. Vermutlich kennen Sie das Gefühl: Wir mögen diese »Ranschmuser« nicht, weil sie unsere Privatsphäre missachten. Jeder von uns hat eine optimale Entfernung zu anderen, die er aufrechterhält – so etwas wie einen persönlichen Raum, in dem wir uns wohlfühlen. Dieser persönliche Raum besteht aus mehreren Zonen um uns herum. Der innerste Bereich, die Intimzone, ist für die Menschen reserviert, die uns emotional am nächsten stehen, also unsere Kinder und Partner. In den nächsten Bereich, die persönliche Zone, lassen wir nur gute Freunde. Und die soziale Zone entspricht dem Abstand, den wir wahren, wenn wir mit Fremden sprechen, zum Beispiel mit Verkäufern oder mit Passanten, die uns nach dem Weg fragen.

In einem kleinen Imbiss beugte sich einmal unvermittelt ein Fremder zu mir herunter, bis sein Gesicht direkt vor meinem war, und fragte mich, ob mir die Falafel schmeckten. Ich fühlte mich extrem unwohl und fast schon bedroht von diesem Menschen, der in meine Intimzone eindrang. Wenn es sich dagegen um meine

Enkelin gehandelt hätte, dann wäre es mir vollkommen normal vorgekommen.

Wissenschaftler waren lange der Ansicht, wir hätten diesen Schutz der Intimzone im Laufe der Evolution erlernt – wir reagieren, wenn uns jemand so nahe kommt, dass er uns körperlichen Schaden zufügen könnte. Unlängst haben Neurologen jedoch eine Gehirnregion entdeckt, die für diese Reaktion verantwortlich zu sein scheint. Es handelt sich um die Amygdala, die sich in den Temporallappen befindet. Wissenschaftler des California Institute of Technology hatten die einmalige Möglichkeit, die Rolle der Amygdala bei der Strukturierung des persönlichen Raums zu beobachten, als sie eine Frau namens S. M. untersuchten, deren Amygdala beschädigt war.[2] Sie führten eine Reihe von Tests mit ihr durch und stellen fest, dass sie den räumlichen Abstand, den andere als ausreichend empfinden, als »zu nah« wahrnahm. Im Anschluss führten die Wissenschaftler Hirnscans mit Versuchspersonen mit intakter Amygdala durch und beobachteten, dass deren Amygdala aktiv wurde, wenn die Wissenschaftler ihnen zu nahe kamen. Das war selbst dann der Fall, wenn die Versuchspersonen die Invasoren gar nicht sehen konnten.

Andere Wissenschaftler stellten fest, dass wir auf die Verletzung unserer persönlichen Zone mit Selbstbehauptung und Abgrenzung reagieren.[3] In einem Experiment wurden die Teilnehmer in zwei Gruppen eingeteilt – die eine Gruppe saß mit relativ großem Abstand zueinander im vorderen Teil des Raums, die anderen dicht gedrängt im hinteren Teil. Zunächst sollten die Teilnehmer eine Aufgabe lösen, die nichts mit dem Experiment zu tun hatte. Dann sollten die Teilnehmer aus dem hinteren Teil des Raumes nach vorn kommen, vorgeblich weil die Computer in ihrem Teil des Raums nicht funktionierten. Alle wurden umgesetzt, und jetzt saßen sie extrem dicht neben ihren neuen Nachbarn. Nun maßen die Wissenschaftler das Bedürfnis der Teilnehmer, sich von der Gruppe abzuheben, und ließen sie in einem Onlineshop eines von vier T-Shirts auswählen. Die T-Shirts waren identisch, bis auf ein Logo: Drei T-Shirts hatten Logos in verschiedenen Blautönen, das vierte hatte ein orangefarbenes Logo.

Nach der Wahl der T-Shirts sollten die Teilnehmer drei Fragen zu ihrer Einstellung gegenüber ihren Nachbarn beantworten: Fühlten sie sich ihnen nahe? Fühlten sie sich wohl? Fühlten sie sich ihnen ähnlich? Die Teilnehmer, die anfangs vorn gesessen hatten und ihren Platz nun mit den Teilnehmern von hinten teilen mussten, bewerteten ihre Nachbarn in der neuen, gedrängten Sitzordnung negativer als zuvor. Anders diejenigen, die von hinten nach vorn versetzt worden waren: Sie hatten nicht das Gefühl, dass jemand in ihren Raum eingedrungen war, und bewerteten ihre Nachbarn positiver.

Diejenigen, die ursprünglich vorn gesessen hatten und deren persönliche Zone verletzt worden war, entschieden sich häufiger für das T-Shirt mit dem orangefarbenen Logo. Diejenigen, die nach vorn gekommen waren und nun ja ebenfalls dicht neben ihren Nachbarn saßen, entschieden sich dagegen seltener für das Logo, das aus dem Rahmen fiel. Das legt den Schluss nahe, dass wir in einem beengten Raum nur dann die Notwendigkeit zur Selbstbehauptung verspüren, wenn wir das Gefühl haben, dass jemand in unsere persönliche Zone eindringt. Die Untersuchung wurde in Hongkong durchgeführt und beschäftigte sich weniger mit Individualität als mit Verbraucherverhalten.

Ein zweites Experiment, das als Marketing-Studie getarnt war, kam zu einem ähnlichen Schluss. Wieder wurden die Teilnehmer in zwei Gruppen eingeteilt. Die einen durften sich ihren Platz aussuchen, die anderen bekamen ihn zugewiesen. In jeder Gruppe saßen einige Teilnehmer eng beieinander und andere hatten mehr Platz. Ähnlich wie im ersten Experiment sollten die Teilnehmer in einem Onlineshop zwischen vier Produkten auswählen, diesmal Kaffeetassen, von denen drei einander ähnelten und eine sich abhob. Wieder entschieden sich diejenigen Teilnehmer, die gezwungen worden waren, dicht nebeneinander zu sitzen, häufiger für die originelle Tasse als diejenigen, die in größerer Entfernung zueinander saßen. Bei den Teilnehmern, die ihren Platz selbst wählen konnten, war dies nicht der Fall: Wenn sie dicht nebeneinander saßen, dann hatten sie sich ja aus freien Stücken dazu entschieden, weshalb sie keine Notwendigkeit zur Selbstbehauptung verspürten.

Dieses Ergebnis wurde dahin gedeutet, dass unser Kaufverhalten ein anderes ist, wenn wir freiwillig einen beengten Laden betreten, als wenn wir uns in einem relativ leeren Laden aufhalten, der sich plötzlich füllt. Stellen Sie sich vor, Sie gehen zum Schlussverkauf. Wenn Sie schon morgens vor dem Geschäft Schlange stehen und darauf warten, dass die Türen aufgehen, dann wissen Sie vermutlich, dass Sie in einem überfüllten Geschäft einkaufen werden. In diesem Fall haben Sie nicht unbedingt das Gefühl, dass andere in Ihre persönliche Zone eindringen, und wahrscheinlich wollen Sie dasselbe kaufen wie alle anderen, zum Beispiel Schnäppchen oder das neue iPhone. Wenn Sie dagegen in einem leeren Geschäft stöbern und urplötzlich kommt eine große Gruppe herein und stürzt sich auf das Regal, vor dem Sie gerade stehen, dann werden Sie den Laden mit ziemlicher Wahrscheinlichkeit verlassen. Sie haben das Gefühl, dass jemand in Ihre persönliche Zone eindringt, und verspüren das Bedürfnis zur Selbstbehauptung.

Dieses Bedürfnis, sich aus der Menge abzuheben, zeigt sich auch in anderen Bereichen, etwa bei der Meinungsäußerung. Es wäre interessant zu sehen, was passiert, wenn die Vorstände eines Unternehmens in einer Sitzung eng gedrängt sitzen und das Gefühl haben, dass ihre persönliche Zone verletzt wird. Ausgehend von den erwähnten Experimenten könnte man annehmen, dass die Vorstände häufiger abweichende und eigenständige Meinungen äußern und vielleicht sogar anders abstimmen würden.

Unser persönlicher Abstand ist psychisch derart wichtig, dass selbst Roboterentwickler darauf Rücksicht nehmen. Auch ein

Roboter soll schließlich gute Manieren mitbringen. Wenn es in Zukunft automatisierte Rezeptionisten, Touristenführer oder Altenpfleger geben sollte, dann müssen sie sich in unser menschliches Umfeld einfügen und Rücksicht auf einfache kulturelle Gepflogenheiten wie die Einhaltung des angemessenen persönlichen Abstands nehmen[4]. Wir mögen es nicht, wenn jemand in unsere persönliche Zone eindringt, und bei Maschinen machen wir da keine Ausnahme.

Aus den Augen, aus dem Sinn?

Dank der neuen Technologien wurde die Fernkommunikation in den vergangenen zwei Jahrzehnten erheblich erleichtert. Internet, E-Mail, Skype, Facebook, Videokonferenzen und SMS ermöglichen direkte Kommunikation über Tausende Kilometer hinweg. Viele Menschen haben ihren Arbeitsplatz zu Hause und kommunizieren mit Kollegen, Vorgesetzten, Mitarbeitern und Kunden, ohne sich im selben Raum oder Land aufhalten zu müssen. Verkaufs-, Gehalts- und Vertragsverhandlungen werden zunehmend von Menschen geführt, die einander noch nie persönlich begegnet sind. Selbst Freunde und Angehörige sprechen weniger miteinander und kommunizieren immer mehr über SMS und E-Mails. Damit sparen wir oft Zeit und Geld – doch welche Auswirkungen haben diese neuen Formen der Kommunikation? Schafft die räumliche Entfernung auch psychische und emotionale Distanz?

Fernkommunikation ist meist weniger emotional als die persönliche Begegnung. In virtuellen Verhandlungen, in denen nonverbale Signale fehlen, kommt weniger Aggression zum Ausdruck als in persönlichen Verhandlungen.[5] Doch da in E-Mails der Ton leicht missverstanden werden kann, bekommen wir eine Aussage schneller in den falschen Hals als am Telefon oder im persönlichen Gespräch. Die Tatsache, dass wir heute mit weit entfernten

Menschen problemlos mailen oder skypen können, hat zur »Verflachung der Erde« beigetragen, wie Thomas Friedman meint – die neuen Kommunikationsformen überwinden große Entfernungen und vermitteln uns das Gefühl, dass diese heute keine Rolle mehr spielen. Das ist jedoch ein Irrtum, denn es gibt sehr wohl einen großen Unterschied zwischen Fernkommunikation und einer realen Begegnung.

Ich hatte das Privileg, einige Jahre lang dem Direktorium der Universität von Tel Aviv anzugehören. Neben dem Präsidenten und dem Verwaltungsleiter war ich die einzige Professorin in diesem Gremium, die anderen Mitglieder waren renommierte Unternehmer, Anwälte, Banker und Journalisten. Direktoriumssitzungen konnten ein wenig einschüchternd sein, doch ich hatte immer das Gefühl, meinen Standpunkt frei vertreten zu können, selbst wenn einige der Anwesenden nicht meiner Meinung waren. Wenn ich mich in räumlicher Nähe zu diesen Menschen befand, fühlte ich mich ihnen emotional näher und weniger eingeschüchtert.

Während eines Forschungssemesters in San Diego und New York nahm ich per Telefon an den Sitzungen teil. Ich hörte aufmerksam zu, doch das Gefühl war ein ganz anderes. Ich spürte auch inneren Abstand. Vermutlich wäre eine Videoschaltung besser gewesen, doch ich bin überzeugt, dass es einfach keinen Ersatz für eine traditionelle Sitzung gibt, bei der alle in einem Raum zusammenkommen.

Das weiß ich auch aus Erfahrung mit meiner Familie. Meine vier Enkelinnen leben Tausende Kilometer entfernt in Kalifornien. Natürlich vermisse ich sie sehr und nutze jede Gelegenheit, mit ihnen zu sprechen, vor allem über Skype, wo ich sie nicht nur hören, sondern auch sehen kann. Skypen ist besser als telefonieren, denn am Bildschirm nehme ich auch nonverbale Signale wahr. Trotzdem ist es nicht dasselbe, als mit den Kindern in einem Raum zu sein. Ich spüre die räumliche Distanz – ich kann sie nicht berühren und komme ihnen daher im Grunde nicht nahe.

Im Film *Up in the Air* aus dem Jahr 2009 fliegt die Hauptfigur Ryan Bingham, gespielt von George Clooney, in den gesamten Vereinigten Staaten herum. Sein Beruf ist es, Mitarbeitern von Unternehmen persönlich Kündigungen auszusprechen. Eine neue Kollegin schlägt vor, sich die Flüge zu sparen und die Kündigungen per Telefon auszusprechen. Ryan ist jedoch der Ansicht, man müsse die schlechte Nachricht von Angesicht zu Angesicht überbringen. Diese Meinungsverschiedenheit steht stellvertretend für eine zentrale Frage unserer modernen Gesellschaft. Ist es noch wichtig, persönlich miteinander zu sprechen, oder wäre es nicht ökonomischer, über Konferenzschaltungen, E-Mails und so weiter miteinander zu kommunizieren?

Immer mehr Menschen kommunizieren virtuell miteinander, sie kaufen im Internet ein, belegen Online-Studiengänge und unterhalten sich über Facebook. Doch auch wenn der virtuelle Anteil unserer Beziehungen immer größer wird, finden unsere wichtigsten sozialen Beziehungen in der wirklichen Welt statt. Wir leben mit unserer Familie – Partnern, Kindern, Eltern und Geschwistern – in einem Haus, wir arbeiten, besuchen Vorträge, treffen uns mit Freunden in Restaurants, gehen ins Theater und ins Konzert und holen unsere Kinder von der Schule ab. Die Etikette verlangt, persönliche Beziehungen auf persönliche Art und Weise zu beenden, egal ob es sich um ein Arbeitsverhältnis oder eine Liebesbeziehung handelt. Es gilt nach wie vor als unhöflich, sich per SMS, E-Mail oder Telefon zu trennen. In einer Folge der Fernsehserie *Sex and the City* findet Carrie Bradshaw ein Post-it an ihrem Laptop, auf dem ihr Freund Berger ihr mitteilt, dass er sich von ihr trennt. Carrie und ihre Freundinnen sind wütend. Sie sind sich einig, dass man eine Beziehung nur von Angesicht zu Angesicht beendet.

Hier geht es mir um die Frage, ob die räumlichen Metaphern, mit denen wir die emotionale Nähe oder Ferne zu anderen Menschen beschreiben, etwas mit unserer realen Erfahrung zu tun haben.

Räumliche und emotionale Distanz

Was zeichnet einen Menschen aus, der emotional auf Distanz geht? Als ich meinen Studenten diese Frage stellte, beschrieben sie einen Menschen, der emotional kaum von Ereignissen in seiner Umwelt erreicht wird, egal ob es sich um angenehme, leidvolle oder furchteinflößende Ereignisse handelt. Emotional abwesende Menschen weinen nicht im Kino, sie reagieren nicht emotional auf tragische oder aufregende Ereignisse in ihrer Umwelt oder den Nachrichten, sie beteiligen sich weniger am Leben anderer Menschen und zeigen weniger Mitgefühl.

Um herauszufinden, ob räumliche Distanz auch emotionale Distanz bewirkt, sollten die Teilnehmer eines Experiments zwei Punkte auf einem kartesischen Koordinatensystem eintragen.[6]

Die Wissenschaftler teilten die Versuchspersonen in zwei Gruppen ein. Die Teilnehmer der ersten Gruppe sollten ihre beiden Punkte relativ nah beieinander eintragen, um eine Erfahrung der räumlichen Nähe zu suggerieren, und die der zweiten Gruppe sollten sie relativ weit voneinander entfernt setzen, um eine Erfahrung der räumlichen Ferne zu suggerieren. Der einzige Unterschied zwischen beiden Gruppen war die Entfernung zweier Punkte auf einem Blatt Papier.

Dann sollten die Teilnehmer einen Auszug aus dem Roman *Gut im Bett* von Jennifer Weiner lesen. In der fraglichen Passage muss die Heldin feststellen, dass ihr Exfreund in einem Zeitschriftenartikel über Beziehungen zu übergewichtigen Frauen schwadroniert. Als sie merkt, dass es um sie geht, bricht sie in Tränen aus. Die Versuchsteilnehmer sollten angeben, ob ihnen die Lektüre gefallen hat (in der Erwartung, dass eine derart schreckliche Geschichte niemandem gefallen kann). Außerdem erhielten sie eine Liste von positiven und negativen Adjektiven wie *begeistert, verärgert, bekümmert* oder *erfreut*, mit deren Hilfe sie ihre Stimmung bewerten sollten. Die Teilnehmer, die ihre beiden Punkte dicht nebeneinander in das Koordinatensystem eingetragen hatten, beschrieben ihre Emotionen als deutlich negativer als die anderen, die ihre Punkte in größerem Abstand zueinander eingezeichnet hatten.

Dieses Experiment demonstriert, dass ein Zusammenhang zwischen räumlichen Signalen und unseren Emotionen besteht, und dass bestimmte räumliche Vorstellungen verwandte emotionale Vorstellungen wecken, die unsere Ansichten und Emotionen beeinflussen.

Je näher umso besser?

Die beschriebenen Experimente zeigen uns, wie wir in unseren Beziehungen den Raum aktiv nutzen können. Jeder von uns muss früher oder später ernste Gespräche mit seinen Partnern, Kindern, Eltern, Freunden, Kollegen oder Vorgesetzten führen. Nehmen Sie sich in Zukunft vor solch einem wichtigen Gespräch ein paar Sekunden Zeit und wählen Sie die Entfernung, aus der Sie Ihre Botschaft am wirkungsvollsten kommunizieren. Überlegen Sie sich, wohin Sie sich bei einem Rendezvous oder einem Vorstellungsgespräch setzen wollen. In manchen Verhandlungen soll es um die Sache gehen, und nicht um Emotionen, und bei anderen Gelegenheiten wollen Sie ihre Gesprächspartner durch Emotionen beeinflussen. Es kommt ganz auf die Art des Gesprächs an.

Ist emotionale Nähe beispielsweise wünschenswert oder nicht, wenn Sie mit Ihrer Chefin über eine Gehaltserhöhung sprechen wollen? Das hängt vermutlich ganz davon ab, wie Sie Ihre Forderung begründen. Wenn Sie Ihre persönliche Notlage ins Feld führen und ihr erklären wollen, wie sehr Sie auf das Geld angewiesen sind, dann ist es vielleicht ratsam, emotionale Nähe herzustellen. Auf diese Weise versteht Ihre Chefin Ihre Bedürfnisse besser und zeigt möglicherweise mehr Mitgefühl, was Ihre Chancen auf die Gehaltserhöhung verbessert. Wenn Sie Ihrer Chefin dagegen eröffnen, dass Ihnen ein anderes Unternehmen mehr Geld geboten hat und Sie das Angebot reizt, dann ist emotionale Nähe möglicherweise unangebracht, weil Sie von ihr erwarten, dass sie eine rationale Entscheidung trifft und sich nicht von Emotionen wie Eifersucht oder Wut leiten lässt. In diesem Fall kann es ratsam sein, mehr Abstand zu halten als gewöhnlich.

Oder stellen Sie sich vor, Sie wollen mit Ihrem Partner darüber sprechen, dass er Ihnen nicht genug Zeit widmet. In diesem Fall wollen Sie natürlich, dass Ihr Partner Ihnen emotional nahe ist. Sie wollen sein Mitgefühl. Sie wollen, dass Ihr Partner versteht, wie schwer es für Sie ist, dass er so selten da ist. Dieses Gespräch wird effektiver, wenn Sie einander körperlich nahe sind. Wenn Sie dagegen Ihrer Chefin Ihre Kündigung aussprechen, dann sollten Sie Emotionen aus dem Spiel halten und ihr nicht zu nahe kommen. Wenn Sie Ihren Eltern eröffnen, dass Sie eine Frau heiraten wollen, die sie nicht sonderlich mögen, oder dass Sie einen Studiengang wählen, den sie nicht für sinnvoll halten (»Philosophie? Warum nicht BWL?«), sollten Sie ebenfalls ein wenig Abstand halten. Je größer der räumliche, umso größer der emotionale Abstand. Ihre Eltern sind vermutlich trotzdem nicht begeistert, aber die Distanz könnte ihnen die Möglichkeit geben, die Dinge objektiver zu betrachten.

Wenn Sie ein wichtiges Gespräch in einem Restaurant führen, dann sollten Sie vorher entscheiden, ob Sie emotionale Nähe oder Distanz suchen, und den Tisch entsprechend auswählen. Je nach Anlass sollten Sie ein Restaurant mit relativ großen Tischen oder mit kleinen, intimen Tischen wählen. Bei einem ersten Rendezvous sollten Sie vorab entscheiden, ob Sie emotionale Nähe herstellen wollen oder nicht, und das entsprechende Restaurant aussuchen. Zu Hause sollten Sie darüber nachdenken, ob Sie mehr Nähe schaffen sollten. Ist Ihr Esstisch so groß, dass zwischen den Familienmitgliedern große Abstände sind, oder müssen sich alle um den Tisch drängen?

Die emotionale Distanz zwischen Paaren wird in vielen Kinofilmen greifbar, wenn Mann und Frau an den beiden Enden einer langen Tafel sitzen. Die räumliche Distanz ist ein deutliches Bild für die emotionale Distanz. Selbst wenn der Esstisch nicht überdimensioniert ist, lässt eine formale Sitzordnung und großer Abstand auf mangelnde Intimität der Familie schließen.

Architekten können mithilfe dieser Erkenntnisse die psychologische Bedeutung der persönlichen Distanz besser verstehen und sie bei der Gestaltung von Arbeitsräumen und öffentlichen Gebäuden umsetzen. Wenn räumliche Nähe auch emotionale Nähe herstellt, dann sollte es Räume geben, in denen sich Kollegen tatsächlich näher kommen können, um sich zu unterhalten oder Ideen auszutauschen. Ein Arbeitsplatz mit Einzelbüros bietet sich an, wenn die individuelle Leistung wichtig ist, und ein großer

Raum, in dem mehrere Kollegen nebeneinander sitzen, könnte die Teamarbeit fördern. Es hängt ganz davon ab, was Sie in dem Raum vorhaben.

Dieses Wissen können Sie sich auch bei der Einrichtung oder dem Umbau Ihrer Wohnung zunutze machen. Denken Sie gut über die Positionierung von Stühlen und Sofas oder über die Einrichtung Ihres Büros nach. Wenn Sie einen Esstisch haben, an dem zwölf Personen Platz finden, aber es kommen nur vier Personen zum Essen, dann sollten Sie überlegen, ob jeder eine Seite für sich haben soll, oder ob Sie sich nicht besser alle an eine Seite setzen, um einander näher zu sein. Das hat großen Einfluss auf die Atmosphäre und die Intimität des Gesprächs. Es gibt jedoch keine richtigen und falschen Sitzordnungen – es hängt ganz davon ab, wer mit Ihnen am Tisch sitzt und ob Sie emotionale Nähe oder Distanz herstellen wollen. Eines der hier erwähnten Experimente zeigt, dass die emotionale Beziehung schon dadurch beeinflusst wird, in welcher Entfernung wir zwei Punkte auf ein Blatt Papier zeichnen. Es ist also gut denkbar, dass nicht nur der persönliche Abstand die emotionale Nähe oder Ferne beeinflusst, sondern auch der Abstand der Teller und Schüsseln auf dem Tisch.

Auch bei der Entscheidung für einen Wohnort können diese Erkenntnisse eine Rolle spielen. Ich bin in einem Wohnhaus aufgewachsen, das den Eltern meines Vaters gehörte. Meine Großeltern lebten in einer Wohnung, und zwei Brüder meines Vaters lebten ebenfalls im Haus. Ich erinnere mich an viele Spannungen, die sich vermutlich hätten vermeiden lassen, wenn wir nicht derart eng zusammengewohnt hätten. Was nicht heißen soll, dass räumliche Nähe schlecht ist. Mir geht es nur darum zu zeigen, dass räumliche Nähe immer mit emotionaler Nähe zusammengeht, die je nach den Beteiligten und den Umständen gut oder schlecht sein kann. In unserem Fall wäre emotionaler Abstand sicher besser gewesen.

Viele Paare unterhalten Fernbeziehungen und sehen sich nur am Wochenende. Untersuchungen zeigen, dass die räumliche

Distanz positive wie negative Auswirkungen haben kann. Manche Paare empfinden die Entfernung als Belastung, andere schätzen dagegen ihre persönlichen Freiräume.[7]

Es sind noch weitere Untersuchungen erforderlich, um andere Bereiche zu finden, in denen sich die räumliche auf die emotionale Distanz auswirkt, und um herauszufinden, ob der räumliche Abstand manche Menschen stärker beeinflusst als andere. Die hier vorgestellten Experimente legen jedoch die Vermutung nahe, dass allein schon das Signal von räumlichem Abstand, der nicht einmal mit uns persönlich zu tun haben muss, emotionale Reaktionen provozieren kann. Emotionale und räumliche Distanz hängen eng miteinander zusammen.

Kapitel 8

Groß und mächtig

Wie Höhe und Macht zusammenhängen

Im vorherigen Kapitel haben wir uns mit der räumlichen Distanz beschäftigt und festgestellt, dass sich dieser Aspekt unserer Verortung im Raum auf unsere emotionale Beteiligung auswirkt.

In diesem Kapitel geht es um zwei weitere räumliche Dimensionen, nämlich Höhe und Größe, und darum, wie diese unser Denken, Fühlen und Handeln beeinflussen. Wir werden sehen, dass wir intuitiv Höhe und Größe mit Macht assoziieren. Gelegentlich überlappen sich die beiden, zum Beispiel wenn ein Mensch nicht nur hoch positioniert, sondern auch noch groß ist.

❖

Ein amüsantes Beispiel aus Charlie Chaplins *Der große Diktator* demonstriert, wie vorteilhaft eine erhöhte Position sein kann. In einer Szene bereitet der Diktator Adenoid Hynkel ein Treffen mit dem befreundeten Diktator Benzino Napaloni vor. Seine Berater geben ihm einige psychologische Tricks an die Hand, die dafür sorgen sollen, dass sich Napaloni unterlegen fühlt: Napaloni soll den Raum auf der anderen Seite betreten und gezwungen sein, einen erniedrigend weiten Weg zu ihm zu gehen, außerdem soll er tiefer sitzen, um immer zu Hynkel aufschauen zu müssen. (*Der große Diktator* war zwar eine Satire, doch der Architekt Albert Speer berichtete, dass Hitler bewusst endlos lange Flure in die Neue Reichskanzlei bauen ließ.) Der Plan geht nicht auf, weil Napaloni den Raum durch die Tür direkt hinter Hynkel betritt und sich weigert, auf einem Kinderstühlchen Platz zu nehmen. Napaloni baut sich vor dem sitzenden Hynkel auf und setzt sich irgendwann mit dem Rücken zu ihm auf den überdimensionierten Schreibtisch. Als sich die beiden nach dem Treffen rasieren lassen, wetteifern sie erneut um die höhere Position, indem sie ihre Rasierstühle immer höher pumpen. Hynkel schafft es nie, sich über Napaloni zu erheben.

Im Jahr 2010 verschlechterte sich das politische Klima zwischen Israel und der Türkei, nachdem der türkische Premierminister Tayyip Erdoğan Israel kritisiert hatte und Israelis in einer beliebten türkischen Fernsehserie negativ dargestellt worden waren. Daraufhin berief der stellvertretende israelische Außenminister Danny Ayalon den türkischen Botschafter ein. Der Botschafter musste auf einem Sofa Platz nehmen, das gut einen Meter niedriger stand als der Stuhl von Ayalon, und zu den ernsten Mienen seiner israelischen Kollegen aufblicken. Auf den Fotos von der Unterredung war die Erniedrigung des Botschafters unschwer zu erkennen. In der israelischen und türkischen Presse brach ein Sturm der Entrüstung los, die Türkei berief ihren Botschafter ab und drohte damit, ihre diplomatischen Beziehungen abzubrechen.

Doch nicht nur in der Politik und der Politsatire ist die Höhe ein wichtiges Symbol. Wir assoziieren generell Höhe mit Macht und setzen eine erhöhte Position mit Überlegenheit gleich, und eine niedrigere mit Unterlegenheit.

Die Assoziation zwischen Macht und Höhe ist tief in unserer Psyche verankert und kommt in zahllosen Sprachbildern zum Ausdruck: *hochstehend, unterlegen, Hoheit, zu jemandem aufblicken, in der Rangordnung aufsteigen, unter jemandem arbeiten, jemanden auf den Boden der Tatsachen zurückholen* und so weiter.

Nach der Theorie des Embodiment sind diese Metaphern nicht nur Teil der Sprache, sondern tief in unserem Denken verwurzelt. Unsere Psyche versteht das Konzept der Macht in Bildern, und diese Bilder wurden von Wissenschaftlern untersucht. Es zeigte sich, dass wir die Beziehung zwischen einer mächtigen und einer machtlosen Gruppe bildlich als Höhenunterschied darstellen, und dass wir die machtlose Gruppe immer unten sehen.[1]

In einem zweiten Experiment untersuchten die Wissenschaftler, ob wir Macht automatisch und unbewusst mit einer räumlich höheren Position assoziieren. Sie zeigten Versuchspersonen Wörter auf einem Bildschirm, die für zwei Seiten einer ungleichen Beziehung standen, zum Beispiel Arbeitgeber und Arbeitnehmer, Offizier und Soldat, Herr und Knecht, Richter und Angeklagter.[2] In jedem dieser Paare war eine Seite mächtiger als die andere. Die Paare wurden so dargestellt, dass eines der Wörter oben auf dem Bildschirm erschien und das andere unten. Dann sollten die Teilnehmer durch einen Tastendruck so schnell wie möglich angeben, welche der beiden Seiten die mächtigere war. Die Ergebnisse entsprachen denen der Stroop-Experimente, die wir in Kapitel 6 kennengelernt haben: Die Versuchspersonen brauchten länger, um die mächtige Seite zu identifizieren, wenn diese am unteren Bildschirmrand auftauchte. Und entsprechend brauchten sie länger, die machtlose Seite zu erkennen, wenn sie am oberen Bildschirmrand eingeblendet wurde. Beispielsweise fiel es ihnen leichter, Arbeitnehmer als machtlose Seite zu erkennen, wenn das Wort am unteren Bildschirmrand auftauchte. Sie reagierten schneller, wenn sich die Mächtigen und Machtlosen an der intuitiv korrekten Stelle des Bildschirms befanden.

In einer Abwandlung der Untersuchung stellten die Wissenschaftler fest, dass ihre Versuchspersonen beim Anblick von »mächtigen« Wörtern ihre Aufmerksamkeit automatisch nach oben richteten.[3] Und wenn sie »ohnmächtige« Wörter sahen, richteten sie ihre Aufmerksamkeit automatisch nach unten.

In einem weiteren Experiment sahen die Teilnehmer auf dem Bildschirm Fotos von Tieren.[4] Jedes Bild blitzte nur 0,8 Sekunden lang auf, dann sollten die Teilnehmer auf einer Skala von 1 bis 9 angeben, wie viel Respekt sie vor jedem dieser Tiere hätten, wenn sie ihm in freier Wildbahn begegnen würden. Einige der Fotos zeigten Tiere, die traditionell als stark und mächtig gelten, zum Beispiel Löwen, Tiger, Wölfe oder Eisbären, andere zeigten harmlose Tiere wie Schafe, Eichhörnchen oder Hasen. Vor den starken Tieren hatten die Teilnehmer umso mehr Respekt, je weiter oben auf dem Bildschirm sie erschienen. Bei den schwachen Tieren stellte sich kein vergleichbarer Effekt ein.

Die Experimente zeigen, dass wir Macht mit einer erhöhten Position assoziieren. Unbewusst hat Position einen Einfluss darauf, was wir als mächtig wahrnehmen und was nicht. Daher neigen wir dazu, einen größeren Menschen oder einen Menschen auf einer erhöhten Sitzgelegenheit als mächtiger wahrzunehmen.

Hackordnungen in Unternehmen

Andere Wissenschaftler untersuchten den Zusammenhang zwischen Position und Status in Unternehmen.[5] Sie gaben ihren Versuchspersonen eine Grafik mit der Organisationsstruktur eines fiktiven Unternehmens. Die Grafik bestand aus zwei Ebenen; in der unteren Ebene befanden sich fünf Kästchen, die durch eine horizontale Linie miteinander verbunden waren, und in der oberen Ebene befand sich nur ein Kästchen, das über eine vertikale Linie mit dem mittleren Kästchen der unteren Ebene verbunden war. Das alleinstehende Kästchen stellte den Chef dar und zeigte ein kleines Foto eines etwa 50-jährigen Herrn im Anzug.

Die Versuchspersonen wurden in zwei Gruppen eingeteilt, die jeweils eine leicht unterschiedliche Grafik erhielten; der einzige Unterschied zwischen beiden war die Länge der vertikalen Linie, die den Chef mit dem darunterliegenden Kästchen verband. In einer Grafik war diese Linie 2 Zentimeter lang, in der anderen 6,5 Zentimeter. Die Teilnehmer sollten den Chef nach fünf Kriterien beurteilen, darunter Dominanz, Status und Einfluss auf das Unternehmen – das sind alles Aspekte der Macht. Außerdem sollten sie seine Ausstrahlung beurteilen, eine Eigenschaft, die nur bedingt mit Autorität zu tun hat.

Dabei hielten die Teilnehmer, die das Organigramm mit der langen vertikalen Linie gesehen hatten, den Chef für mächtiger als diejenigen, die die Grafik mit der kurzen vertikalen Linie erhalten hatten. Auf die Einschätzung der Ausstrahlung hatte die Länge der Linie dagegen keinen Einfluss.

Die Wissenschaftler untersuchten auch das umgekehrte Phänomen. Versuchspersonen erhielten Profile von Unternehmensführern und Politikern, die als mehr oder weniger mächtig beschrieben wurden. Dann erhielten sie das Organigramm und sollten ein Kästchen für den Chef in der zweiten Ebene platzieren. Interessanterweise hing die Entfernung zur unteren Ebene direkt mit der Information über die Macht des Chefs zusammen. Teilnehmer, die die Beschreibung eines mächtigen Unternehmensführers gelesen hatten, platzierten das Foto höher als andere, die die Beschreibung eines weniger mächtigen Unternehmensführers gelesen hatten. Das Ergebnis war dasselbe, wenn die Teilnehmer statt eines Kästchens ein Foto platzieren sollten. Je mächtiger ein

Unternehmensführer war, umso größer der Abstand, den die Teilnehmer zwischen ihm und der unteren Ebene des Organigramms herstellten.

Diese Erkenntnis hat einige Konsequenzen für die Präsentation von Unternehmens- und Organisationsstrukturen. In Grafiken werden oft Symbole verwendet, um die komplizierte Struktur eines Unternehmens bildlich darzustellen. Wir wissen, dass in Organigrammen die Mächtigeren immer über den weniger Mächtigen stehen. Diese Experimente zeigen jedoch, dass auch der Abstand zwischen den einzelnen Ebenen von großer Bedeutung ist. Wenn Sie in einer Präsentation vor potenziellen Investoren, Käufern oder Spendern die Bedeutung einer Abteilung oder einer Position im Unternehmen unterstreichen wollen, vergrößern Sie einfach den Abstand zwischen ihr und der darunterliegenden Ebene.

Die Assoziation zwischen Höhe und Macht ist offenbar so stark, dass allein schon die Länge einer Linie unsere Wahrnehmung der Macht der betreffenden Person beeinflusst. Um diese Assoziation in der Werbung zu nutzen, können Sie beispielsweise den Namen eines Unternehmens oder eine starke Eigenschaft desselben auf einem Plakat oder Bildschirm ganz oben platzieren.

Damit kommen wir zu einem naheliegenden Maß der Höhe, der Körpergröße.

Das Maß des Erfolgs

In einem raffinierten Experiment, das von kanadischen Wissenschaftlern durchgeführt wurde, sollten Wähler die Körpergröße von Politikern schätzen, und zwar einmal vor und einmal nach der Wahl.[6] Dabei fanden sie heraus, dass Brian Mulroney, dessen Partei 1988 die kanadischen Parlamentswahlen gewann, nach der Wahl als größer geschätzt wurde. Anders die Vertreter der Gegenpartei: Nach der verlorenen Wahl wurden sie kleiner geschätzt.

Das Ergebnis zeigt, dass wir eine wechselseitige Beziehung zwischen Macht und Körpergröße herstellen. Je größer ein Mensch, umso mächtiger erscheint er uns, und je mächtiger, umso größer wirkt er oder sie. Mit anderen Worten, wenn wir erst einmal eine Machtposition erreicht haben, gewinnen wir an Statur.

Meine Familie väterlicherseits war für mich der Inbegriff eines patriarchalen Klans. Mein Großvater war der Herr im Haus, seine Frau, seine Kinder und wir Enkelkinder hatten großen Respekt vor ihm und fürchteten ihn sogar ein wenig. Er war wohlhabend, intelligent, gebildet und die wichtigste Informationsquelle meiner internetfreien Kindheit. Wenn wir freitags oder an Feiertagen zum Essen kamen, thronte er wie ein König am Kopfende der Tafel und ließ sich von seiner Frau und anderen Familienmitgliedern bedienen. Wenn er sprach, hörten alle zu. Niemand wagte ein Widerwort. Und wenn wir Kinder lärmten, reichte ein *Ruhe!* von ihm, und sofort waren wir artig.

Ich stellte mir meinen Großvater immer als großen Mann vor. In meiner Fantasie überragte er die gesamte Familie. Erst nach seinem Tod sah ich auf Fotos, dass ich mich getäuscht hatte. In Wirklichkeit war er deutlich kleiner als seine beiden Söhne. Auf den Fotos sah ich einen bestenfalls durchschnittlich großen Mann. Aber ich traute meinen Augen nicht ganz und fragte noch einmal bei meiner Mutter nach, ehe ich es glauben konnte. Obwohl ich heute weiß, wie groß mein Großvater wirklich war, sehe ich ihn in meiner Erinnerung immer noch als Hünen.

Inzwischen wurde mehrfach nachgewiesen, dass eine enge Beziehung zwischen Statur und beruflichem Erfolg besteht.[7] Große Menschen verdienen durchschnittlich mehr und sind in angesehenen Berufen überrepräsentiert. Es gibt mehr große als kleine Vorstandschefs, und die meisten Präsidenten der Vereinigten Staaten waren überdurchschnittlich groß. In Untersuchungen wurde außerdem ein Zusammenhang zwischen der Körpergröße und dem subjektiven Wohlbefinden nachgewiesen.[8]

Es gibt viele Gründe, warum größere Menschen erfolgreicher sind. Wissenschaftler haben gezeigt, dass überdurchschnittlich große Jugendliche beliebter sind und daher mehr Möglichkeiten haben, Sozialkompetenz und Selbstbewusstsein zu erwerben; diese wiederum können sich in Ausbildung und Beruf als nützlich erweisen.[9] Das liegt unter anderem daran, dass wir Körpergröße mit Macht assoziieren. Größere Menschen werden oft als mächtiger wahrgenommen, weshalb man ihnen mehr Autorität und Kompetenz zuschreibt. Sie werden oft mit höheren Positionen und Gehältern belohnt, was wiederum die Assoziation von Macht und Statur stärkt.

Immer auf die Kleinen

Einerseits nehmen wir mächtige Menschen als überdurchschnittlich groß wahr, doch unsere Wahrnehmung ihrer Größe hängt auch davon ab, wie mächtig wir uns im Vergleich zu ihnen fühlen. Unsere subjektive Wahrnehmung der Körpergröße (unserer eigenen und der anderer) hängt mit einem Machtkampf in unseren Köpfen zusammen.

Um diesem Phänomen auf den Grund zu gehen, teilten Wissenschaftler Versuchspersonen in zwei Gruppen ein und sorgten dafür, dass sich die einen mächtig und die anderen machtlos fühlten.[10] Dazu sollten sich die Angehörigen der einen Gruppe an eine Situation erinnern, in der sie Macht über andere hatten, und die Angehörigen der anderen Gruppe an eine Situation, in der andere Macht über sie hatten. Dann legten ihnen die Wissenschaftler Fotos von Menschen vor und baten sie, deren Körpergröße zu schätzen. Die Teilnehmer, die sich an eine Situation erinnerten, in der sie Macht ausgeübt hatten, *unter*schätzten die Körpergröße der Person auf dem Foto, und die anderen *über*schätzten sie. Wer sich mächtig fühlt, nimmt andere also als kleiner wahr, und wer sich ohnmächtig fühlt, hält sie für größer.

In einem zweiten Experiment versetzten die Wissenschaftler die Teilnehmer in Situationen, in denen sie Macht oder Ohnmacht unmittelbar erlebten. Dazu ließen sie sie paarweise ins Labor kommen und das Diktatorspiel spielen, bei dem einer die Rolle des Gebers (oder Diktators) und der andere die des Empfängers übernimmt. Der Geber erhält zehn Dollar und darf allein entscheiden, wie viel er davon für sich behält und wie viel er an den Empfänger abtritt. Damit hat der Geber die absolute Kontrolle über die Situation.

Nach dem Spiel sollten die Teilnehmer Körpergröße und Gewicht ihres Partners schätzen. Wie in der ersten Untersuchung unterschätzten die mächtigen Diktatoren systematisch das Gewicht und die Größe der Empfänger, und die machtlosen Empfänger hielten die Diktatoren für größer und gewichtiger als sie wirklich waren.

Andere Untersuchungen zeigen, dass unsere Wahrnehmung der Macht auch einen Einfluss darauf hat, wie wir unsere eigene Größe wahrnehmen. In zwei Experimenten sorgten die Wissenschaftler dafür, dass sich Teilnehmer als mächtig oder machtlos wahrnahmen; einmal sollten sich die Teilnehmer in der oben beschriebenen Weise an vergangene Ereignisse erinnern, in einer anderen Variante wiesen sie ihnen in Rollenspielen mächtige oder machtlose Rollen zu (zum Beispiel Chef und Mitarbeiter).[11] Dann erhielten die Teilnehmer einen Teleskopstab, der so eingestellt war, dass er 50 Zentimeter größer war als ihr Partner. Auf diesem Stab sollten die Teilnehmer ihre eigene Größe angeben. Die Teilnehmer in der mächtigen Gruppe schätzten sich größer als die der machtlosen Gruppe.

Je mächtiger wir uns fühlen, umso größer fühlen wir uns also, und umso kleiner erscheinen uns die anderen. Einmal mehr wird unsere körperliche Wahrnehmung durch unsere emotionale und psychische Verfassung beeinflusst.

Sicher haben Sie schon oft Männer und Frauen gesehen, die in riesigen SUVs hoch über dem Verkehr thronen, und sich gefragt, was sie damit wohl kompensieren wollen. Man könnte sich jetzt lang und breit über die Vorteile dieser Autos auslassen, doch es lässt sich nicht leugnen, dass wir einen Zusammenhang zwischen Größe und Macht herstellen können.

Bilder der Macht

Da wir Höhe automatisch mit Macht assoziieren, kann die Perspektive, aus der ein Foto aufgenommen wird, unser Urteil über die abgebildeten Menschen beeinflussen. Wissenschaftler gingen der Frage nach, wie die Medien diese Assoziation nutzen, und untersuchten, ob mächtige Menschen aus einem anderen Blickwinkel fotografiert werden als weniger mächtige.[12] Fotos lassen sich aus verschiedenen Perspektiven schießen: von unten, von oben oder aus gleicher Höhe. Wenn eine Aufnahme von unten her gemacht wird, schaut der Betrachter gewissermaßen zu der abgebildeten Person auf.

Die Wissenschaftler untersuchten Fotos aus Sonderausgaben der Zeitschrift *Time*, in denen 100 Fotos der einflussreichsten und mächtigsten Personen des 20. Jahrhunderts abgedruckt wurden.* Diese Bilder legten sie professionellen Fotografen vor, die nicht wussten, worum es in der Untersuchung ging, und ließen sie die Perspektive schätzen, aus der die Aufnahmen gemacht wurden. Die Befragung ergab, dass die Fotos überwiegend von unten aufgenommen wurden, das heißt, Fotografen und Herausgeber bilden die Mächtigen bevorzugt so ab, dass sie mächtiger wirken.

Im nächsten Schritt verglichen die Wissenschaftler die Fotos aus der *Time* mit den Bildern derselben Personen in der Wikipedia oder auf ihren persönlichen Facebook-Seiten (wo es eher um soziale Beziehungen als um Macht geht). Diese Aufnahmen waren je

---

* *The Time 100: The People Who Shaped Our World* (2006) und *The Time 100: The Most Important People of the Century* (2006).

nach Zusammenhang aus unterschiedlichen Blickwinkeln aufgenommen. Da es in der Sonderausgabe der *Time* in erster Linie um die Macht der Abgebildeten ging, wählten die Herausgeber bevorzugt Fotos, die von unten her aufgenommen wurden. Je mächtiger eine Person wirken soll, umso mehr wird der Blickwinkel des Bildes manipuliert.

Um diese Bilder mit Aufnahmen von machtlosen Menschen zu vergleichen, werteten die Wissenschaftler die Kandidaten für die Wahl zum Pressefoto des Jahres 2007 aus. Sie ließen drei Experten beurteilen, ob die Bilder Situationen der Macht oder Machtlosigkeit darstellten, und ließen Berufsfotografen ermitteln, aus welchen Perspektiven die Fotos gemacht wurden. Erneut zeigte sich, dass Fotos von Mächtigen überwiegend von unten geschossen wurden; Fotos von Kriegsopfern oder Armen wurden dagegen überwiegend von oben aufgenommen.

Außerdem führten die Wissenschaftler ein Experiment durch, in dem Studenten das geeignete Bild für das Jahrbuch der Studentenvereinigung auswählen sollten. Die einen sollten ein Foto der neuen Vorsitzenden auswählen, die anderen ein Foto eines Sekretariatsmitarbeiters. Jede der beiden Gruppen erhielt drei Fotos derselben Person zur Auswahl, von denen eines von oben, eines von unten und eines frontal aufgenommen war. Die Teilnehmer, die das Bild der Vorsitzenden auswählen sollten, entschieden sich häufiger für die Aufnahme von unten als diejenigen, die das Bild des Sekretariatsmitarbeiters aussuchten.

Diese Untersuchungen zeigen, wie wichtig die Perspektive eines Fotos ist. Die Medien nutzen diese unbewusste Assoziation, um erwünschte emotionale Reaktionen zu bewirken. Wenn Journalisten mächtige Menschen darstellen wollen, fotografieren sie die betreffende Person oft von unten, um die Wahrnehmung zu manipulieren. Wenn Sie das nächste Mal in der Zeitung oder im Internet das Foto eines Politikers oder einer Unternehmensführerin sehen, erinnern Sie sich daran, dass die Fotografen oder

Herausgeber versuchen könnten, Ihre Wahrnehmung dieser Person zu beeinflussen. Ehe Sie sich eine Meinung bilden, bedenken Sie die Perspektive der Aufnahme und die mögliche politische Agenda der Nachrichtenquelle.

Interessant werden diese Erkenntnisse aber vor allem, wenn es um Ihre eigenen Fotos geht. Erinnern Sie sich daran, wenn Sie Fotos für Bewerbungen, Partnersuchen oder Facebook auswählen. Machen Sie sich Gedanken darüber, wie Sie wahrgenommen werden möchten, und suchen Sie Ihre Fotos entsprechend aus.

Warum wir groß und mächtig gleichsetzen

Akte der Herrschaft und Unterwerfung äußern sich immer wieder auch in räumlicher Erhöhung und Erniedrigung. Viele Tiere, zum Beispiel Hunde, machen ihre Überlegenheit klar, indem sie sich über ihre Rivalen stellen und diese auf den Boden zwingen.

Bei Menschen gilt der Kniefall als universelles Symbol der Unterwerfung. In einer Szene des Hollywood-Klassikers *Der König und ich* erklärt der König von Siam der jungen Gouvernante Anna, dass niemand den Kopf höher tragen darf als der König. Als er sich setzt, fordert er Anna auf, zu knien, damit sie ihn nicht überragt. Ob Gemeine oder Könige, wir verstehen intuitiv, dass Macht und Höhe oft zusammengehen. In der langen Geschichte der Evolution haben wir gelernt, dass die erhöhte Position die Position der Stärke ist: Von oben können wir angreifen, eine erhöhte Position lässt sich leichter verteidigen, und die Schwerkraft ist unser Verbündeter.

Als Kleinkinder erleben wir die machtlosesten Momente unseres Lebens. Wir schauen zu den Erwachsenen auf, die sich über uns beugen. Wann immer ein Kleinkind Hunger, Schmerz oder sonstige Unannehmlichkeiten empfindet, schreit es, und ein großer Mensch kommt herbeigeeilt. Hilflose Babys lernen, dass sie von den größeren Menschen abhängig sind, die sie füttern, ihre Windeln wechseln, sie trösten und zu Hilfe eilen. Auch wenn sie schon laufen können, bleiben sie von Erwachsenen abhängig, die ihnen zu essen geben, sie leiten und unterhalten. Erwachsene sagen ihnen, was und wo sie zu essen, wohin sie zu gehen und wann sie zu schlafen haben. Sie versorgen nicht nur, sondern üben umfassende Macht aus und bestrafen die Kinder gelegentlich. Die Großen sind mächtig.

In der Schule treten in Gestalt der Lehrer neue Autoritätsfiguren auf. Größere Kinder und Geschwister beherrschen die kleineren und üben hin und wieder sogar physische Gewalt aus, um ihren Willen durchzusetzen. Unter Jugendlichen sind große Jungen oft im Sport überlegen und haben mehr Erfolg bei den Mädchen. Es ist daher nicht weiter verwunderlich, wenn wir von klein auf Größe mit Macht assoziieren.

Selbst Erwachsene fühlen sich von großen Menschen eher bedroht als von kleinen. Größere Erwachsene sind in vielen Sportarten erfolgreicher. Anführer, Lehrer, Pfarrer, Professoren und Chefs stellen sich oft auf ein Podium, um größer zu wirken. Bei den Olympischen Spielen stehen die Goldmedaillengewinner auf dem höchsten Podest, über den Gewinnern der Silber- und Bronzemedaillen. Die Chefetage ist oft das oberste Stockwerk eines Gebäudes. Das liegt nicht nur an der besseren Aussicht, sondern auch daran, dass wir Höhe mit Macht gleichsetzen; und die Chefs bekommen die beste Aussicht, weil sie die Macht haben. Seit Urzeiten lassen sich die Mächtigen gewaltige Denkmäler errichten, um ihre Macht und ihren Reichtum zur Schau zu stellen. Die ägyptischen Pharaonen ließen die Pyramiden zwar als Grabdenkmäler errichten, doch das riesige Bauwerk vermittelte Untertanen und Fremden einen Eindruck von der Macht des Herrschers und von der gewaltigen Zahl von Arbeitskräften, über die er verfügen konnte. Auch die Mayas, Azteken, Inkas, Chinesen, Inder und Khmer errichteten gewaltige Paläste und Tempel als Tribut für ihre Könige und Götter und als unmissverständliche Symbole ihrer Macht.

Ende der 1940er Jahre ließ Josef Stalin in Moskau eine Reihe von Wolkenkratzern errichten, die sich stilistisch an der Gotik und am Barock orientierten und später als stalinistischer Baustil in die Geschichtsbücher eingingen. Diese Wohn-, Einkaufs- und Verwaltungsgebäude, auch »Stalins Sieben Schwestern« genannt, waren ein Symbol für die Schreckensherrschaft Stalins und sollten dem Westen signalisieren, dass der Diktator den Vergleich mit dem Westen nicht zu scheuen brauchte. Wie ließen sich die gewaltigen Ressourcen und die technische Wettbewerbsfähigkeit des Landes besser unter Beweis stellen als mit dem Bau dieser Wolkenkratzer?

Der Wettlauf um das höchste Gebäude der Welt geht bis heute weiter. So fortschrittlich und modern wir uns auch geben mögen, nichts kann den primitiven Drang bändigen, auf den höchsten Berg zu klettern, sich auf die Brust zu schlagen und hinauszubrüllen, dass wir die Größten und Stärksten sind. Nach wie vor wetteifern Städte und Länder darum, das höchste Gebäude zu errichten und die Welt mit Symbolen der wirtschaftlichen und nationalen Stärke zu beeindrucken. Allein in den letzten drei Jahren wurden drei der höchsten Gebäude der Welt errichtet: das Makkah Royal Clock Tower Hotel in Mekka mit 601 Metern, der Shanghai Tower in Shanghai mit 632 Metern und der Burj Khalifa in Dubai mit schwindelerregenden 828 Metern. In China ist ein Monstergebäude namens Sky City geplant, das noch einmal zehn Meter höher sein soll als der Burj Khalifa. Luxusappartements lassen sich umso teurer verkaufen, je höher das Gebäude ist. In New York ist mit dem 432 Park ein neues Luxusappartementgebäude im Bau, das 426 Meter hoch werden soll; nach seiner Fertigstellung im Jahr 2015 wird es die Skyline von New York City um eine weitere Ikone bereichern.

Groß, mächtig, attraktiv

Vorstandsvorsitzende, Politiker und Militärs erhalten ihre Macht durch die Rolle, die sie in einem Unternehmen oder Land einnehmen. Beruf und Status können sich ändern, doch Hautfarbe und Geschlecht, die ebenfalls mit Macht zu tun haben, bleiben gleich. Einige Evolutionsbiologen behaupten, in den Tagen der Jäger und Sammler seien Frauen, die für den Nachwuchs sorgten, auf den Schutz durch starke Männer angewiesen gewesen, weshalb sie sich vor allem für Männer mit Status interessierten, die besser für sie sorgten. Männer hätten hingegen fügsame junge Frauen bevorzugt, die Kinder zur Welt bringen und aufziehen.

Die Zeiten haben sich geändert, und heute teilen sich in vielen Familien Männer und Frauen die Aufgaben des Haushalts, doch die Überreste der Vergangenheit sind nach wie vor zu spüren. Bis heute fühlen sich viele Frauen zu mächtigen Männern hingezogen, während sich Männer oft von Frauen eingeschüchtert fühlen, die ihnen an Status und Macht überlegen sind. Bis heute ist in vielen Familien der Mann der Ernährer, während die Frau die Kindererziehung übernimmt. So überholt dies klingen mag und so sehr es mir als Wissenschaftlerin und Feministin widerstrebt – in unserer Welt ist dies noch immer eine Tatsache. Nach dieser Vorbemerkung wenden wir uns der körperlichen Attraktivität zu.

Zwei Wissenschaftler gingen der Frage nach, ob die Assoziation zwischen Größe und Macht auch auf die körperliche Attraktivität zutrifft.[13] Da Frauen mächtige Männer vorziehen und attraktiver finden, sollte ein Mann, dessen Foto am oberen Rand eines Computerbildschirms erscheint, als mächtiger und damit als attraktiver wahrgenommen werden. Und wenn Männer tatsächlich weniger mächtige Frauen bevorzugen, dann sollte eine Frau, deren Foto am unteren Bildschirmrand erscheint, als weniger mächtig und damit als attraktiver wahrgenommen werden.

Das Interessante an dieser Untersuchung war, dass die Wissenschaftler den Versuchspersonen gegenüber keine Angaben zu Macht und Status der abgebildeten Männer und Frauen machten, sondern nur die Position der Fotos auf dem Bildschirm veränderten. Sie zeigten männlichen und weiblichen Versuchspersonen auf einem Computerbildschirm Fotos von Frauen und Männern und baten sie, die Attraktivität jeder der abgebildeten Personen zu bewerten. Die Fotos erschienen entweder am oberen oder am unteren Bildschirmrand. Das Experiment bestätigte, dass Frauen Männer attraktiver fanden, wenn ihr Bild am oberen Bildschirmrand erschien, und dass Männer Frauen attraktiver fanden, wenn ihr Bild am unteren Bildschirmrand erschien.

In einer anderen Untersuchung analysierten Wissenschaftler Fotos von Frauen und Männern auf einer Website und verglichen die Perspektiven, aus denen die Bilder aufgenommen worden waren.[14] Dabei stellten sie fest, dass die Fotos der Männer oft von unten aufgenommen wurden und die der Frauen von oben. Wie wir gesehen haben, wirken die abgebildeten Personen mächtiger, wenn sie von unten fotografiert werden, und weniger mächtig, wenn sie von oben fotografiert werden.

Diese Ergebnisse legen die Vermutung nahe, dass die Porträts von Männern und Frauen bis heute nach dem Klischee aufgenommen werden, dass Männer stark und mächtig sind, und Frauen schwach und unterwürfig. Unterm Strich zeigen diese Untersuchungen, dass sich die Geschlechterrollen zwar verändern, dass aber Männer nach wie vor eine Vorliebe für schwächere Frauen haben, während Frauen starke Männer bevorzugen.

Auf Erden hier unten, im Himmel dort oben

Höhe hängt auch mit unseren Vorstellungen von Gut und Schlecht zusammen. Oben ist gut, unten ist schlecht. *Niedergeschlagenheit* ist schlecht, ein *Hochgefühl* ist gut. Wenn ein Produkt gut ist, dann bezeichnen wir es als *hochwertig*. Wenn die Dinge gut laufen, dann geht es *aufwärts*, und wenn nicht, dann geht es *abwärts*.

Mithilfe von Stroop-Experimenten haben Wissenschaftler untersucht, ob wir die relative Höhe automatisch positiv oder negativ bewerten. Die Teilnehmer identifizierten ein Wort eher als positiv, wenn es am oberen Bildschirmrand erschien. Umgekehrt erkannten sie ein Wort eher als negativ, wenn es am unteren Bildschirmrand erschien. Diese Ergebnisse lassen den Schluss zu, dass unser Gehirn abstrakte Vorstellungen von »Gut« und »Schlecht« auf einer vertikalen Achse anordnet. Wir stellen also automatisch eine Verbindung her: Gut ist oben, Schlecht ist unten.

Auch Gott und der Teufel, zwei abstrakte Vorstellungen, die Gut und Schlecht beziehungsweise Böse repräsentieren, werden mit Oben und Unten verbunden. Der Teufel ist der Herrscher der Unterwelt, während Gott oben im Himmel thront. Experimente haben gezeigt, dass wir Gott automatisch mit Oben und den Teufel mit Unten assoziieren.

Wissenschaftler haben außerdem herausgefunden, dass die Position eines Wortes auf einem Computerbildschirm großen Einfluss darauf hat, ob wir Wörter, die mit Gott und dem Teufel zusammenhängen, richtig zuordnen.[15] »Göttliche« Wörter werden schneller erkannt, wenn sie am oberen, und »teuflische«, wenn sie am unteren Bildschirmrand erscheinen.

Außerdem fanden Wissenschaftler heraus, dass diese Assoziation zwischen Gott und Höhe auch einen Einfluss darauf hat, wie wir andere Menschen beurteilen. Versuchspersonen sollten die Fotos verschiedener unbekannter Menschen beurteilen, die oben oder unten auf dem Computerbildschirm erschienen. Tendenziell hielten sie Menschen am oberen Bildschirmrand für religiöser als Menschen am unteren Bildschirmrand.

Diese Erkenntnisse legen die Vermutung nahe, dass unsere Darstellung der Göttlichkeit mit unserer körperlichen Wahrnehmung in Zusammenhang steht. Viele Menschen schauen nicht nur automatisch auf, wenn sie göttlichen Beistand anrufen oder beten, sondern assoziieren instinktiv positive und negative übernatürliche Vorstellungen mit Oben und Unten.

Macht und Größe

Größe bedeutet meist auch Macht. Große Tiere, große Maschinen, große Ozeane werden automatisch mit Stärke, Kraft und Macht gleichgesetzt. Aber wie kommen wir dazu, Körpergröße nicht nur mit Muskelkraft zu assoziieren, sondern auch mit der Machtposition innerhalb einer Gruppe? Gesellschaftlichen Status zu haben und Macht über andere Menschen auszuüben ist schließlich nicht dasselbe, wie einen Faustkampf zu gewinnen. Aus evolutionärer Sicht besteht dieser Zusammenhang jedoch sehr wohl, denn mit Körpergröße konnte man sich Macht verschaffen. Wir schauen zu anderen Lebewesen auf, die größer sind als wir. Aus evolutionärer Sicht war es durchaus ein Vorteil, Größe mit Stärke zu assoziieren und sich vor ihr in Acht zu nehmen.

Im Tierreich (zu dem wir schließlich auch gehören) ist die Größe ein wichtiges nonverbales Signal der Herrschaft. Tiere demonstrieren ihre Stärke, indem sie viel Raum einnehmen und sich aufplustern, um ihren Körper größer erscheinen zu lassen. Der Kugelfisch saugt Wasser ein und verdreifacht so sein Volumen, um sich gegen Fressfeinde zu schützen.[16] Wenn Frösche einen Feind erspähen oder von ihm geschnappt werden, blasen sie sich auf, um größer zu wirken.[17] Die Kobra spreizt ihren Hals, um noch bedrohlicher zu wirken.[18] Wenn Häher ihr Nest verteidigen, plustern sie sich auf, spreizen Flügel und Schwanzfedern und öffnen den Schnabel.[19] Katzen machen einen Buckel und sträuben das Fell, wenn sie einen Angreifer sehen.

Schimpansen, die ihre Stärke demonstrieren wollen, recken die

Brust heraus, richten sich auf, fuchteln mit den Armen und springen auf und ab, um größer zu wirken. Auf diese Weise nehmen sie mehr Raum ein und wirken mächtiger. Unterwürfige Schimpansen ducken sich dagegen, wenn sie auf einen Stärkeren treffen, um weniger Raum einzunehmen, kleiner und harmloser zu wirken und keinen Angriff zu provozieren.[20]

Mithilfe des Stroop-Effekts untersuchten Wissenschaftler, ob wir automatisch einen Zusammenhang zwischen Größe und Macht herstellen.[21] Versuchsteilnehmer sollten Wörter lesen, die Macht oder Machtlosigkeit anzeigen, und in großer (26 Punkt) oder kleiner Schrift (12 Punkt) gedruckt waren. Die Teilnehmer lösten die Aufgabe schneller und korrekter, wenn »mächtige« Wörter groß und »ohnmächtige« Wörter klein gedruckt waren. Das legt die Vermutung nahe, dass wir automatisch Größe mit Macht assoziieren und große Objekte automatisch als Hinweis auf Macht interpretieren.

Darf es auch eine große Portion sein?

Klein, mittel, groß oder Jumbo? S, M, L oder XL? Dauernd müssen wir uns für die Größe von Essensportionen, Kleidern und allen möglichen anderen Dingen entscheiden. Könnte die Größe einen Einfluss darauf haben, wie stark wir uns fühlen? Könnte es sein, dass wir uns eher für einen großen Kaffee oder Milchshake entscheiden, wenn wir uns klein und schwach fühlen? Nehmen wir andere als weniger mächtig wahr, wenn sie eine kleine Cola bestellen?

Um diese Fragen zu beantworten, führten Verbraucherforscher mehrere Experimente durch.[22] In einem sollten die Teilnehmer verschiedene Szenarien lesen und Fragen zu den beschriebenen Personen beantworten. In sämtlichen Szenarien ging es um Menschen, die ein Café oder eine Pizzeria betraten und sich zwischen den drei Größen klein, mittel oder groß entscheiden mussten. Die Teilnehmer sollten die beschriebenen Personen nach verschiedenen Kriterien beurteilen – zwei davon hatten mit dem Status zu tun (»genießt großen Status beziehungsweise Ansehen«) und andere nicht (Ehrlichkeit und Attraktivität). Der Status der beschriebenen Personen wurde als umso höher eingeschätzt, je größer die gewählte Portion: Die mit der größten Portion genossen nach Einschätzung der Teilnehmer mehr Status und Ansehen, die mit den kleinsten Portionen weniger. Auf die Einschätzung anderer Eigenschaften wirkte sich die Portionsgröße nicht aus.

Diese Erkenntnisse zeigen, dass wir Menschen mit einem großen Kaffeebecher mehr Macht zuschreiben. Und wenn uns andere Menschen mit einem großen Kaffeebecher sehen, dann halten sie uns für mächtiger. Wenn wir also unseren Status aufpeppen wollen, sollten wir einen großen Becher Kaffee wählen, auch wenn wir die Hälfte davon wegschütten. Und wenn wir bescheiden wirken und andere nicht einschüchtern wollen, dann sollten wir kleinere Portionen wählen.

In einem weiteren Experiment wollten die Wissenschaftler herausfinden, ob unsere Entscheidung für eine bestimmte Portionsgröße damit zusammenhängt, wie mächtig wir uns fühlen. Dazu teilten sie 142 Studenten in drei Gruppen ein; die Angehörigen der ersten Gruppe sollten sich an eine Situation erinnern, in der sie Macht über andere Personen ausgeübt oder diese beurteilt hatten, die der zweiten sollten an eine Situation denken, in der andere Macht über sie ausgeübt, sie beurteilt oder ihnen Vorschriften gemacht hatten. Die Kontrollgruppe sollte sich an ihren letzten Einkauf im Supermarkt erinnern, ein neutrales Ereignis.

Dann nahmen die Versuchspersonen an einer scheinbar nicht damit zusammenhängenden Marketinguntersuchung teil. Sie sahen Bilder von drei Milchshakes und sollten angeben, welchen der drei sie kaufen würden. Die drei Fotos zeigten einen großen, einen mittelgroßen und einen kleinen Milchshake. Die Teilnehmer der machtlosen Gruppe entschieden sich öfter für den großen Milchshake als die Teilnehmer der mächtigen oder der neutralen Gruppe. Mit anderen Worten wählten diejenigen, die sich machtlos gefühlt hatten und mehr Status wollten, eher die größere Portion. Denken Sie daran, wenn Sie das nächste Mal einen Kaffee bestellen und fragen Sie sich, ob die Größe, für die Sie sich entscheiden, eher mit Ihrer Gemütsverfassung zu tun hat oder mit Ihrem Kaffeedurst.

Um auszuschließen, dass bei der Entscheidung der Preis den Ausschlag gab – schließlich kostet ein großer Milchshake mehr als ein kleiner – entwickelten die Wissenschaftler ein kreatives Experiment. Im Eingangsbereich von drei Studentenwohnheimen stellten sie Tische auf und hingen darüber große Plakate einer fiktiven Bagelkette auf, die angeblich in Kürze eröffnen sollte. Auf allen drei Plakaten wurden die Studierenden animiert, die kostenlosen Bagels zu probieren, doch jedes der Plakate wählte einen anderen Slogan. Auf dem ersten Plakat stand, dass wir uns morgens schwach fühlen. Auf dem zweiten stand, dass wir uns morgens stark fühlen. Und das dritte warb mit einer neutralen Botschaft, die lediglich darauf hinwies, dass es früh am Morgen war.

In jedem Wohnheim traten die Wissenschaftler als Vertreter der neuen Kette auf und animierten die Studenten, zuzugreifen. Auf jedem Tisch standen zwei Teller, einer mit vielen kleinen Häppchen und einer mit wenigen größeren Stücken. Die Bewohner durften so viel essen, wie sie wollten, und sollten die Bagels im Anschluss beurteilen. Die Wissenschaftler interessierten sich allerdings nicht für das Geschmacksurteil der Teilnehmer, sondern dafür, wie viele große und kleine Stücke jeder von ihnen gegessen hatte. Wie in den beiden eben beschriebenen Experimenten aßen die »machtlosen« Studenten (die sich laut Plakat morgens schwach fühlten) mehr von den großen Stücken als die Studenten, die von den beiden anderen Tischen kosteten. Bei den kleineren Stücken ergab sich kein Unterschied. Da die Bagels umsonst waren, zeigt diese Untersuchung, dass die Assoziation zwischen dem Gefühl der eigenen Macht und der Größe des Produkts nicht unbedingt mit dem Preis zusammenhängt.

Das Ergebnis lässt den Schluss zu, dass die Größe des gewählten Produkts Macht signalisiert, auch wenn das Produkt selbst gar kein Statussymbol ist. Wir wissen, dass größere Autos und Häuser als Statussymbole verwendet werden, doch diese Experimente lassen die Vermutung zu, dass wir diesen Zusammenhang auch bei Produkten herstellen, die nicht das Geringste mit Macht oder Status zu tun haben. Offenbar messen wir den Status eines Menschen nicht nur an der Größe seines Autos, sondern auch an der Größe seines Kaffeebechers. Und manchmal kann uns eine große Tasse Kaffee dafür entschädigen, dass uns niemand zuhört.

Machen Sie sich stark

In vielen Kulturen benutzen Menschen Größe und Höhe, um Macht oder Machtlosigkeit auszudrücken. Wir haben gesehen, dass Tiere ihre Stärke demonstrieren, indem sie sich aufplustern und sich so groß wie möglich machen. Beim Elfmeter stellt sich der Torhüter mit gespreizten Beinen und ausgestreckten Armen ins Tor, um unüberwindbar zu wirken. Und als Geste der Unterwerfung senken Menschen den Kopf, legen die Arme an und schließen die Beine, um sich so klein wie möglich zu machen, wie man dies bei Kriegsgefangenen oder misshandelten Kindern beobachten kann.

Könnte es sein, dass unsere Haltung nicht nur Stärke oder Schwäche vermittelt, sondern dass sie auch einen Einfluss auf unsere Selbstwahrnehmung hat? Fühlen wir uns stärker, wenn wir die entsprechende Haltung einnehmen? Haben bestimmte Steh- oder Sitzhaltungen Einfluss darauf, wie stark oder schwach wir uns fühlen? Um diese Frage zu beantworten, teilten Wissenschaftler Versuchspersonen in zwei Gruppen ein.[23] Die Teilnehmer sollten zwei Minuten lang eine bestimmte Haltung einnehmen. Die starke Gruppe sollte erst stehen und sich dann mit gespreizten Beinen hinsetzen und die Hände auf den Tisch legen. Die schwache Gruppe sollte erst sitzen und dabei die Hände zwischen die Knie nehmen und sich später mit geschlossenen Beinen hinstellen und die Arme anlegen. Die Teilnehmer sollten sich in jeder Position so klein wie möglich machen.

In einem Vorabtest klärten die Wissenschaftler, dass keine der beiden Haltungen anstrengender war. Die Teilnehmer wussten nicht, worin der Zweck der Übung bestand – sie meinten, es ginge darum, die ideale Platzierung der Elektroden bei einem EKG zu finden. Anhand von mehreren Kriterien ermittelten die Wissenschaftler, wie mächtig oder ohnmächtig sich ihre Versuchspersonen fühlten.

Zunächst fragten sie die Teilnehmer ganz einfach, wie mächtig sie sich fühlten. Dabei gaben die Versuchspersonen mit der Powerhaltung an, sich mächtiger zu fühlen als die Versuchspersonen mit der Ohnmachtshaltung. Dann ermittelten sie die Risikobereitschaft der Teilnehmer, denn in der Regel gehen wir eher Risiken ein, wenn wir uns stark fühlen. Dazu gaben sie jedem der Teilnehmer zwei Dollar in die Hand. Die Teilnehmer konnten das Geld entweder einstecken oder bei einem Spiel setzen, bei dem sie entweder alles verlieren oder den Betrag verdoppeln konnten. Mit anderen Worten hatten sie die Wahl, auf Nummer sicher zu gehen oder etwas zu wagen. Von den Teilnehmern mit der Powerhaltung gingen 68 Prozent das Risiko ein, und von den Teilnehmern mit der Ohnmachtshaltung waren es nur 60 Prozent. Nur weil sie zwei Minuten lang eine bestimmte Körperhaltung eingenommen hatten, fühlten sich die einen stärker und die anderen schwächer und wagten mehr beziehungsweise weniger.

Die Wissenschaftler maßen jedoch nicht nur die subjektive Selbstwahrnehmung und Risikobereitschaft der Teilnehmer, sondern sie nahmen auch physiologische Messungen vor. Unmittelbar nach der zweiminütigen Haltung nahmen sie Speichelproben und analysierten diese auf die beiden Hormone Testosteron und Cortison. Testosteron steht in engem Zusammenhang mit dominantem Verhalten; hohe Testosteronwerte verstärken das dominante Verhalten, und dominantes Verhalten lässt umgekehrt den Testosteronspiegel steigen. Cortison ist dagegen ein Stresshormon; Menschen, die sich mächtig fühlen, haben in der Regel weniger davon im Speichel als Menschen, die sich machtlos fühlen.

Die Untersuchung ergab, dass die Teilnehmer, die zwei Minuten lang eine Powerhaltung eingenommen hatten, mehr Testosteron und weniger Cortison im Speichel hatten. Im Gegensatz dazu wiesen Teilnehmer, die eine Ohnmachtshaltung eingenommen hatten, weniger Testosteron und mehr Cortison auf. Diese Ergebnisse sind eine eindrucksvolle Bestätigung für die Embodiment-Theorie. Die Messung der Hormonspiegel beweist, dass es einen klaren Zusammenhang zwischen Körperhaltung, Fühlen und Handeln gibt. Unser Körper beeinflusst unser Denken und Fühlen. Einfache Körperhaltungen können uns ein Gefühl von physischer und psychischer Stärke vermitteln. Körperliches Wohlbefinden trägt dazu bei, dass wir uns emotional stärker fühlen.

Diese Erkenntnis lässt sich praktisch umsetzen. Durch eine Änderung Ihrer Körperhaltung, Ihrer Bewegungen und Ihrer Gewohnheiten können Sie nicht nur stärker wirken, sondern sich auch stärker fühlen. Wenn Sie sich ängstlich und wenig selbstbewusst fühlen, stehen oder sitzen Sie in Powerhaltungen, um sich stärker zu fühlen. Wenn Sie sich vor einem Vorstellungsgespräch oder einem ersten Rendezvous nervös fühlen, oder wenn Sie in eine neue Gruppe kommen, allein zu einer Party gehen oder Ihnen eine anstrengende Diskussion mit dem Partner bevorsteht, können Sie Selbstbewusstsein tanken, indem Sie sich vor Betreten des Raums ein paar Minuten lang eine Powerhaltung einnehmen und während der Interaktion selbst auf Ihre Haltung achten.

Damit beeinflussen Sie nicht nur Ihre Selbstwahrnehmung und Ihr Verhalten positiv, sondern auch die Wahrnehmung durch andere.

Als Eltern und Lehrer uns ermahnten, uns gerade hinzusetzen, haben wir sie meist nicht ernst genommen. Doch eine aufrechte Haltung stärkt unser Selbstbewusstsein und verändert unser Verhalten und die Wahrnehmung durch andere. Eine gute Haltung ist nicht nur gut für den Rücken, sondern auch gut für die Seele!

Was das für Sie bedeutet

Selbst abstrakte Vorstellungen sind fest in unserer sinnlichen Wahrnehmung und unserem körperlichen Erleben verankert. Macht hängt mit unserer Wahrnehmung von Höhe und Größe zusammen. Unsere Psyche visualisiert Macht auf einer vertikalen Achse und bezieht auch die Größe eines Gegenstands oder eines Menschen mit ein. Die Metaphern, die eine Beziehung zwischen Höhe und Macht herstellen, sind mehr als hübsche Sprachbilder. Wenn wir an einen Menschen mit Status denken, richten wir unsere Aufmerksamkeit automatisch nach oben.

Sie können die Erkenntnisse in diesem Kapitel nutzen, um sich selbst zu stärken. Höhe hängt direkt mit der Wahrnehmung der Macht zusammen, und die meisten Frauen wissen um die Wirkung von hohen Absätzen. Wirklicher Einfluss und Status erfordern großen Einsatz, doch mithilfe der Tricks aus diesem Kapitel – räumlicher Höhe, der Perspektive unserer Porträtfotos, Powerhaltungen und einer Portion gesunden Menschenverstands – können wir uns bei anderen mehr Respekt verschaffen. Wie mein Großvater können wir größer wirken, als wir wirklich sind. Wenn wir den Zusammenhang zwischen physischen und psychischen Vorstellungen verstehen, dann lassen wir uns umgekehrt weniger von groß gewachsenen Menschen oder Chefetagen ins Bockshorn jagen. Mit diesen Erkenntnissen gewappnet, durchschauen wir die Manipulationsversuche der anderen und erkennen die kleinen Dinge, die uns früher vielleicht unbewusst beeindruckt hätten.

Haltung ist entscheidend. Setzen Sie sich bei Geschäftssitzungen oder sozialen Anlässen nicht auf einen niedrigeren Stuhl als die anderen. Das ist vor allem bei Verhandlungen, wichtigen Gesprächen oder Rendezvous entscheidend. Das trifft aber auch auf Teamprojekte zu, bei denen scheinbar alle Beteiligten dieselbe Macht haben und dieselbe Verantwortung tragen. Achten Sie auf Ihre Haltung, wenn Sie in einer Gruppe auf dem Boden sitzen, und achten Sie darauf, wie viel Raum Sie einnehmen, auf welcher Höhe Sie sich befinden und welche Botschaft Sie damit vermitteln.

Wie viele andere Erkenntnisse der Embodiment-Forschung lassen auch diese Rückschlüsse auf unsere Vorurteile und Fehleinschätzungen zu. Behalten Sie im Hinterkopf, dass Sie aufgrund der relativen Größe und Höhe eines Menschen automatisch Urteile über die Macht und andere Eigenschaften treffen. Wir schreiben Menschen oft positive oder negative Eigenschaften zu, weil wir durch Höhe und Größe beeinflusst werden. Wenn Sie große oder kleine Menschen beurteilen oder Fotos sehen, die aus verschiedenen Perspektiven aufgenommen wurden, dann nehmen Sie sich ein paar Sekunden Zeit, um Ihren ersten Eindruck zu hinterfragen und zu überlegen, wie Sie zu Ihrem Urteil kommen. Wenn Sie sich vor diesen Assoziationen hüten, können Sie deren Einfluss reduzieren.

Egal wie groß Sie sind, die Forschung macht eines ganz deutlich: Die Wahrnehmung von Größe und Höhe sind Instrumente, die jeder nutzen kann, um die Selbstwahrnehmung und die Wahrnehmung durch andere zu beeinflussen.

Kapitel 9

Fort, verdammter Fleck!

Schuld, Moral und Sauberkeit

Im Winter 1989 unterrichtete ich eine Einführung zur Psychologie an der Universität Harvard. Es war mein erster Dezember an der amerikanischen Ostküste, und in den sechs zurückliegenden Monaten hatte ich geforscht, unterrichtet und mich um meine Kinder gekümmert, während ich gleichzeitig mein Bestes tat, um nicht zu erfrieren. Ich war urlaubsreif. Zum Glück rief mich eine Freundin an und fragte, ob wir nicht zu einem zweitägigen Skitrip nach Vermont mitkommen wollten. Der Aufenthalt im Hotel koste uns keinen Cent, flüsterte sie mir zu, als verrate sie mir ein großes Geheimnis. Wir müssten nur an einer dreistündigen Verkaufsveranstaltung teilnehmen, während der uns die Sponsoren des Urlaubs Time-Sharing-Ferienwohnungen verkaufen wollten. Als Psychologin schöpfte ich sofort Verdacht, doch meine Freundin versicherte mir, es sei alles völlig unverbindlich und wir würden definitiv nichts kaufen müssen. Wir müssten nur Präsenz zeigen, Kaffee trinken und höflich nicken, dann dürften wir uns von den Skihängen stürzen und die Ferien genießen, die wir so verdient hatten. Also fuhren wir nach Norden, vier Familien mit Kindern in hoffnungslos überladenen Autos.

Am nächsten Morgen trafen wir in einem vornehmen kleinen Skihotel ein, wo wir nach dem Frühstück in einen großen Raum gelotst wurden. Jedes Paar saß an einem eigenen Tisch, gegenüber ein freundlich lächelnder Vertreter mit den unterschriftsreifen Papieren. Unser Vertreter begann seinen gut geölten Verkaufsvortrag über all die wunderbaren Orte, die wir besuchen konnten, und das viele Geld, das wir sparen würden, wenn wir die Freuden des Timesharing erkannten. Ich gebe zu, es klang verlockend, so viele verschiedene Orte auf der Welt besuchen zu können und in hübschen Ferienwohnungen zu übernachten, und das alles zum Preis eines ganz normalen Urlaubs. Der Vertreter machte mir das Timesharing richtig schmackhaft.

Heute erinnere ich mich kaum noch an die Details, Orte und Preise, und das Gesicht des Vertreters habe ich längst vergessen. Eines hat sich mir jedoch ins Gedächtnis eingebrannt: Der zornige rote Marmeladenfleck auf der Manschette seines weißen Hemds, der mich während der gesamten Präsentation hypnotisierte. Der Mann machte einen schmutzigen Eindruck, und das schreckte mich ab. Nachdem ich zwei Stunden lang auf den Fleck gestarrt hatte, sagte ich höflich Nein, und wir gingen unserer Wege.

❖

Eines der Paare, die mit uns nach Vermont gereist waren, wollte kaufen. Als mich meine Freundin fragte, warum ich Vorbehalte hatte, konnte ich ihr keine Antwort geben. Ich hatte einfach ein ungutes Gefühl. Die schönen Zahlen, die paradiesischen Bilder, die verlockenden Ferienanlagen, das alles sprach für einen Kauf. In den folgenden Jahren traf ich immer wieder Leute, die über ihre Timesharing-Verträge klagten und versuchten, irgendwie herauszukommen, doch an diesem sonnigen Morgen in Vermont wusste ich noch nichts von den möglichen Nachteilen. Ich hatte ganz einfach das Gefühl, dass der Deal nicht ganz sauber war.

Natürlich hatte es viele Gründe, warum wir damals nicht zuschlugen. Aber einer davon war, dass mir der Vertreter und damit das ganze Unternehmen verdächtig vorkamen. Es mag irrational klingen, dass ich den Fleck auf seinem Hemd als Zeichen seiner Unehrlichkeit interpretierte. Schließlich treffen wir Investitionsentscheidungen nicht nach den Knitterfalten in der Bluse der Beraterin oder dem Duft ihres Parfüms, oder?

Vielleicht nicht. Untersuchungen zeigen jedoch, dass wir unbewusst eine starke Verbindung zwischen Moral und Sauberkeit herstellen.

Reinlichkeitsrituale

In fast allen Kulturen und Religionen stellen die Menschen eine Beziehung zwischen Moral und Sauberkeit her. Ausdrücke wie *ein reines Gewissen, Drecksarbeit* oder *Reinwaschung von den Sünden* unterstreichen die metaphorische Beziehung zwischen moralischem Verhalten und körperlicher Reinlichkeit. Christen taufen ihre Kinder mit Wasser, damit sie »hinfort der Sünde nicht dienen« (Römer 6.6). Im Judentum werden die Gläubigen in der Mikwe, einem speziellen Badehaus, von ihren Sünden reingewaschen, und die Bibel geht ausführlich auf Reinigungsrituale ein.

Im Islam waschen sich die Gläubigen vor dem Gebet. Und Hindus nehmen ein Bad im heiligen Fluss Ganges, um ihre Sünden abzuwaschen.

Gurus beschreiben die Sünde gern als Schmutz und die Befreiung von ihr als ein reinigendes Bad. Viele Psychologen sind der Ansicht, dass Zwangsstörungen, die oft mit zwanghaftem Händewaschen einhergehen, aus einer Angst vor Unreinheit herrühren und mit dem Gefühl der inneren Verschmutzung und Schuld einhergehen.

Francis Ford Coppolas Hollywood-Klassiker *Der Pate* stellt das komplizierte Leben der Mafiafamilie Corleones dar. Zu Beginn des Films will der alternde Mafiaboss (gespielt von Marlon Brando) seinen Sohn Michael Corleone (gespielt von Al Pacino), einen sauberen Weltkriegsveteran, aus den schmutzigen Geschäften der Familie heraushalten. Doch nach dem Tod des Vaters und der Ermordung seines Bruders wird Michael der Anführer des Familienclans und damit zum neuen Paten.

Am Ende des Films nimmt Michael an der Taufe seines Sohnes teil. Die Kamera wechselt zwischen dem Taufbecken, an dem der Pfarrer zur Orgelmusik lateinische Gebete spricht, und der Stadt, in der Killer ihre Autos und Waffen vorbereiten. Als Michael gefragt wird: »Widersagst du dem Bösen?« und er antwortet »Ja, ich widersage dem Bösen«, sehen wir eine Abfolge von Szenen, in denen Michaels Männer seine Feinde ermorden. Die Taufszene wird der blutigen Gewalt gegenübergestellt, und wenn der Pfarrer dem Kind das Wasser über den Kopf gießt, ist der Widerspruch zwischen Erlösung und Sünde perfekt. Ein Mann, der einst rein und unschuldig war, wird mit Blut getauft und beginnt ein Leben der Gewalt. Das Gute und das Böse existieren nebeneinander, und Coppola stellt das Wasser, Symbol der Reinigung, und das Blut, Symbol für Rache und Opfer, einander gegenüber, um diesen tiefen moralischen Widerspruch zu zeigen.

Wer macht das alles wieder sauber?

Diese wiederkehrenden Assoziationen zwischen Sauberkeit und Moral sind mehr als Metaphern und künstlerische Spielereien. Für uns besteht tatsächlich ein enger Zusammenhang zwischen Sauberkeit und Moral. Wissenschaftler haben diesen Zusammenhang untersucht und erstaunliche Erkenntnisse zutage gefördert.

Chen-Bo Zhong und Katie Liljenquist gingen der Frage nach, ob Menschen, die ihre moralische Integrität gefährdet sehen, ein größeres Bedürfnis verspüren, sich zu reinigen, und daher Objekten, die mit der Reinigung zu tun haben, größeren Wert beimessen.[1] In einem ersten Experiment luden sie 60 Studenten der Northwestern University in ihr Labor ein und teilten sie nach dem Zufallsprinzip in zwei Gruppen ein. Die Angehörigen der ersten Gruppe sollten sich an eine unmoralische Tat aus ihrer Vergangenheit erinnern, zum Beispiel eine Lüge oder einen anderen Fehltritt, und die Emotionen beschreiben, die sie bei der Erinnerung hatten. Die Angehörigen der zweiten Gruppe sollten sich an eine moralische Handlung erinnern, zum Beispiel eine Situation, in der sie Verantwortung übernommen und die Wahrheit gesagt hatten, und ebenfalls ihre Emotionen beschreiben. Die Wissenschaftler erklärten den Teilnehmern, bei der Untersuchung gehe es um die Erinnerung an moralische beziehungsweise unmoralische Verhaltensweisen. In einer scheinbar nicht damit zusammenhängenden Untersuchung sollten die Versuchspersonen dann Wörter vervollständigen. Die Wissenschaftler legten ihnen eine Reihe unvollständiger Wörter vor, zum Beispiel *s _ _ p, sh _ _ er* oder *w _ _ h*, und die Teilnehmer sollten die fehlenden Buchstaben ergänzen. Für jedes dieser Wörter gab es unterschiedliche Lösungsmöglichkeiten, doch eine der Möglichkeiten hing immer mit Sauberkeit oder Waschen zusammen. Aus *s _ _ p* lässt sich zum Beispiel *soap* (Seife) machen, aber auch *ship, slip, slap, step* oder *stop*, die nichts mit Waschen zu tun haben. Die Versuchspersonen, die sich an eine unmoralische Tat erinnerten, entschieden sich häufer für *soap* als diejenigen, die sich an eine moralische Tat erinnerten.

In einem zweiten Experiment sollten sich die Teilnehmer wieder an eine moralische oder unmoralische Handlung erinnern. Diesmal erhielten sie im Anschluss ein Geschenk und konnten zwischen einem Wischtuch und einem Bleistift auswählen (beide waren in einem Vorabtest als gleich attraktiv bewertet worden). Interessanterweise entschieden sich 67 Prozent der »unmoralischen«, aber nur 33 Prozent der »moralischen« Teilnehmer für das Wischtuch.

In einem dritten Experiment sollten 27 Studienanfänger eine Geschichte abschreiben, vorgeblich um die Beziehung zwischen Handschrift und Persönlichkeit zu untersuchen. Wieder wurden die Teilnehmer in zwei Gruppen eingeteilt und erhielten unterschiedliche Varianten der Geschichten; in der ersten Geschichte ging es um einen ehrlichen Angestellten, der einem Konkurrenten hilft, und in der zweiten um einen Angestellten, der einem Kollegen schadet, um sich selbst einen Vorteil zu verschaffen. Beide Geschichten waren in der ersten Person geschrieben, um dafür zu sorgen, dass sich die Teilnehmer, die die Geschichte abschrieben, eher mit den Protagonisten identifizierten.

Die Geschichte des »ehrlichen Mannes« handelte von einem Rechtsanwalt, der eine Akte findet, die sein Kollege dringend benötigt, um seinen Fall zu gewinnen; er handelt anständig und legt seinem Kollegen die Akte auf den Tisch, ohne ihm etwas davon zu sagen. Auch in der Geschichte des »unehrlichen Mannes« findet der Rechtsanwalt die prozessentscheidende Akte, doch diesmal schreddert er sie, damit der Kollege seinen Prozess verliert und er selbst befördert wird.

Nach der Abschreibeübung sollten die Versuchspersonen an einer vermeintlich anderen Untersuchung teilnehmen und auf einer Skala von 1 bis 7 bewerten, wie attraktiv ihnen verschiedene Produkte erscheinen. Einige der Produkte waren Reinigungsmittel, zum Beispiel Zahnpasta, Seife oder Waschpulver, und andere hatten nichts mit Sauberkeit zu tun, zum Beispiel Saft, CD-Schachteln oder Schokoriegel. Die Versuchspersonen, die die »unmoralische« Geschichte abgeschrieben hatten, fanden die Reinigungsprodukte attraktiver als die Versuchspersonen mit der »moralischen« Geschichte. Bei der Bewertung der übrigen Objekte ergab sich kein Unterschied. Offenbar weckte allein das Abschreiben einer unmoralischen Geschichte des Bedürfnis, sich zu reinigen. Diese Teilnehmer verhielten sich so, als könnten sie den »psychischen Schmutz« des unmoralischen Anwalts durch körperliche Reinigung abwaschen.

Diese drei Untersuchungen ergeben ein interessantes Bild von »psychischer Reinheit«. Unsere unmoralischen Handlungen kleben offenbar an unserer Psyche wie eine Schmutzschicht und wecken das Bedürfnis, uns wieder reinzuwaschen. Zumindest aber zeigen die Experimente, dass unsere Fehltritte (und selbst die Fehltritte anderer) uns weiter beschäftigen und Auswirkungen auf uns haben.

Manche Psychologen sprechen von »psychischer Verunreinigung«, um das Gefühl der Beschmutzung zu beschreiben, das durch unmoralische Gedanken oder Handlungen, moralische Kritik oder sexuelle Übergriffe verursacht werden kann. Menschen, die sich auf diese Weise beschmutzt fühlen, haben öfter das Bedürfnis, sich zu reinigen. Kanadische Wissenschaftler forderten Studentinnen auf, sich vorzustellen, sie würden zu einem Kuss gezwungen; andere sollten sich vorstellen, aus freien Stücken zu küssen.[2] Die Teilnehmerinnen der ersten Gruppe fühlten sich beschmutzt und einige verspürten sogar das Bedürfnis, sich den Mund abzuwaschen. Die Teilnehmerinnen der zweiten Gruppe zeigten nicht diese Reaktionen. Der erzwungene Kuss hatte nur in der Fantasie stattgefunden, doch die Frauen fühlten sich allein schon bei dem Gedanken daran beschmutzt.

In einem Zeitschriftenartikel wurden junge Mütter interviewt, die tagsüber, während die Kinder in der Schule oder im Kindergarten waren, als Prostituierte arbeiteten.[3] Die meisten waren Alleinerziehende, die auf den Strich gingen, um Rechnungen zu bezahlen und ihre Kinder zu ernähren. Die Sozialarbeiterinnen, die diese Frauen betreuten, berichteten, dass die meisten nach der Arbeit das Bedürfnis hatten, sich zu waschen. Das war mehr als eine körperliche Reinigung – sie fühlten sich durch ihre Arbeit beschmutzt und wuschen sich gründlich, ehe sie sich um ihre Kinder kümmerten.

Die Suche nach dem Schuldigen

Unterschiedliche unmoralische Handlungen werden durch unterschiedliche Körperteile ausgeführt. Wir lügen und fluchen mit dem Mund, stehlen mit den Händen und laufen mit den Beinen davon – nicht zu vergessen Körperteile, mit denen wir uns mit dem anderen Geschlecht in alle möglichen Bredouillen bringen.

Im Jahr 1993 beschäftigten sich die Medien ausführlich mit dem Ehepaar John und Lorena Bobbitt aus Virginia. John hatte sich in der Vergangenheit angeblich durch Missbrauch und Untreue hervorgetan. Als er eines Nachts betrunken nach Hause kam, soll er die schlafende Lorena vergewaltigt haben, woraufhin diese in die Küche lief, zum Messer griff und John kurzerhand kastrierte. Aber warum diese drastische Maßnahme?

Viele Religionen assoziieren die Moral oder Unmoral bestimmter Handlungen mit den Körperteilen, mit denen wir sie ausführen. In der Bibel und im Koran werden Körperteile bestraft, die in bestimmte unmoralische Verhaltensweisen verstrickt sind. In den Psalmen heißt es beispielsweise: »Der Herr vertilge alle falschen Zungen, jede Zunge, die vermessen redet.« (Psalm 12:4). Und in den Sprüchen: »Aus dem Munde des Gerechten sprießt

Weisheit, aber die falsche Zunge wird ausgerottet.« (Sprüche, 10:31).

Der Koran kennt für Diebstahl das Abhacken der Hand: »Und hackt dem Dieb und der Diebin die Hände ab zur Vergeltung für das, was sie erworben haben, dies als abschreckende Strafe von Seiten Gottes. Und Gott ist mächtig und weise.« (Koran 5:38).

Obwohl nur in Ausnahmen von diesem Gesetz Gebrauch gemacht wurde, ist die Botschaft eindeutig: Die Strafe trifft dasjenige Körperteil, das die Tat begangen hat. Freud prägte den Begriff der »Kastrationsangst« und meinte damit eine unbewusste Angst von Jungen, die sich in einem frühen Stadium ihrer Entwicklung zu ihrer Mutter hingezogen fühlen und ihre Väter als Konkurrenten sehen. Freud glaubte, der Junge assoziiere die Strafe, also die Kastration, mit dem Körperteil, das an seinem Vergehen beteiligt ist.

Kann es sein, dass wir uns nach einer unmoralischen Tat nicht nur allgemein reinwaschen wollen, sondern dass wir insbesondere dasjenige Körperteil reinigen wollen, das an der Tat beteiligt war? Wenn unsere abstrakten Vorstellungen tatsächlich auf unserem körperlichen Erleben aufbauen, dann müsste die Reinigung sich auf eine bestimmte Handlung oder ein bestimmtes motorisches Verhalten beziehen. Um diese These zu überprüfen, baten Wissenschaftler 78 Studenten, sich vorzustellen, dass sie Anwälte seien und mit einem Kollegen konkurrierten.[4] Wie in dem oben beschriebenen Experiment findet der Anwalt ein Dokument, das dem Konkurrenten gehört. Die Teilnehmer sollten sich vorstellen, dass sie den Kollegen anlügen und behaupten, sie hätten das Dokument nicht gefunden. Die eine Hälfte der Teilnehmer spricht die Lüge per Voicemail aus, die andere per E-Mail.

Wie in den anderen Experimenten folgte auf diese Übung eine scheinbar nicht damit zusammenhängende Befragung zu Produkten. Unter den verschiedenen zur Auswahl stehenden Objekten waren zwei, für die sich die Wissenschaftler besonders interessierten: ein Mundwasser und eine Handwaschpaste. Diejenigen Teilnehmer, die ihre Lüge per E-Mail abgeschickt und daher mit den Händen getippt hatten, interessierten sich stärker für die Seife. Und diejenigen Teilnehmer, die ihre Lüge per Voicemail verschickt und daher mit dem Mund ausgesprochen hatten, interessierten sich stärker für das Mundwasser. Die Versuchspersonen verspürten offenbar ein Bedürfnis, den Körperteil zu reinigen, das an der Lüge beteiligt gewesen war. So wie wir uns die Hände waschen, nachdem wir mit Schmutz in Kontakt gekommen sind, wollen wir den Körperteil reinigen, der an einer unmoralischen Handlung beteiligt war.

In zivilisierten Ländern werden keine Hände mehr abgehackt, doch die Assoziation zwischen Körperteilen und ihren Handlungen bleibt bestehen. In Blogs und Kommentaren, in denen hin und wieder unter dem Deckmantel der Anonymität primitive Impulse hervorbrechen, findet sich immer wieder der Ruf nach körperlicher Züchtigung. Beispielsweise forderten Blogger, einer Frau, die einen Mann fälschlich der Vergewaltigung bezichtigt hatte, solle die Zunge herausgerissen werden.

Nicht nur sauber, sondern rein?

Wir wissen zwar nun, dass wir nach einer unmoralischen Tat ein größeres Bedürfnis verspüren, uns zu waschen. Aber wirkt die Reinigung auch? Befreit die körperliche Waschung unser Gewissen von Schuldgefühlen? Können Sie einen Freund anlügen, sich die Hände waschen (oder besser den Mund) und sich nachher weniger schuldig fühlen?

Um dieser Frage auf den Grund zu gehen, führten Zhong und Liljenquist ein weiteres Experiment durch.[5] Sie forderten ihre Studenten auf, sich an eine unmoralische Tat zu erinnern und diese in einem Computer zu notieren. Danach sollte sich die eine Hälfte mit einem feuchten Tuch die Hände abwischen, mit dem Hinweis, dies empfehle sich, wenn man eine fremde Tastatur verwende. Die andere Hälfte sollte sich die Hände nicht abwischen. Danach wurden sie gefragt, ob sie sich unentgeltlich zu einem weiteren Experiment melden würden, für das dringend Versuchspersonen gesucht wurden. Die Wissenschaftler gingen davon aus, dass diejenigen Teilnehmer, die einen Rest an Schuld verspürten, eher zu einer guten Tat bereit waren, um auf diese Weise ihre Schuldgefühle zu kompensieren.

Tatsächlich meldeten sich 74 Prozent der Studenten, die sich die Hände nicht abgewischt hatten, zur freiwilligen Teilnahme an dem vermeintlichen Experiment; in der Gruppe, die sich die Hände abgewischt hatte, waren es dagegen nur 41 Prozent. Letztere hatten sich offenbar reingewaschen und die Schuldgefühle, die in der Erinnerung hochgekommen waren, beseitigt. Die Teilnehmer der ersten Gruppe hatten dagegen nach wie vor das Bedürfnis, ihre Schuldgefühle zu beruhigen, weshalb sich deutlich mehr meldeten. Das heißt, körperliche Reinigung scheint in der Tat auch unser Gewissen reinzuwaschen.

Dieser Frage bin ich ebenfalls nachgegangen. Ich fragte mich, ob körperlich saubere Menschen eher bereit sind, zu betrügen oder andere zweifelhafte Handlungen zu begehen. Dabei ging ich von der These aus, dass wir frisch gewaschen mehr Spielraum für moralische Unreinheit haben.

In dieser Untersuchung gingen zwei meiner Studenten in das Fitnesszentrum der Universität von Tel Aviv und stellten sich neben dem Duschraum auf. Dort sprachen sie Leute an, die nach dem Sport in die Duschen gingen, und andere, die gerade aus den Duschen kamen. Sie baten sie, an einer Untersuchung teilzunehmen, in der es vorgeblich um die Auswirkungen der sportlichen Betätigung auf das Gedächtnis ging.

Die Teilnehmer aus beiden Gruppen sollten Fragen zur Allgemeinbildung beantworten – vier waren kinderleicht, neun waren so gut wie nicht zu beantworten. Diese Fragen hatten wir in einem Vorabexperiment zusammengestellt – die einfachen Fragen waren in diesem Probelauf von allen beantwortet worden, die schwierigen von niemandem. Unter den einfachen Fragen war zum Beispiel »Wie viele Zentimeter hat ein Meter?« und unter den schwierigen zum Beispiel »In welchem Jahr wurde das Stethoskop erfunden?« Wir entschieden uns für das Verhältnis von 4:9, da Studenten in einem normalen Test mit vier richtigen und neun falschen Antworten durchgefallen wären.

Wir ermittelten, ob die Teilnehmer schummelten, indem wir die Teilnehmer die Tests selbst auswerten ließen. Alle bekamen einen Lösungsbogen, um ihre Antworten zu vergleichen. Sie sollten ihr Ergebnis auf ein getrenntes Blatt schreiben, das sie den Durchführenden gaben. Die Teilnehmer durften davon ausgehen, dass niemand hinter ihren Betrug kommen würde – sie wussten nicht, dass wir ihre tatsächlichen Antworten gar nicht sehen mussten, um zu wissen, dass sie geschummelt hatten.

Die Teilnehmer, die den Fragebogen schwitzend vor der Dusche ausgefüllt hatten, schummelten weniger als andere, die sich dem Test frisch geduscht unterzogen hatten. Unsere Untersuchung bestätigte, dass diejenigen, die äußerlich sauber waren, sich innerlich rein genug fühlten, um zu behaupten, sie hätten einige der unmöglichen Fragen beantwortet. Es war so, als hätten sie in sauberem Zustand eine Art Moralüberschuss, weshalb sie es sich leisten konnten, ein wenig zu schummeln.

In einer zweiten Untersuchung wollte ich herausfinden, ob sich eine Reinigung zu spirituellen Zwecken auf die Großzügigkeit auswirkt. Dazu führte ich an zwei Feiertagen, dem jüdischen Neujahrsfest Rosch ha-Schana und dem Versöhnungstag (Jom Kippur) Experimente in einer Mikwe durch, einem religiösen Badehaus. Die zehn Tage zwischen beiden Festen werden als Jamim Noraim oder »Tage der Umkehr« bezeichnet. Nach der jüdischen Vorstellung schreibt Gott am Neujahrstag die Namen derjenigen, die in diesem Jahr leben und sterben werden, in das Buch des Lebens und setzt am Versöhnungstag, dem höchsten Festtag des Jahres, sein Siegel darunter. Diese zehn Tage sind daher eine Zeit der Ein- und Umkehr, in denen die Gläubigen Buße tun und um Vergebung bitten. Außerdem besuchen sie die Mikwe. Eine weitere Tradition der Tage der Umkehr ist die Mildtätigkeit – Vertreter verschiedener Organisationen stellen vor der Mikwe ihre Stände auf und sammeln Spenden.

Wir beobachteten, ob die Gläubigen vor dem reinigenden Bad in der Mikwe eher spendeten als nachher. Wir gingen davon aus, dass sie auf dem Weg zur Mikwe ein größeres Bedürfnis nach Reinigung verspürten und eher spenden würden als nach dem reinigenden Bad.

Um das zu überprüfen, stellten wir uns an den Stand einer Hilfsorganisation, die Arme mit Lebensmitteln unterstützt. Die Organisation hatte einen Tisch mit Informationsmaterial und Kisten, in welche die Gläubigen ihre Spenden legen konnten. Eine Mitarbeiterin, die nicht wusste, worum es ging, notierte jede gespendete Summe und hielt fest, ob sie auf dem Weg in die Mikwe oder auf dem Rückweg gespendet wurde. Tatsächlich stellten wir fest, dass die Gläubigen vor dem reinigenden Bad mehr spendeten als nachher.

Das Ergebnis scheint dem gesunden Menschenverstand zu widersprechen. Man sollte meinen, dass ein sauberer Körper mit reinem moralischem Verhalten einhergeht. Doch unsere Intuition reicht oft nicht aus, um die komplexen Assoziationen zwischen Körper und Geist zu durchschauen. Unsere Untersuchungen zeigen, dass sich der Akt der körperlichen Reinigung auf unsere Moral auswirkt. Sauberkeit ist relativ, und der moralische Mechanismus greift nur, wenn wir sauberer werden, als wir es sind. Wie wir gesehen haben, mindert körperliche Reinigung das Schuldgefühl.

Körperlicher Schmutz steht in Zusammenhang mit Unmoral. Mit der körperlichen Waschung reinigen wir auch unser Gewissen und gestatten es uns, zu schummeln und weniger sozial zu handeln. Mit einem reinen Gewissen fällt es uns leichter, zumindest lässliche Sünden zu begehen. Körperliche Sauberkeit scheint sich auf die Psyche auszuwirken, und ein reines Gewissen scheint ein paar kleinere Flecken zu vertragen. Wenn wir dagegen körperlich schmutzig sind, reagieren wir empfindlicher auf unsere eigenen Fehltritte und fühlen uns schuldiger. Wir assoziieren körperlichen Schmutz mit einem unreinen Gewissen und gestatten uns keine weiteren Fehltritte. Dieses Wechselspiel von Körper und Geist ist das zentrale Thema der Embodiment-Forschung.

Ekel, Sauberkeit und Moral

Woher kommen unsere moralischen Urteile? Warum lehnen wir bestimmte Verhaltensweisen ab und tolerieren andere? Warum wird dieselbe Handlung von manchen Menschen als harmlos angesehen und von anderen als schwerer Verstoß gegen die guten Sitten, der hart bestraft werden muss? Es gibt keinen Zweifel, dass unsere Werte, Erziehung und Persönlichkeit Einfluss auf unser moralisches Urteil haben, doch auch die Situation trägt das ihre dazu bei. Hat ein einfacher Umweltfaktor, zum Beispiel die Sauberkeit eines Zimmers und sein Geruch, Einfluss auf unser Urteil? Übersetzt sich ein körperliches Gefühl des Ekels in moralische Ablehnung und ein ungnädigeres Urteil? In der Tat haben neuere Experimente eine Beziehung zwischen Ekelempfinden und unseren moralischen Ansichten hergestellt.

Schon in der frühen Kindheit reagieren wir mit physischem Ekel auf verfaultes Essen und schlechte Gerüche. Nach Ansicht von Evolutionspsychologen handelt es sich dabei um eine Anpassung, die unsere Vorfahren von möglichen Krankheitsherden fernhielt. Wir ekeln uns vor Blut und Innereien, weil wir uns beim Kontakt mit Erregern infizieren können. Aber wir können uns auch vor Verhaltensweisen ekeln, die nichts mit Krankheiten zu tun haben, und inzwischen nehmen Wissenschaftler an, dass es einen Zusammenhang zwischen dem Ekel vor Krankheiten und dem Ekel vor unmoralischen Verhaltensweisen gibt. Das beginnt damit, dass wir bestimmte Verhaltensweisen mit Metaphern des physischen Ekels beschreiben. Sie können tatsächlich einen schlechten Nachgeschmack hinterlassen. Beispielsweise reagieren wir angewidert, wenn wir von einem Mann hören, der seinen besten Freund verraten hat, oder wenn wir von Mord, Ehebruch oder Inzest hören. Körperlicher und moralischer Ekel äußern sich in ähnlichen Ausrufen oder Gesichtsausdrücken und aktivieren ähnliche Hirnregionen, was die Vermutung zulässt, dass sie einander beeinflussen könnten.[6]

In jüngster Zeit gingen verschiedene Untersuchungen der Frage nach, ob physischer Ekel, der durch schlechte Gerüche oder unsaubere Gegenstände hervorgerufen wird, einen Einfluss darauf hat, wie unmoralisch wir bestimmte Verhaltensweisen einschätzen. In diesen Experimenten wurden Versuchspersonen auf verschiedene Weise dazu gebracht, Ekel zu empfinden; dann wurden sie mit unterschiedlichen Szenarien konfrontiert, die moralische Verfehlungen oder Dilemmata beschrieben, und sollten diese beurteilen. In einem Experiment versprühten die Wissenschaftler ekelerregende Gerüche, während die Teilnehmer den Fragebogen ausfüllten.[7] In einem anderen setzten sie den Teilnehmern ein eklig bitteres Getränk vor.[8] Die Szenarien beschrieben den Diebstahl von Büchern aus der Bibliothek, Bestechung oder Ladendiebstahl. Bei den Dilemmata ging es zum Beispiel um die Legalisierung der Ehe mit Cousins ersten Grades. Einige Versuchsteilnehmer lasen die Geschichte eines Mannes, der seinen eigenen Hund aß.

Die Experimente zeigen, dass die durch einen widerlichen Geruch oder Geschmack angeekelten Teilnehmer moralisch strenger urteilten als Vergleichspersonen, die neutralen Gerüchen oder Geschmäckern ausgesetzt waren. Körperlicher Ekel beeinflusste also offenbar den moralischen Ekel. Es scheint, als könne das menschliche Gehirn durch den evolutionären Prozess des körperlichen Ekels darauf »programmiert« werden, moralischen Ekel zu empfinden.

Der Einfluss des Ekels auf unser moralisches Urteil lässt sich jedoch durch Händewaschen beseitigen. Andere Wissenschaftler erregten den Ekel ihrer Versuchsteilnehmer, indem sie ihnen einen widerlichen Film zeigten; danach sollte sich die Hälfte von ihnen die Hände waschen.[9] Anschließend sollten alle Teilnehmer verschiedene Verhaltensweisen beurteilen. Diejenigen, die sich die Hände gewaschen hatten, urteilten weniger streng als die anderen, die sich die Hände nicht gewaschen hatten. Der Akt des Händewaschens schien den Ekel oder seinen Einfluss abgewaschen zu haben.

Wenn uns körperlicher Ekel moralisch unbeugsamer macht, könnte es dann sein, dass körperliche Reinigung uns nachsichtiger stimmt? Mit dieser Frage beschäftigten sich zwei Experimente, mit scheinbar widersprüchlichen Ergebnissen. Britische Wissenschaftler legten ihren Studenten Satzfragmente vor, aus denen sie sinnvolle Sätze bilden sollten.[10] Die eine Hälfte der Teilnehmer erhielt Begriffe wie *frisch*, *gewaschen* oder *rein*, die mit Sauberkeit zu tun hatten; die andere Hälfte erhielt neutrale Begriffe. Dann sollten die Teilnehmer verschiedene moralisch strittige Fragen beurteilen. Die »sauberen« Teilnehmer legten weniger strenge Maßstäbe an als die anderen. Allein schon das Lesen von Begriffen, die mit körperlicher Sauberkeit in Zusammenhang stehen, schien die Vorstellung moralischer Reinheit zu aktivieren und ließ die Teilnehmer in moralischen Fragen weniger streng urteilen.

In einem anderen Experiment arbeiteten die Wissenschaftler nicht mit Begriffen, sondern gaben der einen Hälfte der Teilnehmer feuchte Tücher, mit denen sie sich die Hände abwischen sollten, ehe sie sich an einen Computer setzten, und verglichen deren Reaktionen mit Teilnehmern, die sich die Hände nicht abwischten. Interessanterweise beurteilten diejenigen Teilnehmer, die sich die Hände abgewischt hatten, bestimmte moralische Dilemmata ungnädiger als die Vergleichsgruppe.

Aber vielleicht lässt sich der Widerspruch zwischen diesen beiden Experimenten auflösen. In der ersten Untersuchung arbeiteten die Teilnehmer mit Begriffen, die mit Sauberkeit zu tun haben, und übertrugen diese Eigenschaften offenbar auf moralische Fragen. Im zweiten Experiment reinigten die Teilnehmer *sich selbst* und fühlten sich nachher sauber und rein, weshalb sie in moralischen Fragen strenger urteilten. Der Zusammenhang zwischen körperlicher Sauberkeit und moralischer Reinheit ist komplex, doch offenbar haben scheinbar irrelevante Kleinigkeiten wie ein widerlicher Geruch oder Geschmack, Händewaschen oder der Kontakt mit »sauberen« Wörtern einen Einfluss auf unsere moralischen Maßstäbe.

Das ist eine beunruhigende Erkenntnis. Wir sind überzeugt, dass unser Urteil darüber, ob jemand richtig oder falsch handelt, von unseren Werten bestimmt wird, und dass wir uns nicht von Gerüchen oder der Sauberkeit eines Zimmers lenken lassen.

Was dahintersteckt

Unsere Assoziation zwischen physischer Sauberkeit und Moral lässt sich sowohl über die Evolutionsgeschichte als auch über unsere Metaphern erklären. Wie im vorigen Abschnitt erwähnt, entwickelte sich das Gefühl des Ekels vermutlich, um uns vor Bakterien, Parasiten und anderen Krankheitserregern zu schützen. Ekel erzeugt einen Widerwillen, der uns von denjenigen Dingen fernhält, die den Ekel provozieren. Der moralische Ekel entwickelte sich erst später aus dieser körperlichen Reaktion und wird oft mit denselben Begriffen beschrieben.

Wie so oft stellen wir in unseren Assoziationen eine Beziehung zwischen konkreten Erfahrungen und abstrakten Vorstellungen her. Metaphern bauen auf unseren konkreten sinnlichen Erfahrungen auf und sind eine Brücke zu abstrakten Konzepten. Unsere Vorstellung von Moral basiert auf dem konkreten Erleben des Ekels und der Sauberkeit, und als Kleinkinder lernen wir diesen Zusammenhang.

Kürzlich saß ich mit einer Freundin und drei Kindern, meiner dreijährigen Enkelin Natalie und den vier und acht Jahre alten Enkelkindern meiner Freundin, im Auto. Die beiden älteren Kinder unterhielten sich über ein Spiel, das sie gern spielten, und Natalie versuchte angestrengt, sich zu beteiligen. Als sie schließlich eine Chance bekam, rief sie: »Weißt du, was bäh ist? Popo!« Worauf der vierjährige Junge neben ihr erwiderte: »Weißt du, was bäh ist? Eine verfaulte Banane!«

Als Großmutter neigt man dazu, alles niedlich zu finden, was die eigene Enkelin loslässt. Aber was brachte Natalie dazu, in diesem Moment zu verkünden, dass sie »Popo« eklig fand? Vielleicht fand sie es eklig, von den anderen ausgeschlossen zu werden. Auf dem Spielplatz hörte ich einmal, wie ein fünfjähriger Junge einem anderen zurief, er sei böse auf Popo. Genau wie Wärme und Zuneigung scheint auch der Ekel in unsere Psyche eingebaut zu sein.

Das Gefühl der moralischen Abscheu baut auf den Reaktionen und Emotionen des körperlichen Ekels auf. Als Kinder lernen wir, auf moralische Verfehlungen mit demselben Ekel zu reagieren, den wir schon kennen. Mit dieser Abkürzung hilft uns die Evolution, komplexe moralische Vorstellungen zu verstehen. Deshalb können wir Menschen als »dreckige Lügner« bezeichnen und sagen, dass ein unmoralisch handelnder Mensch »im Kern verfault« ist.

Die Moral von der Geschicht

Nach moralisch zweifelhaften Handlungen verspüren wir das Bedürfnis, uns zu reinigen. Seien Sie also auf der Hut, wenn Sie beobachten, dass sich Ihr Partner oder Ihre Kinder häufiger die Hände waschen oder länger duschen – vielleicht ist das ein erster Hinweis auf tiefere Gründe. Schuldgefühle sind eine sehr persönliche Erfahrung. Für viele ist Schuld eine Versöhnung, ein notwendiger Prozess, den wir durchmachen müssen, wenn wir etwas falsch gemacht haben. Aber wenn es Ihnen schwerfällt, Schuldgefühle hinter sich zu lassen, kann Ihnen ein bewusster Akt der körperlichen Reinigung helfen.

Die hier beschriebenen Experimente lassen auch interessante Schlussfolgerungen auf unsere Verbrauchergewohnheiten zu. Wenn wir Sauberkeit mit Moral assoziieren, dann nehmen wir vermutlich ein sauberes Umfeld als moralischer wahr. Jeder weiß, dass es angenehmer ist, sich in einer sauberen Umgebung aufzuhalten als in einer schmutzigen. Und wahrscheinlich würden Sie auch zustimmen, dass es angenehmer ist, in einem sauberen und aufgeräumten Raum Geschäfte zu machen als in einem schmutzigen und unaufgeräumten. Das trifft auf Computergeschäfte genauso zu wie auf Arztpraxen. Die beschriebenen Experimente lassen jedoch noch weitere Schlüsse zu. Sie lassen vermuten, dass wir ein Unternehmen und seine Vertreter ganz unbewusst für umso ehrlicher und verlässlicher halten, je sauberer das Umfeld ist, in dem wir ihnen begegnen.

Immer wieder müssen wir uns zwischen verschiedenen Produkten oder Dienstleistern wie Ärzten, Zahnärzten oder Klempnern entscheiden. Manchmal erleichtern uns die Empfehlungen von Freunden diese Entscheidungen, aber oft stehen wir allein da.

Was uns die Verkäufer erzählen, ist manchmal wahr, meist geschönt und gelegentlich glatt gelogen. Wenn wir vor einer Entscheidung stehen, ist eines unserer wichtigsten Kriterien die Verlässlichkeit und Ehrlichkeit eines Verkäufers oder Unternehmens. Wenn die Umgebung (das Geschäft, das Büro, die Klinik und so weiter) sauber und aufgeräumt wirkt und frisch riecht, und wenn die Verkäufer Sauberkeit ausstrahlen, gut riechen und frische, saubere Kleidung tragen, dann glauben wir eher, was man uns auftischt. Aber wenn der Laden oder die Klinik schmutzig und unaufgeräumt wirken, dann werden wir misstrauisch. Diese unbewussten Assoziationen lassen sich nicht abstellen, aber wenn wir uns ihrer bewusst sind, können wir vorsichtig sein, wenn uns das nächste Mal jemand zum Kauf drängt. Eine adrette Verkäuferin ist nicht unbedingt ehrlich, und eine schäbig gekleidete Verkäuferin verdient nicht automatisch unser Misstrauen. Im Gegenteil, die schicke Beraterin ist vielleicht eher geneigt, Sie zu belügen, und ein stinkender Obdachloser könnte der ehrlichste Mensch der Welt sein.

Sauberkeit ist kein Zaubertrick, mit dem man sich von Schuld reinwäscht oder ein Produkt an den Kunden bringt. Sie ist jedoch einer von vielen kleinen Faktoren, die unsere Entscheidungen beeinflussen, und sie ist ein Aspekt unserer Psyche, den wir verstehen und vor dem wir uns hüten sollten. Unsere moralischen Urteile und Verhaltensweisen basieren eben nicht nur auf absoluten Überzeugungen, sondern sie werden durch diese unbewussten Assoziationen beeinflusst. Wir waschen uns nicht nur die Hände, um uns sauber an den Tisch zu setzen; Metaphern wie *sich die Hände schmutzig machen, schmutzige Wörter verwenden* oder *ein reines Gewissen haben* sind mehr als leere Redewendungen. Diese Erkenntnisse helfen uns zu verstehen, wie wir denken und wie eng unser sinnliches und körperliches Erleben mit unseren Emotionen, Verhaltensweisen und Urteilen zusammenhängen.

Das Meer des Vergessens

Können wir reinen Tisch machen? Können wir den Einfluss vergangener Ereignisse, Verhaltensweisen und Emotionen abwaschen? Die Vergangenheit wirkt sich auf die Gegenwart aus.

Mein Vater, vielleicht mein wichtigster Lehrer, erzählte mir einmal von einem armen Mann, der mit seiner Frau und seinen sechs Kindern in einem winzigen Häuschen lebte. Die Familie steckte dauernd in Geldnöten, und das Zusammenleben in einem einzigen Raum war aufreibend. Als der Mann nicht mehr ein noch aus wusste, ging er zu einem Rabbi und bat ihn um Rat. Der Rabbi hörte sich die Geschichte des Mannes an und fragte ihn, ob er Tiere habe. Der Mann antwortete, er habe eine Kuh, eine Ziege und Hühner. Darauf riet ihm der Rabbi, die Tiere ins Haus zu holen. Der Mann war erstaunt, doch er tat, wie ihm der Rabbi geraten hatte. Einige Tage später ging er wieder zum Rabbi und klagte, die Situation der Familie sei nun viel schlimmer als zuvor. Also riet ihm der Rabbi, die Hühner nach draußen zu befördern. Wieder einige Tage später kam der Mann zurück und klagte über den Dreck, den die Kuh und die Ziege im Haus machten. Also riet ihm der Rabbi, die Ziege in den Hof zu schicken, und als der Mann wenig später zurückkam, riet er ihm, auch noch die Kuh vor die Tür zu setzen. Der Mann kam zurück und dankte dem Rabbi überschwänglich und berichtete, das Leben sei nun sehr viel besser geworden.

Aus dieser Geschichte kann man viele Lektionen lernen. Hier geht es mir jedoch nur darum, dass die Vergangenheit unsere Wahrnehmung der Gegenwart färbt und dass alles relativ ist. Die Gegenwart sah deutlich rosiger aus, wenn die unmittelbare Vergangenheit unerträglich war und sich im Haus nicht nur die sechs Kinder, sondern auch noch die Hühner, Ziegen und Kühe drängten. Nach der Rückkehr zu der ursprünglichen Situation, die ihm noch vor wenigen Wochen schrecklich erschien, nahm der Mann seine Lebensumstände plötzlich als angenehm wahr.

Die Vorstellung, dass Wasser die Vergangenheit abwäscht, ist tief in der menschlichen Psyche verankert. Das beginnt bei den Mythen von der Flut, die aus alten Kulturen überliefert sind. Einer der bekanntesten ist der Mythos von Noah und der Arche aus dem Alten Testament: Nachdem sich Gott das sündige Leben der

Menschen eine Weile lang angesehen hat, weist er Noah an, eine Arche zu bauen, die groß genug ist, um nicht nur seine Familie aufzunehmen, sondern von jeder Tierart ein Paar. Dann überflutet er die Erde, bis sie von allen Sünden gereinigt ist. Ältere Mythen erzählen ähnliche Geschichten von einer göttlichen Flut und einem Helden, der von einem Gott angewiesen wird, ein Schiff zu bauen, um die Flut zu überleben. Im mesopotamischen Gilgamesch-Epos berichtet Utnapischtim, der Gott Ea habe ihn vor einer bevorstehenden Flut gewarnt. Im hinduistischen Satapatha Brahmana nimmt der Gott Vishnu die Form eines Fisches an und fordert Manu auf, ein Schiff zu bauen und sich auf eine zerstörerische Flut vorzubereiten. In sämtlichen Mythen veranlassen die Menschen mit ihrem sündigen Verhalten einen Gott, reinen Tisch zu machen und die gesamte Kultur unter den Fluten zu begraben.

Norbert Schwarz wollte herausfinden, ob Wasser aus der Vergangenheit rührendes psychisches Leid abwaschen kann, und führte dazu einige Experimente durch.[12] Um zu sehen, ob wir psychisch »reinen Tisch« machen, verwendete er ein Phänomen namens *kognitive Dissonanz* – ein Gefühl des Unbehagens, das uns überkommt, wenn unsere Werte, Überzeugungen oder Vorstellungen einander widersprechen.

Vorab ein paar Worte zur kognitiven Dissonanz. Wir müssen dauernd Entscheidungen treffen: Was wollen wir kaufen? Wohin wollen wir gehen? Mit wem wollen wir eine Beziehung eingehen? Zu welchem Arzt sollen wir gehen? Wo wollen wir studieren? Auf welche Schule wollen wir unsere Kinder schicken? Welchen Tisch wollen wir uns ins Esszimmer stellen? Es ist nicht einfach, uns zwischen verschiedenen Alternativen zu entscheiden, doch das Leben verlangt fortwährend Entscheidungen von uns, also treffen wir sie. Trotzdem kann uns die verworfene Alternative nach wie vor reizvoll erscheinen und uns weiter beschäftigen. Diese widersprüchlichen Gedanken verursachen die kognitive Dissonanz.

Da wir Menschen von Natur aus auf Verlustvermeidung aus

sind, könnten wir uns theoretisch ewig mit Entscheidungen herumschlagen. Doch da dies unangenehm wäre, hat unser Gehirn gelernt, dies zu vermeiden. Wenn wir erst einmal eine Entscheidung getroffen haben, können wir sie in der Regel mit klaren Argumenten rechtfertigen; deswegen kommen wir zu dem Schluss, dass das Auto, das wir gekauft haben, der Alternative weit überlegen ist, auch wenn in Wirklichkeit natürlich beide ihre Vor- und Nachteile haben.

Unsere Entscheidung bestimmt, wie wir eine Wahlmöglichkeit im Nachhinein wahrnehmen. Um die kognitive Dissonanz zu vermeiden, bevorzugt unser Gehirn die gewählte Alternative gegenüber der verworfenen.

Zurück zum Experiment von Norbert Schwarz. Um herauszufinden, ob eine körperliche Reinigung den bleibenden Einfluss einer früheren Entscheidung abwaschen kann, führten er und seine Kollegen ein Experiment durch, bei dem sie Studenten aus 30 Musik-CDs zehn auswählen und diese zehn zu einer persönlichen Hitliste ordnen ließen. Als Dankeschön für die Teilnahme sollten sie eine CD bekommen, und durften zwischen den auf Rang 5 und 6 gesetzten auswählen.

Danach sollten die Studenten an einer weiteren, scheinbar nicht damit zusammenhängenden Marktstudie teilnehmen und eine Flüssigseife benoten. Die Hälfte der Teilnehmer bekam nur die Flasche in die Hand, die andere sollte sich damit die Hände waschen.

Im dritten Teil des Experiments sollten die Studenten mit den zehn CDs von eben eine neue Hitliste aufstellen. Diejenigen, die sich die Hände nicht gewaschen hatten, sahen nun einen größeren Unterschied zwischen der gewählten und der nicht gewählten CD. Sie schienen sich beweisen zu wollen, dass sie sich für die richtige CD entschieden hatten, und bewerteten sie nun deutlich besser. Im Licht ihrer Wahl erschien ihnen diese CD nun attraktiver. Denjenigen Teilnehmern, die sich die Hände gewaschen hatten, erschien die gewählte CD dagegen nicht attraktiver. Der einfache Akt des Händewaschens schien den Einfluss der zurückliegenden Entscheidung abzuwaschen.

Um dieses Ergebnis zu überprüfen, führten die Wissenschaftler ein ähnliches Experiment durch. Sie legten Teilnehmern Fotos von vier verschiedenen Marmeladen vor und baten sie, diese im Rahmen einer Verbraucherstudie zu bewerten. Als Dankeschön erhielten sie eine Marmelade und durften zwischen zwei Produkten auswählen. Danach sollten die Teilnehmer ein Wischtuch bewerten. Wie beim ersten Experiment bekam die eine Gruppe das Tuch nur zu sehen und die andere sollte sich damit die Hände abwischen. Schließlich sollten die Teilnehmer den zu erwartenden Geschmack der Marmeladen neu beurteilen. Wie zuvor war bei den Teilnehmern, die sich die Hände nicht abgewischt hatten, die kognitive Dissonanz nachweisbar: Sie beurteilten die von ihnen gewählte Marmelade deutlich besser als die anderen, um ihre Entscheidung zu rechtfertigen. Bei Teilnehmern, die sich die Hände abgewischt hatten, blieb dieser Effekt aus. Die Ergebnisse legen die Vermutung nahe, dass selbst eine oberflächliche Reinigung die Auswirkungen vergangener Entscheidungen erkennbar verringert.

Die Frage drängt sich auf, ob die Reinigung nicht nur die kognitive Dissonanz beseitigt, sondern auch die Auswirkungen anderer vergangener Ereignisse abschwächt. Norbert Schwarz untersuchte, ob der einfache Akt des Waschens den Einfluss von Glück oder Pech bei früheren Entscheidungen auf das künftige Risikoverhalten verändert.[13]

Wir stehen immer wieder vor der Frage, wie viel Risiko wir in bestimmten Lebensbereichen eingehen wollen. Das Thema Geld ist ein klassisches Beispiel. Wir können auf Nummer sicher gehen und unser Geld in einen Sparstrumpf stecken, oder wir können Aktien kaufen, bei denen wir mehr gewinnen, aber auch mehr verlieren können. Anlageberater müssen heute fragen, wie viel Risiko ihre Kunden eingehen wollen – je größer das Risiko, umso größer die möglichen Gewinne, aber umso größer auch die Gefahr eines Verlusts. Das ist bei Immobilien nicht anders: In einem Markt, in dem die Preise sinken, stehen Anleger immer vor der Frage, ob sie eine bestimmte Immobilie kaufen sollen oder nicht. Wenn sich der Markt wieder erholt, könnte es eine gute Geldanlage sein. Aber genauso gut können die Preise auch weiter fallen. Einige Menschen sind bereit, dieses Risiko einzugehen, andere nicht.

Unsere Risikofreude wird von vielen Faktoren beeinflusst, darunter natürlich auch von unserer Persönlichkeit. Unter anderem hängt sie davon ab, ob wir an unser glückliches Händchen glauben oder nicht. Ich habe einmal 50 Prozent meines Vermögens an der Börse investiert und fast alles verloren. Ich hatte etwas gewagt und mir die Finger verbrannt. Danach hatte ich lange Zeit das Gefühl, dass das Pech an mir klebte, und habe mich nicht mehr an die Börse getraut, obwohl der Markt gut aussah.

Das Risikoverhalten lässt sich im Spielkasino gut beobachten. Wer gewinnt und das Gefühl hat, ein glückliches Händchen zu haben, spielt weiter und geht tendenziell größere Risiken ein, in dem Glauben, dass sich die Glückssträhne fortsetzt. Norman Schwarz wollte nun wissen, ob Händewaschen den Einfluss des früheren Spielerglücks oder -pechs abwäscht. An dem Experiment nahmen 50 BWL-Studenten teil. Die Hälfte sollte sich an einen früheren finanziellen Glücksfall erinnern, zum Beispiel an einen Lottogewinn. Die andere sollte sich an finanzielles Pech erinnern, zum Beispiel den Kauf einer Niete. Die Studenten beschrieben ihr Erlebnis und was sie dabei fühlten. Danach sollten sie in einer scheinbar nicht damit zusammenhängenden Verbraucherstudie ein Wischtuch beurteilen. Wie in der Untersuchung der kognitiven Dissonanz bekam die Hälfte das Tuch nur zu sehen, während die andere Hälfte es tatsächlich benutzen sollte.

Im letzten Teil der Untersuchung sollten die Teilnehmer in die Rolle eines Firmenchefs schlüpfen und entscheiden, ob sie das Produkt ihres Unternehmens weiterentwickeln wollten oder nicht. Wenn sie das Produkt beließen, wie es war, blieben die Gewinne des Unternehmens konstant bei 20 Millionen pro Jahr. Wenn sie das Produkt optimierten, würden die Gewinne mit einer Wahrscheinlichkeit von 75 Prozent auf 24 Millionen steigen, doch es bestand auch ein Risiko von 25 Prozent, dass sie auf 12 Millionen fielen.

Bei denjenigen, die sich die Hände nicht gewaschen hatten, schlug das bereits bekannte Phänomen durch: Wer sich zuvor an ein positives Ereignis erinnert hatte, ging das Risiko eher ein. Erstaunlicherweise schienen jedoch diejenigen, die sich die Hände abgewischt hatten, gegen den Einfluss der erinnerten Ereignisse immun zu sein. Mit dem Händewaschen schien der Einfluss früherer Erfahrungen abgewaschen zu sein.

Um diese erstaunlichen Ergebnisse zu überprüfen, führten die Wissenschaftler eine weitere Untersuchung durch. Diesmal sollten die Versuchspersonen an einem echten Glücksspiel teilnehmen, bei dem sie Geld gewinnen oder verlieren konnten und in der Folge das Gefühl hatten, Glück oder Pech zu haben. Wie in der ersten Untersuchung sollten sie dann eine Seife bewerten – die Hälfte wusch sich die Hände damit, die andere nicht. Und schließlich ermittelten die Wissenschaftler die Risikobereitschaft der Teilnehmer in einem Wettspiel.

Das Ergebnis war dasselbe wie im ersten Fall: Wer sich nicht die Hände wusch, ließ sich vom Ausgang der ersten Runde beeinflussen – wer Glück gehabt hatte, war risikofreudig, wer Pech gehabt hatte, risikoscheu. Wer sich dagegen die Hände gewaschen hatte, schien sich nicht von den Ergebnissen der ersten Runde beeindrucken zu lassen.

Diese drei Experimente zeigen, dass der Akt des Waschens oder Reinigens kurzfristig einen spürbaren Einfluss auf unser Verhalten und unsere Entscheidungen hat. Offenbar entfernt die körperliche Reinigung die psychischen Spuren von unmittelbar zurückliegenden Ereignissen und sorgt dafür, dass diese sich nicht mehr auf unser Verhalten auswirken. Die Folgen einschneidender Lebensereignisse lassen sich zwar weniger leicht abwaschen. Bei Alltagserfahrungen können wir jedoch durch den Akt der physischen Reinigung verhindern, dass sie sich auf unsere künftigen Handlungen auswirken.

Unsere alltäglichen Erfahrungen wirken sich in einem endlosen Selbstverstärkungseffekt auf unsere Entscheidungen, Reaktionen, Erfahrungen und Emotionen aus. Ein positives Ergebnis in einem Moment kann sich geringfügig auf unsere Leistung im nächsten auswirken, auch wenn die beiden gar nichts miteinander zu tun haben. Jeder von uns hat »gute« und »schlechte« Tage – Tage, an denen sich positive oder negative Erfahrungen selbst verstärken, Tage, an denen wir erfolgreich sind, und andere, an denen wir scheitern und unsere folgenden Verhaltensweisen und Entscheidungen von diesen Erfahrungen beeinflusst werden. Jeder von uns weiß, was es heißt, einem übellaunigen Kellner oder einer unfreundlichen Kassiererin über den Weg zu laufen. Eine unangenehme Erfahrung wie diese kann uns die nächste Begegnung mit einem unschuldigen Kollegen, Freund oder Kind vermiesen. Aber erinnern wir uns an diese erste Begegnung zurück: Könnte es nicht sein, dass unsere Wahrnehmung der Kassiererin durch ein früheres Ereignis an diesem Tag oder in unserem Leben beeinflusst wurde? War der Kellner wirklich so mürrisch?

Wir sind zwar nur selten in der Lage, vollständig reinen Tisch zu machen. Doch die beschriebenen Experimente zeigen, dass der Akt des Waschens die Auswirkungen früherer Erfahrungen auf unser künftiges Verhalten teilweise beseitigen kann, als ob mit diesem Akt tatsächlich ein Teil der Vergangenheit abgewaschen werden würde. Vielleicht reicht es aus, sich das Gesicht zu waschen, um die jüngste Vergangenheit hinter sich zu lassen und einen neuen Anfang zu machen.

Im Alltag kann diese Erkenntnis sehr nützlich sein. Wenn Sie von Emotionen oder Gedanken überwältigt werden, oder nicht mehr wissen, wie Sie Arbeit, Familie, Freunde und Freizeit unter einen Hut bekommen sollen, dann reicht es vielleicht schon, wenn Sie sich die Hände waschen, um die Belastungen hinter sich zu lassen. Es könnte Ihnen helfen, den Arbeitsstress im Büro zu lassen, richtig zu Hause anzukommen und ganz bei Ihrer Familie zu sein. Eine Dusche steigert oft unser Wohlbefinden, und jetzt wissen wir auch, dass wir damit nicht nur den körperlichen Schmutz abwaschen. Die Dusche beseitigt auch die Spuren der Vergangenheit, sie erfrischt und belebt den Körper und hilft uns gleichzeitig, uns auf das Hier und Jetzt zu konzentrieren. Dieser bewusste Akt kann uns helfen, neu anzufangen, klare Grenzen zwischen unseren verschiedenen Aktivitäten zu ziehen und uns in der Gegenwart den anstehenden Aufgaben zuzuwenden.

Kapitel 10

Die Süße des Erfolgs

Geruch und Geschmack

Pu der Bär, der von A. A. Milne erfunden wurde, erfreut Kinder in aller Welt seit Generationen. Viele seiner Abenteuer beginnen mit der Suche nach Honig, die ihn unweigerlich in immer neue Schwierigkeiten bringt. Echte Bären sind nicht ganz so hartnäckige Schleckermäuler, doch Milne könnte Pu diese besondere Vorliebe mitgegeben haben, um sein süßes Wesen zu unterstreichen. Pu ist ein freundlicher und geselliger Bär, der sich freut, wenn er seinen Freunden helfen kann.

Der Honig, eine unserer süßesten Speisen, wird oft als Symbol für gute und wünschenswerte Dinge verwendet. Während des jüdischen Neujahrsessens werden Honigkuchen und in Honig getauchte Äpfel gegessen. Der süße Honig steht für die Hoffnung auf ein glückliches neues Jahr.

In manchen orthodoxen jüdischen Gemeinden wird auch der erste Tag eines Kindes in der Bibelschule mit Honig begangen. Während der Zeremonie streicht der

Rabbi Honig auf einen Teller mit biblischen Versen, und das Kind leckt ihn von den Buchstaben. Außerdem erhält das Kind ein Stück Honigkuchen, das mit Worten aus der Heiligen Schrift verziert ist. Dahinter steckt der Glaube, dass das Kind, das den Honig leckt oder den Honigkuchen ist, die Bibel als etwas Süßes und das Bibelstudium als beglückend erlebt.

❖

Mit dieser Assoziation von Süße und positiven Eigenschaften spielt auch der Film *Chocolat* mit Juliette Binoche in der Hauptrolle. Binoche spielt eine junge Frau namens Vianne, die in ein konservatives Städtchen in Frankreich kommt und dort ein Pralinengeschäft eröffnet – sehr zum Unmut des strengen Pfarrers, der die Gemeinde mit eiserner Hand führt. Mit ihrem Charme, ihrer süßen, freundlichen Persönlichkeit und natürlich ihren Pralinen, gewinnt Vianne schnell viele der Einwohner für sich. Wer ihren Laden betritt, um eine Tasse Kakao zu trinken oder ein paar Pralinen zu kaufen, ist von der jungen Frau hingerissen. Mit ihrer Schokolade und ihrem Charme versüßen sie und ihre Tochter den Menschen das Leben.

Es ist kein Wunder, dass wir Süßigkeiten mit angenehmen Dingen assoziieren. Die meisten Menschen empfinden süße Geschmäcker als angenehm. Es gibt kaum ein Kind, das Bonbons oder Schokolade verschmähen würde, und die Eltern müssen ständig dafür sorgen, dass sie nicht zu viel davon naschen. Meine dreijährige Enkelin Natalie würde für Bonbons alles tun. Eltern wissen, wie schwierig es ist, am Süßwarenregal vorbeizugehen und den Kindern erklären zu müssen, warum sie nicht gleich das halbe Sortiment kaufen.

Auch die meisten Erwachsenen essen gern Süßigkeiten, und viele würden sich vermutlich mehr Selbstbeherrschung wünschen, weil wir natürlich sehr genau wissen, was ein Zuviel an Zucker mit unserer Gesundheit und unserer Figur anrichtet. Trotzdem sehnen wir uns nach Süßem und suchen alternative Süßstoffe, um den Nebenwirkungen des Zuckers zu entgehen.

Diese Assoziation zwischen Süße und Lieblichkeit kommt in unseren Metaphern und Kosewörtern zum Ausdruck, beispielsweise wenn wir von einem *süßen Menschen* oder *unserem Süßen* sprechen. Jemandem *Honig um den Mund zu schmieren* bedeutet, ihm zu schmeicheln. Aber wer von uns hört nicht gern zuckersüße Worte? In den Psalmen sagt David über das Wort Gottes: »Dein Wort ist in meinem Munde süßer als Honig.« (Psalm 119: 103).

Wird unsere Meinung von einem Menschen durch die Tatsache beeinflusst, dass dieser Mensch gern Süßes ist? Oder genauer gesagt: Nehmen wir einen Menschen als »süßer« wahr, nur weil er gern nascht? Dieser Frage gingen Wissenschaftler nach. In einem Experiment zeigten sie 90 Studenten Fotos von fremden Menschen.[1] Jedes Foto wurde nur kurz eingeblendet und daneben stand eine Liste von Dingen, die diese Person gern aß. Die angeführten Lebensmittel waren entweder bitter (zum Beispiel Grapefruit), sauer (Zitrone), würzig (Chilischoten), salzig (Brezel) oder süß (Bonbons). Die Teilnehmer sollten die gezeigten Personen nach drei Eigenschaften beurteilen: Liebenswürdigkeit, Extraversion und Neurotizismus. Die Teilnehmer schätzten die Menschen, die Süßspeisen mögen, als liebenswerter ein. Bei der Extraversion und dem Neurotizismus ergaben sich dagegen keine Unterschiede. Menschen mit einem süßen Zahn werden offenbar insgesamt als »süßer« wahrgenommen.

Das Experiment lässt vermuten, dass wir Menschen als liebenswürdiger und warmherziger wahrnehmen, wenn sie Süßes essen. Bei einem ersten Rendezvous oder Geschäftstreffen können Menschen, die Kuchen bestellen oder sich als Schleckermäuler outen, einen angenehmeren Eindruck hinterlassen. Dieses Urteil kann wiederum auf unser Verhalten zurückwirken, das heißt, wenn wir einen Menschen als angenehmer wahrnehmen, könnten wir selbst kooperativer und kompromissbereiter sein. Das Angebot eines Menschen, den wir als angenehm wahrnehmen, könnte uns attraktiver erscheinen als dasselbe Angebot eines anderen Menschen, den wir weniger mögen.

Eine interessantere Frage ist jedoch, ob sich unser eigenes Verhalten ändert, wenn wir Süßes essen. Wäre es denkbar, dass uns der Geschmack von Zucker sozialer handeln lässt? Um das herauszufinden, teilten die Wissenschaftler 55 Studenten in zwei Gruppen ein, ließen sie ein Lebensmittel probieren und den Geschmack beurteilen. Die »süße« Gruppe erhielt Milchschokolade, die »salzige« Gruppe sollte Cracker beurteilen und die Kontrollgruppe bekam gar nichts.

Nachdem das Experiment scheinbar beendet war, erklärten die Wissenschaftler den Teilnehmern, ein weiterer Professor suche nach Freiwilligen für ein Experiment, könne aber weder Geld noch andere Gegenleistungen bieten. Die Teilnehmer wurden gefragt, wie lange sie zur Verfügung stehen könnten. Sie sollten eine Zeit zwischen 0 und 30 Minuten angeben. Die Studenten der süßen Gruppe hatten mehr Zeit übrig als die der salzigen und der Kontrollgruppe. Allein der Geschmack der Milchschokolade hatte diese Studenten offenbar hilfsbereiter gemacht. Mit anderen Worten macht der Geschmack von Süßem zumindest kurzfristig liebenswerter.

Außerdem ermittelten die Wissenschaftler die Stimmung der Teilnehmer und ließen sie einen Fragebogen zu ihren positiven und negativen Emotionen ausfüllen. Dabei stellten sie fest, dass der Einfluss des süßen Geschmacks auf die Hilfsbereitschaft nichts mit den positiven Stimmungen zu tun hatte, die mit Zucker im Blut einhergehen. Sie stellten vielmehr fest, dass wir nach dem Genuss von Süßigkeiten freundlicher und hilfsbereiter sind.

Diese Information kann sehr hilfreich sein. Wenn Sie mit jemandem streiten oder wollen, dass sich jemand Ihnen gegenüber nett verhält, dann können Sie diesem Menschen ein süßes Getränk, Schokolade oder ein Stück Kuchen anbieten. Damit könnten Sie sein Verhalten positiv verändern, sodass er eher bereit ist, Ihnen zu helfen oder einen Konflikt zu vermeiden. Wir sollten zwar nicht erwarten, dass sich das Verhalten des anderen damit um 180 Grad dreht. Trotzdem besteht ein erkennbarer Zusammenhang zwischen dem Genuss von Süßigkeiten und einem freundlicheren Verhalten.

»Süß« ist nicht die einzige Geschmacksrichtung, die wir in Metaphern verwenden. Wir benutzen auch andere Geschmäcker, um verschiedene Verhaltensweisen, Situationen oder Persönlichkeiten zu beschreiben. Ein Ereignis kann uns beispielsweise *sauer aufstoßen*, wir können *bis zum bitteren Ende* durchhalten und ein Mensch kann *verbittern*. Bislang hat sich die Wissenschaft vor allem mit süßen Geschmäckern beschäftigt, doch in meinem Labor führen wir zurzeit auch Experimente mit bitteren und sauren Geschmäckern durch, um zu sehen, inwieweit diese mit bestimmten Verhaltensweisen und Urteilen zusammenhängen. Beispielsweise gehen wir der Frage nach, ob bittere Geschmäcker einen Einfluss darauf haben, wie sehr wir uns beklagen oder unzufrieden fühlen. Ich hoffe, dass wir in nächster Zukunft interessante Ergebnisse vorweisen können.

Fast Food, aber zack, zack!

Essen beeinflusst uns nicht nur über den Geschmackssinn. Unser Verhalten scheint schon durch den Anblick des Logos einer bestimmten Kette beeinflusst zu werden. Lebensmittelhersteller geben eine Menge Geld für Werbung aus und wollen natürlich gern wissen, inwieweit ihre Logos und Werbespots das Verbraucherverhalten beeinflussen. Sie erforschen unser Kaufverhalten, um herauszufinden, von welchen Faktoren unser Urteil über ihr Produkt abhängt und nach welchen Kriterien wir unsere Kaufentscheidungen treffen. Jüngste Untersuchungen haben jedoch gezeigt, dass bestimmte Logos nicht nur unser Kaufverhalten beeinflussen, sondern auch ganz andere Verhaltensweisen. Manche Logos bewirken Verhaltensweisen, die mit dem Markennamen oder den Eigenschaften der Marke assoziiert werden.

Was fällt Ihnen ein, wenn Sie »McDonald's«, »Kentucky Fried Chicken« oder »Burger King« hören? Die meisten Menschen denken automatisch an »Fast Food« und assoziieren dies mit Essen, das schnell zubereitet, schnell serviert und schnell verzehrt wird. Viele Studien haben den Zusammenhang zwischen dem Verzehr von Fast Food, Übergewicht und gesundheitlichen Problemen untersucht, und Aufklärungskampagnen warnen vor den Schäden durch den übermäßigen Verzehr von Fast Food. Die Untersuchung, die mich hier interessiert, beschäftigt sich allerdings nicht mit den Auswirkungen des Fast Foods auf unseren Körper, sondern auf unsere Psyche. Fast Food steht für Zeitersparnis und sofortige Befriedigung. Könnte es sein, dass die Logos von Fast-Food-Ketten einen Einfluss darauf haben, wie schnell und ungeduldig wir in Lebensbereichen sind, die gar nichts mit Essen zu tun haben?

Eine Gruppe von Wissenschaftlern führte drei Experimente durch, um dieser Frage auf den Grund zu gehen.[2] Im ersten Experiment zeigten sie einer Gruppe von Studenten sechs Logos von Fast-Food-Ketten wie McDonald's, Kentucky Fried Chicken oder Burger King. Die Logos wurden allerdings nur 12 Millisekunden lang auf einem Computerbildschirm eingeblendet – so kurz, dass die Teilnehmer sie nur unterschwellig erkennen konnten. Bewusst nahmen sie lediglich Farbblöcke ohne Bedeutung wahr. Auf den Bildschirmen der Kontrollgruppe blitzten statt der Logos tatsächlich nur leere Farbfelder auf.

Um zu ermitteln, ob die unterschwellige Wahrnehmung der Fast-Food-Logos das Verhalten beschleunigte, sollten die Teilnehmer eine 320 Wörter lange Beschreibung der Stadt Toronto lesen. Sie wussten nicht, dass die Zeit gemessen wurde, die sie dafür benötigten. Dabei stellte sich heraus, dass die Versuchspersonen, die die Fast-Food-Logos gesehen hatten, den Text tatsächlich schneller lasen als die Kontrollgruppe.

Um die Wirkung der Logos weiter zu erforschen, führten die Wissenschaftler ein zweites Experiment durch. Diesmal sollten die Teilnehmer sich an einen Besuch in einem Fast-Food-Restaurant erinnern, und die Kontrollgruppe an einen Einkauf im Supermarkt. Im Anschluss daran sollten die Versuchspersonen an einer Verbraucherbefragung teilnehmen und verschiedene Produkte bewerten. Dabei handelte es sich um vier Produktpaare, jeweils ein herkömmliches Produkt und eines, das Zeitersparnis versprach – ein Toaster mit einem Schlitz oder ein Toaster mit vier Schlitzen, ein Shampoo oder ein Shampoo mit Spülung, ein Normalwaschmittel oder ein Konzentrat, eine normale Hautcreme oder ein 3-in-1-Produkt.

Die Wissenschaftler gingen davon aus, dass sich die Teilnehmer umso eher für zeitsparende Produkte entscheiden würden, je ungeduldiger sie waren, und tatsächlich ergab die Befragung, dass sich die Teilnehmer, die sich an den Besuch eines Fast-Food-Restaurants erinnert hatten, ein größeres Bedürfnis nach Zeitersparnis verspürten. Wer sich an Fast Food erinnerte, wollte zeitsparende Produkte. Allein der Gedanke an Fast Food machte die Teilnehmer offenbar ungeduldiger.

Im dritten Experiment ging es um die Entscheidung, Geld zu sparen. Wer spart, schiebt eine Befriedigung auf. Aufgeschobene Befriedigung bedeutet, einen Kauf zu verschieben, um in Zukunft etwas Besseres zu erwerben. Eltern müssen ihren Kindern beibringen, Befriedigungen aufzuschieben, denn sie verstehen meist noch nicht, dass ihre Wünsche nicht immer sofort befriedigt werden können. Die Wissenschaftler wollten herausfinden, ob der Gedanke an Fast Food das Sparverhalten beeinflusst und damit die Fähigkeit, Befriedigungen aufzuschieben.

Dazu zeigten sie 58 Studenten jeweils vier Logos und baten sie, diese nach ästhetischen Gesichtspunkten zu beurteilen. Die Hälfte der Teilnehmer sah unter anderem die Logos von McDonald's und Kentucky Fried Chicken, die andere Hälfte sah stattdessen die Logos von zwei günstigen Restaurants, die keiner Fast-Food-Kette angehörten. Dann sollten die Studenten sich zwischen zwei Belohnungen entscheiden: Als Dankeschön für die Teilnahme konnten sie entweder sofort einen kleineren Betrag mitnehmen oder in einer Woche einen größeren Betrag. Diejenigen, die die Fast-Food-Logos bewertet hatten, waren eher dazu bereit, sich mit dem kleinen Betrag abzufinden, den sie sofort einstecken konnten. Das heißt, die Erinnerung an Fast Food beeinträchtigte auch ihre Geldentscheidungen. Aus finanzieller Sicht war es sinnvoller, auf den größeren Betrag zu warten, es sei denn, jemand brauchte dringend Geld. Es bestand also ein Zusammenhang zwischen dem Gedanken an Fast Food und schlechten finanziellen Entscheidungen. Genau wie manche Menschen ihren Hunger lieber möglichst schnell mit einem Hamburger stillen, statt in einem besseren Restaurant länger zu warten, zogen es diese Teilnehmer vor, ihr Geld sofort einzustecken, statt auf die größere Summe zu warten.

Diese Experimente lassen die Vermutung zu, dass die Logos von Fast-Food-Ketten eine sehr viel größere Wirkung haben als bislang angenommen. Wenn wir diese Logos sehen, und sei es nur unbewusst, oder wenn wir uns an einen Besuch in einem Fast-Food-Restaurant erinnern, dann scheint dies schon auszureichen, um unser Verhalten auch bei Tätigkeiten zu beeinflussen, die gar nichts mit Essen zu tun haben. Das sollte uns zu denken geben. Wie oft gehen oder fahren wir an diesen Logos vorüber? Könnte es tatsächlich sein, dass uns diese Logos ungeduldiger machen? Veranlassen sie uns, bei Rot über die Straße zu gehen, öfter zu hupen oder ungeduldig auf unsere Beifahrer zu reagieren? Fast Food beschleunigt uns – das mag manchmal seine Vorteile haben, aber in anderen Situationen, etwa beim Gang durch eine Ausstellung, bei der Lektüre eines Buches oder dem Anblick einer Landschaft, kann uns Ungeduld oder der Wunsch nach sofortiger Bedürfnisbefriedigung gehörig den Spaß verderben.

Duftspuren

Auch Gerüche wirken sich auf unsere Emotionen, Verhaltensweisen und Urteile aus. Besonders gut erforscht wurde der Einfluss von Gerüchen auf das Verbraucherverhalten. Immobilienhändler empfehlen, wenn Sie Ihr Haus verkaufen wollen, dann sollten Sie Brot oder Plätzchen backen (der Geruch von Vanille ist besonders wirkungsvoll), um potenzielle Käufer positiv zu beeinflussen. Verschiedene Experimente haben gezeigt, dass wir länger in einem Geschäft bleiben, mehr Geld ausgeben und Produkte positiver bewerten, wenn es in dem Geschäft angenehm riecht. In einer großen Bekleidungskette versprühten Wissenschaftler über eine Woche hinweg einen angenehmen Duft und verglichen das Kaufverhalten mit einer duftfreien Woche.[3] Dabei beobachteten sie, dass die Käufer in der Duftwoche das Geschäft und seine Produkte positiver bewerteten und häufiger die Absicht äußerten, zu weiteren Einkäufen wiederzukommen.

Eine andere Untersuchung stellte fest, dass jüngere Kunden durch einen angenehmen Geruch animiert werden, mehr Geld auszugeben.[4] In einem weiteren Experiment erklärten Wissenschaftler den Teilnehmern, eine Gruppe von Studenten habe in der Nähe der Universität einen Laden eröffnet.[5] Die Teilnehmer sollten den vermeintlichen Laden aufsuchen und ihn und seine Produkte bewerten. Die Wissenschaftler versprühten Lavendel-, Ingwer-, Pfefferminz- oder Orangendüfte; an anderen Tagen wurde der Laden nicht parfümiert. Die Teilnehmer, die den duftenden Laden besuchten, bewerteten ihn und die Produkte positiver.

Marketingexperten kennen die Wirkung von Raumparfüms. Viele Geschäfte, Restaurants, Clubs und Hotels versprühen angenehme Düfte in ihren Räumen. Als der Telefonanbieter Verizon sein neues LG Chocolate-Handy auf den Markt brachte, wurde in vielen Filialen ein Schokoladenduft versprüht.[6] Auch in anderen Umgebungen wirken sich angenehme Gerüche auf unser Verhalten und Urteil aus. Eine Untersuchung in einem Spielcasino von Las Vegas ergab, dass die Besucher an Tagen, an denen die Spielhallen parfümiert wurden, länger an den einarmigen Banditen spielten als an anderen Tagen.[7] In einer Pizzeria in einer Kleinstadt in der Bretagne blieben die Gäste länger und gaben mehr Geld aus, wenn es nach Lavendel roch.[8] Diskobesucher tanzten ausgiebiger und genossen den Abend mehr, wenn die Räumlichkeiten nach Orange, Meerwasser oder Pfefferminz dufteten, als wenn keine Raumparfüms versprüht wurden.[9]

Bestimmte Düfte beeinflussen nicht nur unser Verbraucherverhalten, sondern auch unsere Denkfähigkeit und unsere körperliche Leistungsfähigkeit. Experimente haben gezeigt, dass Pfefferminz- und Zimtdüfte die Denkleistung, vor allem die Konzentrationsfähigkeit und das Erinnerungsvermögen steigern. Im Büro wirken sie sich deshalb positiv auf die Tippgeschwindigkeit und in der Schule auf die Leseleistung aus. Zudem verbessern sie die Ergebnisse bei Videospielen.[10] Pfefferminzgeruch steigert außerdem das körperliche Leistungsvermögen. Einen 15-minütigen Belastungstest auf dem Laufband empfanden die Teilnehmer als weniger anstrengend, wenn der Raum nach Pfefferminz roch.[11] Das Pfefferminzaroma wirkt sich jedoch nicht nur auf die subjektive Wahrnehmung aus, sondern auch auf die tatsächliche Leistung: Der Pfefferminzduft ließ Sportler schneller laufen, fester greifen und mehr Liegestütze machen.[12]

Wenn Sie das nächste Mal für eine Prüfung lernen, einen Bericht schreiben oder Ihre Steuererklärung machen müssen, wird die Aufgabe mit ein bisschen Pfefferminz- oder Zimtduft angenehmer und geht Ihnen schneller von der Hand. Und wenn Sie kein Aromaöl zur Hand haben, können Sie auch einfach einen Pfefferminzkaugummi kauen oder kurz im Gewürzregal schnuppern, ehe Sie loslegen. Das ist eine einfache Möglichkeit, sich eine unangenehme Aufgabe angenehmer zu gestalten.

Andere Untersuchungen zeigen, dass sich angenehme Gerüche positiv auf unsere Interaktionen mit anderen Menschen auswirken. Einer der beliebtesten Gerüche ist der Duft nach frischen Croissants und Kaffee. Vielleicht mögen Sie diesen Duft ja auch, aber hätten Sie gedacht, dass er Ihren Umgang mit anderen Menschen verbessert? In einem Experiment wurden die Besucher eines Einkaufszentrums an verschiedenen Orten angesprochen, mal vor lecker duftenden Bäckereien oder Kaffeeröstereien, mal vor neutral riechenden Geschäften wie Jeansläden.[13] Die Besucher wurden einfach gefragt, ob sie einen Geldschein wechseln würden. Vor den angenehm duftenden Läden waren die Angesprochenen eher bereit, auf die Bitte einzugehen.

Der Geruch nach frischem Gebäck macht uns nicht nur hilfsbereiter, sondern beeinflusst auch unsere Offenheit gegenüber dem anderen Geschlecht. In einem anderen Einkaufszentrum gingen junge Männer auf junge Frauen zu und baten sie um ihre Telefonnummer.[14] Die vermeintlichen Verehrer sprachen die Frauen entweder vor duftenden Bäckereien oder vor geruchsneutralen Geschäften an. Vor angenehm riechenden Läden hatten die Männer deutlich mehr Erfolg.

Wenn Sie also die Aufmerksamkeit eines Unbekannten erregen wollen, wählen Sie einen angenehm duftenden Ort. Wenn Sie gerade in einem Einkaufszentrum sind, suchen Sie die nächste Bäckerei oder Kaffeerösterei auf und treten Sie in Aktion, denn hier haben Sie die besten Chancen.

Angenehme Gerüche können uns auch über peinliche Situationen hinweghelfen, etwa wenn wir in einen Raum kommen, in dem wir keinen Menschen kennen. Das kann ein Wartezimmer sein, ein Vorstellungsgespräch oder einfach die Empfangshalle eines Hotels, in der Sie warten müssen, bis Ihr Zimmer fertig ist oder Sie von einer Freundin abgeholt werden. Wissenschaftler verglichen das Verhalten von Versuchspersonen in angenehm duftenden und geruchsneutralen Räumen.[15] In einem mit Geranienaroma präparierten Raum waren die Teilnehmer kontaktfreudiger, sie sprachen eher miteinander, nahmen mehr Augenkontakt auf, gingen mehr aufeinander zu und wählten Sitzgelegenheiten in der Nähe anderer Menschen.

Angenehme Gerüche wirken sich positiv auf unsere Stimmung und damit auf unseren Umgang mit anderen Menschen aus, sie machen uns hilfsbereiter und lassen uns Geschäfte und Restaurants positiver wahrnehmen. Manchmal assoziieren wir Gerüche auch mit bestimmten Vorstellungen und Verhaltensweisen. Beispielsweise verbinden wir den Geruch von Reinigungsprodukten mit Putztätigkeiten und damit zusammenhängenden Verhaltensweisen. In einem Experiment zeigten Wissenschaftler ihren Versuchspersonen für kurze Zeit Buchstabenfolgen, und sie sollten entscheiden, ob sie ein sinnvolles Wort (zum Beispiel *anders*) gesehen hatten oder nicht (zum Beispiel *amters*).[16] Einige der Begriffe hatten mit Sauberkeit zu tun, zum Beispiel *Hygiene* oder *Putzen*, andere nicht, zum Beispiel *Computer* oder *Fahrrad*. Die Hälfte der Versuchspersonen saß in einem Raum, der mit Zitrusduft parfümiert war oder nach einem Reinigungsprodukt roch, die andere Hälfte in einem geruchsneutralen Raum. Die Teilnehmer der ersten Gruppe erkannten die Putzwörter schneller als die der zweiten Gruppe, ohne sich bewusst zu werden, dass der Geruch im Raum ihre Leistung beeinflusste.

In einem zweiten Experiment setzten die Wissenschaftler ihre Teilnehmer entweder in einen nach Putzmitteln riechenden oder in einen neutralen Raum und baten sie, eine Liste mit fünf Dingen zu erstellen, die sie an diesem Tag noch erledigen wollten. Die Versuchspersonen in dem sauber riechenden Raum notierten mehr Tätigkeiten, die mit Putzen und Aufräumen zusammenhängen, als die anderen.

Ein drittes Experiment war besonders interessant. Wieder saßen die Teilnehmer in einem sauber oder einem neutral riechenden Raum, und diesmal sollten sie einen Fragebogen ausfüllen. Der Fragebogen hatte in Wirklichkeit nichts mit dem Experiment zu tun, er war nur ein Vorwand, unter dem die Versuchspersonen in den einen oder anderen Raum geholt wurden. Danach wurden sämtliche Teilnehmer in einen anderen, geruchsneutralen Raum gebracht und sollten dort einen besonders bröseligen Keks essen. Dabei wurden sie von einer versteckten Kamera beobachtet; die Teilnehmer, die aus dem frisch duftenden Raum kamen, wischten die Krümel häufiger zusammen als die anderen.

Das ist erstaunlich. Allein ein sauberer Geruch hält uns zu mehr Sauberkeit an. Wollen Sie, dass Ihr Kind, Ihr Partner oder Ihre Mitbewohnerin die Wohnung oder das Zimmer aufräumt? Verspritzen Sie einfach ein bisschen Reinigungsmittel, dann animiert sie der Geruch zum Aufräumen – wenn die Embodiment-Forschung hier richtig liegt.

Die Experimente zeigen, dass bestimmte Gerüche zu bestimmten Tätigkeiten anregen, zum Beispiel der saubere Geruch zu Aufräum- und Putztätigkeiten. Vermutlich ahnen Sie bereits, dass die Embodiment-Forscher sofort fragen, ob Gerüche, die wir in der Umgangssprache mit konkreten Verhaltensweisen zusammenbringen, unser Urteil und unser Verhalten in dieser Richtung beeinflussen. Wie wir in Kapitel 9 gesehen haben, stellen wir einen Zusammenhang zwischen widerlichen Gerüchen und unmoralischen Verhaltensweisen her und beurteilen moralische Dilemmata je nach Geruch der Umgebung anders.

Der Fisch stinkt vom Kopfe

Im Alltag verwenden wir verschiedene Metaphern wie *daran ist etwas faul* oder *das stinkt zum Himmel,* um auszudrücken, dass uns etwas verdächtig oder ungerecht vorkommt. Wenn wir sagen, *ich rieche doch, dass da etwas nicht stimmt,* machen wir unseren Geruchssinn zum Lügendetektor. Zwei Wissenschaftler gingen von der englischen Metapher *es stinkt nach Fisch* aus, mit der Misstrauen zum Ausdruck gebracht wird, um zu überprüfen, ob tatsächlich ein Zusammenhang zwischen Fischgeruch und Misstrauen besteht.[17] In beiden Experimenten verwendeten die Wissenschaftler ein Vertrauensspiel, um zu sehen, ob die Teilnehmer misstrauisch waren oder nicht. In diesem so einfachen wie psychologisch raffinierten Spiel können sich die Teilnehmer vertrauensvoll, großzügig oder egoistisch verhalten – diese Methode ist verlässlicher als eine Befragung der Teilnehmer und einfacher als eine Beobachtung unter normalen Alltagsumständen, in denen zu viele Faktoren ins Spiel kommen.

Die Wissenschaftler ließen 45 Studenten an einem Investitionsspiel teilnehmen, mit dem sich das Vertrauen messen ließ. Jeder Teilnehmer spielte mit einem »Partner«, der in Wirklichkeit einer der Wissenschaftler war. Jeder der beiden erhielt 20 Vierteldollar-Münzen. Das Spiel bestand aus den beiden Rollen Geber und Empfänger, der Geber entschied darüber, wie viel Geld er dem Empfänger geben wollte. Diese Summe wurde vervierfacht, und nun durfte der Empfänger entscheiden, wie viel er dem Geber zurückgeben wollte. Je größer das Vertrauen des Gebers gegenüber dem Empfänger war, umso mehr Geld gab er ihm, in der Hoffnung, dass dieser fair spielen und das Geld zurückgeben würde.

Wenn der Geber beispielsweise zehn seiner 20 Münzen abgab, erhielt der Empfänger automatisch 40. Wenn der Empfänger fair war, dann gab er 20 Münzen an den Geber zurück, also das Doppelte dessen, was er erhalten hatte. Wenn er dagegen nur fünf

Münzen zurückgab, machte der Geber Verlust. Da es in diesem Spiel darum ging, das Misstrauen zu messen und nicht die Fairness, erhielten die echten Teilnehmer die Rolle der Geber. Außerdem erklärten ihnen die Durchführenden, dass sie das Geld am Ende behalten durften.

Die Teilnehmer wurden in drei Gruppen eingeteilt, und jede spielte in einem Raum mit einem anderen Geruch. Ein Raum stank nach Fischöl, ein anderer nach Stinkbomben, und der dritte war geruchsneutral. Die Wissenschaftler verwendeten Stinkbomben, um zu sehen, ob jeder beliebige unangenehme Geruch das Vertrauen beeinträchtigt, oder nur der Fischgestank (der metaphorisch mit Misstrauen assoziiert wird). Dabei stellten sie fest, dass die Teilnehmer, die dem Fischgestank ausgesetzt waren, weniger Münzen abgaben als die Teilnehmer in den beiden anderen Räumen.

Im zweiten Experiment sollte wieder das Misstrauen gemessen werden. Diesmal verwendeten die Wissenschaftler das »Öffentliche-Güter-Spiel«. Wieder erhielten die Teilnehmer 20 Vierteldollar-Münzen und konnten einen beliebigen Teil davon in einen gemeinsamen Topf investieren. Sie wussten, dass sich der investierte Betrag vervielfachen würde und dass der Endbetrag schließlich unter allen Anlegern zu gleichen Teilen verteilt würde, unabhängig davon, wie viel jeder eingezahlt hatte. Am Ende sollten sie ihr Geld behalten dürfen. Da die Summe multipliziert wurde, verdienten die Teilnehmer umso mehr, je mehr alle investierten.

Bei diesem Spiel gehen misstrauische Mitspieler davon aus, dass die anderen weniger in den gemeinsamen Topf zahlen als sie selbst. Und da das Geld am Ende zu gleichen Teilen aufgeteilt wird, wollen sie nicht die Zahlmeister spielen. Vertrauensvolle Mitspieler gehen dagegen nicht davon aus, dass die anderen weniger geben, und zahlen mehr in den gemeinsamen Topf ein. Je größer das Misstrauen, umso kleiner die Investition. Wie im ersten Experiment spielten die Teilnehmer in unterschiedlich aromatisierten Räumen. Und wieder zahlten die Spieler, die den Fischgestank ertragen mussten, weniger in den gemeinsamen Topf ein als die anderen.

Beide Experimente zeigen, dass der Fischgestank ausreichte, um die Teilnehmer misstrauisch zu machen. Ohne sich dessen bewusst zu werden, ließen sich die Teilnehmer von der metaphorischen Assoziation zwischen Fisch und Misstrauen beeinflussen. Die Sinneswahrnehmung aktivierte die abstrakte Vorstellung und damit das Urteil und das Verhalten.

Nun wollten die Wissenschaftler herausfinden, ob die Beziehung zwischen Fischgestank und Misstrauen auch andersherum funktioniert, das heißt, ob wir eher in der Lage sind, Fischgeruch zu identifizieren, wenn wir misstrauisch sind. Um diese Hypothese zu überprüfen, luden die Wissenschaftler 80 Studenten in ihr Labor ein und teilten sie in zwei Gruppen, eine misstrauische und eine vertrauensvolle. Beide Gruppen sollten fünf Gerüche identifizieren, einer davon Fischöl, die anderen Orangennektar, Zwiebel, Apfel und Karamell.

Die vertrauensvolle Gruppe sollte einfach an Reagenzgläsern schnuppern und ihre Vermutung notieren. Für die andere Gruppe schufen die Wissenschaftler eine Atmosphäre des Misstrauens, indem sie so taten, als würden sie etwas verbergen, zum Beispiel, indem sie plötzlich ein Blatt Papier unter dem Fragebogen des Teilnehmers hervorzogen und es mit einem zwielichtigen Lächeln in ihre Aktentasche steckten.

Die Teilnehmer der misstrauischen Gruppe erkannten das Fischöl häufiger. Auf die Identifizierung der anderen Gerüche wirkte sich das Misstrauen nicht aus. Die Wissenschaftler wiederholten das Experiment mit anderen Gerüchen, doch das Ergebnis blieb dasselbe. Diese Experimente zeigen, dass die Assoziation zwischen Misstrauen und Fischgestank in beiden Richtungen funktioniert. Wir sind misstrauischer, wenn wir Fischgestank in der Nase haben, und wir erkennen den Fischgeruch eher, wenn wir misstrauisch sind.

Einmal mehr zeigt sich, dass wir in Metaphern denken. Wir assoziieren Fischgestank mit Misstrauen und jeder der beiden Beteiligten der Assoziation aktiviert den anderen. Wenn Sie plötzlich einem Menschen oder einem Ort gegenüber misstrauisch werden, oder wenn Sie sich plötzlich in einer Situation unwohl fühlen, weil Dinge zu passieren scheinen, die Sie nicht in Worte fassen können, dann kann es sein, dass Ihr Geruchssinn Sie gewarnt hat. Nehmen Sie die Information dieses uralten Sinnesorgans ernst und überlegen Sie, ob Sie Menschen oder Situationen vertrauen sollten, wenn sie »stinken«.

Kapitel 11

Raus aus der Schublade

Wie Sie die physische Intelligenz nutzen können

Die vielen faszinierenden Untersuchungen, die ich Ihnen in diesem Buch vorgestellt habe, zeigen, wie körperliche Empfindungen, die über Metaphern mit abstrakteren Vorstellungen zusammenhängen, unser Verhalten beeinflussen. Um dies zu demonstrieren, haben einige Experimente körperliche Empfindungen wie Wärme oder Sauberkeit hervorgerufen, um zu untersuchen, ob dies einen Einfluss auf abstrakte Vorstellungen wie Freundlichkeit oder moralisches Verhalten hat. Andere gingen umgekehrt von abstrakten Vorstellungen aus, um zu untersuchen, ob diese unser körperliches Erleben beeinflussen.

❖

Es gibt jedoch noch eine weitere Möglichkeit, den Zusammenhang zwischen Metaphern und Verhalten zu untersuchen: das aktive »Embodiment«, die Verkörperung der Metaphern selbst. Metaphern zu verkörpern bedeutet, sie auszuleben. In diesem Kapitel wollen wir uns ansehen, wie Sie Metaphern verkörpern und so Ihre Emotionen und Ihr Verhalten beeinflussen können.

Legen Sie störende Emotionen ab

Viele unserer Rituale und abergläubischen Vorstellungen sind im Grunde nichts anderes als Verkörperungen unserer Gedanken und Wünsche. In einer jüdischen Tradition namens Taschlich, was wörtlich »du sollst werfen« bedeutet, legen die Gläubigen die Sünden des zurückliegenden Jahres symbolisch im Wasser ab, zum Beispiel in einem See oder einem Fluss. Dazu werfen sie Brotstückchen, die ihre Sünden verkörpern, ins Wasser, um symbolisch ihr Gewissen zu befreien.

Ein anderes Beispiel sind im Nahen Osten verbreitete Rituale zum Schutz gegen den bösen Blick. Dazu wird ein Bleistück geschmolzen und in flüssigem Zustand in Wasser gekippt, wo es angeblich die Form des bösen Auges annimmt; dieses Bleistück wird dann vergraben oder ins Meer geworfen. In einem anderen Ritual wird der Name eines Menschen, mit dem man nichts mehr zu tun haben will, auf ein Blatt Papier geschrieben und dann aus dem Haus geworfen; dazu sagt man: »Verschwinde aus meinem Leben!« Dieser physische Hinauswurf von etwas, das wir loswerden möchten, ist praktiziertes Embodiment.

Wenn wir davon sprechen, dass wir *unsere Emotionen für uns behalten* oder *verbergen*, dass wir *uns verschließen* oder *unseren Ärger hinunterschlucken,* dann tun wir so, als handele es sich bei unseren Emotionen um Gegenstände, die wir wegsperren können. Eine

Gruppe von Wissenschaftlern untersuchte, ob uns das Embodiment tatsächlich helfen kann, Emotionen zu verdrängen und uns besser zu fühlen.[1]

In einem ersten Experiment teilten die Wissenschaftler Studenten in zwei Gruppen ein und baten sie, eine zurückliegende Entscheidung zu beschreiben, die sie bereuten. Eine Gruppe sollte das Blatt in einen Umschlag stecken und dem durchführenden Wissenschaftler geben, die andere sollte das Geschriebene ganz einfach abgeben. Dann wurden die Teilnehmer gefragt, wie sie das beschriebene Ereignis empfanden; dazu sollten sie eine von fünf Emotionen – Schuld, Trauer, Sorge, Reue oder Scham – auswählen und dessen Intensität auf einer Skala von 1 bis 5 bewerten. Diejenigen, die ihre Erinnerung an den bedauerlichen Vorfall in einem Umschlag weggeschlossen hatten, empfanden diesen als weniger belastend als diejenigen, die sie einfach abgegeben hatten.

Eine zweite Untersuchung ging der Frage nach, ob dies auch auf andere Ereignisse zutrifft, die negative Gefühle provozieren. Nun sollten die Teilnehmer etwas beschreiben, das sie sich sehr gewünscht, aber nicht bekommen hatten. Wieder sollte die eine Hälfte das Geschriebene in einen Umschlag stecken und die andere einfach abgeben. Dann sollten sie eine Emotion auswählen, die sie mit dem Ereignis verbanden – Trauer, Enttäuschung, Angst oder Frustration – und deren Intensität bewerten. Wieder verbanden diejenigen, die ihre Erinnerung in einen Umschlag gesteckt hatten, weniger negative Emotionen damit als die anderen.

Das praktizierte Embodiment half den Teilnehmern, sich besser zu fühlen. Das heißt, wenn uns etwas ärgert oder bedrückt, dann kann es uns zumindest vorübergehend helfen, das Geschehene aufzuschreiben, in einen Umschlag zu stecken und diesen in eine Schublade zu legen oder wegzuwerfen. Ein Geheimnis kann eine Bürde sein, aber wenn wir es beispielsweise unserem Tagebuch anvertrauen, können wir uns diese Last von den Schultern nehmen. Diese Untersuchung lässt die Vermutung zu, dass die Versiegelung des Geschriebenen die negativen Emotionen abbaut, die wir mit dem Geheimnis verbinden.

Zu Silvester nehmen wir uns oft viel für das neue Jahr vor. Die einen wollen abnehmen, die anderen wollen sich allgemein bessern, und wieder andere nehmen sich ein konkretes Ziel vor. Ein befreundetes Ehepaar hat diese Tradition ein wenig abgewandelt. Die beiden veranstalten jedes Jahr eine Silvesterparty auf ihrem Landhaus und entzünden im Garten ein großes Lagerfeuer. Die Gäste bekommen Papier und Stifte und können negative Erlebnisse aus dem zurückliegenden Jahr aufschreiben – Enttäuschungen, Rückschläge oder Fehler. Dann werfen die Gäste ihre Zettel ins Feuer und sehen zu, wie sie verbrennen. Das wirkt reinigend. Wenn Sie sich Ihre tiefsten Gefühle von der Seele schreiben und dann zusehen, wie sie verschwinden, kann dies sehr befreiend wirken. Meine Freunde halten diesen Brauch für sinnvoller als die üblichen guten Vorsätze, an die sich sowieso niemand hält.

Viele von uns haben Dinge getan, die sie bereuen, oder Dinge unterlassen, die sie im Nachhinein gern getan hätten. Diese Reue hindert uns meist nicht daran, unser Leben zu leben. Aber wenn Sie nicht in der Lage sind, über ein bestimmtes Ereignis der Vergangenheit hinwegzukommen, könnten Sie es aufschreiben und in einen Umschlag stecken, und diesen Umschlag in eine Schublade stecken oder ganz einfach wegwerfen. Das könnte Ihnen sehr helfen, und es ist allemal billiger als eine Therapie.

Verkörpern Sie Ihre Kreativität

Ich bewundere kreative Menschen. Meine beiden Söhne Dani und Dory sind auf eine künstlerisch orientierte Schule gegangen, wo sie Malen und Bildhauern gelernt und mehr von Musik, Theater und Tanz mitbekommen haben als die Schüler einer normalen Schule. Schon als Kind war Dani ein großartiger Maler und schrieb wunderbare Gedichte. Dory ist heute ein professioneller Musiker, Schauspieler und Schriftsteller. Meine Tochter Orly, die an der Universität Jura lehrt, hat zahlreiche Bücher geschrieben und kanalisiert ihre Kreativität in ihre Forschung zu geistigem Eigentum und Innovation. Mein Mann David ist nicht nur Arzt, sondern auch Maler und Bildhauer und hat verschiedene medizinische Apparate erfunden. Mein Bruder Rafi war in Israel ein erfolgreicher Modeschöpfer und ist in den Vereinigten Staaten vor allem für sein Glasdesign bekannt. Ich bin froh, dass ich so viele kreative Menschen um mich habe.

Kreative Menschen verändern unser Leben, ohne dass wir es bemerken. Denken Sie an den elektrischen Strom, das Telefon oder das Internet – alles Dinge, die uns heute völlig selbstverständlich erscheinen. Aber sie haben unsere Welt so radikal verändert, dass wir uns ein Leben ohne sie gar nicht mehr vorstellen können. Manche Menschen sind kreativer als andere, doch wir können eine Menge tun, um selbst kreativer zu werden. Auch wenn wir nicht gleich komponieren wie Mozart, dichten wie Shakespeare oder erfinden wie Edison, können wir trotzdem im Alltag und im Beruf kreativ sein. Um unsere Kreativität zu entfesseln, genügen schon relativ einfache Handlungen oder Gesten.

Mein Vater erzählte gern den Witz von einem Mann, der ins Verteidigungsministerium kommt und sagt, er habe eine geniale Idee: »Was halten Sie davon, ein Flugzeug zu bauen, das ohne Pilot fliegt und dessen Passagiere von Robotern bedient werden?« Der Verteidigungsminister antwortet: »Das ist eine tolle Idee! Aber wie wollen Sie das machen?« Darauf der Mann: »Das weiß ich auch nicht. Ich habe ja nur die Idee.«

Wie oft passiert das? Jemand hat eine neue Idee, ist aber nicht in der Lage, sie in die Tat umzusetzen.

Wir haben viele Metaphern für das kreative Denken: *eins und eins zusammenzählen*, einerseits und andererseits, *Schubladen-*

denken überwinden und so weiter. Diese Metaphern legen uns nahe, ein Problem aus verschiedenen Perspektiven zu betrachten, flexibel und unkonventionell zu sein, ausgetretene Pfade zu verlassen und nicht in eingefahrenen Denk- und Verhaltensweisen stecken zu bleiben. Genau dadurch zeichnet sich kreatives Denken aus. Um kreativ zu sein und auf neue Ideen zu kommen, müssen wir neue Wege gehen, ein Thema von verschiedenen Seiten betrachten und flexibel sein, um Ideen zu verknüpfen, die auf den ersten Blick nichts miteinander zu tun haben. Manchmal haben wir alle Informationen, aber wir sehen die Lösung immer noch nicht.

Ich möchte Ihnen zeigen, wie Sie mithilfe des Embodiment kreativer werden können. Oft reicht es schon, sich mit kreativen Signalen zu umgeben, um selbst kreativer zu werden.

Sehen Sie die andere Seite

Ein Problem hat meist mehr Seiten als die, die wir gerade sehen. Kreative Gedanken kommen uns oft dann, wenn wir ein Problem von einer anderen Warte aus betrachten. Wissenschaftler wollten herausfinden, ob uns die Verkörperung bestimmter Kreativitätsmetaphern tatsächlich kreativer macht.[2] In einem ersten Experiment untersuchten sie die Redewendung *einerseits, andererseits*. Insbesondere wollten sie herausfinden, ob es unsere Kreativität fördert, wenn wir erst eine Hand heben und dann die andere.

Die Wissenschaftler luden 40 Studenten ein und gaben ihnen zwei Aufgaben, die scheinbar nichts miteinander zu tun hatten und gleichzeitig durchgeführt wurden. Die Teilnehmer sollten sich Gedanken über die Umnutzung eines Universitätsgebäudes machen und gleichzeitig an einer Sprechübung teilnehmen, in der sie einen Arm heben und ausstrecken sollten, eine für Redner typische Geste.

Die Untersuchung bestand aus zwei Teilen. Zunächst sollten die Teilnehmer den rechten Arm heben und auf eine Wand zeigen und den linken Arm auf den Rücken legen, während sie gleichzeitig neue Nutzungsmöglichkeiten für das Gebäude vorschlugen. Im zweiten Teil sollten die Teilnehmer weitere Ideen sammeln und diese laut vortragen. Dabei sollte die Hälfte der Teilnehmer wie gehabt die rechte Hand heben, und die andere Hälfte sollte diesmal die linke heben und die rechte auf den Rücken legen.

Die Antworten der Studierenden wurden auf Tonband aufgezeichnet, und zwei Experten, die nicht wussten, welche Hand die Sprecher gehoben hatten, beurteilten die Kreativität der Beiträge nach zwei Kriterien: der Zahl der vorgebrachten Vorschläge und der Zahl der originellen Ideen.

Das Ergebnis war verblüffend. Die Teilnehmer, die im zweiten Teil die andere Hand gehoben hatten, trugen mehr, originellere und flexiblere Gedanken vor. Das heißt, sie waren kreativer. In der ersten Runde, in der alle Teilnehmer die rechte Hand gehoben hatten, waren diese Unterschiede nicht zu erkennen.

Verlassen Sie ausgetretene Pfade

Unter Schubladendenken versteht man für gewöhnlich unflexibles und unkreatives Denken, das sich an starre Konventionen und eingefahrene Bahnen hält. Das Schubladendenken zu überwinden bedeutet, Mauern niederzureißen, Denkfesseln zu sprengen, um die Ecke zu denken und neue Ideen zu entwickeln.

Die Wissenschaftler untersuchten, ob die Verkörperung der Metaphern *Schubladendenken überwinden* oder *ausgetretene Pfade verlassen* einen Einfluss auf unsere Kreativität hat. Dazu legten sie 102 Studenten Aufgaben aus einem Kreativitätstest namens Remote Associates Test (RAT) vor.[3] In diesem Test lesen die Teilnehmer Gruppen von drei Wörtern und sollen ein viertes ergänzen, das die drei verbindet. Zum Beispiel *Morgen, Mercedes, Staub* – eine denkbare Antwort ist *Stern*. Oder *Oper, Hände, Teller* – eine Antwort ist *Seife*. Man muss ein bisschen um die Ecke denken, um diese entlegenen Beziehungen zu finden, das heißt, man darf nicht in gängigen Schubladen bleiben.

Für ihr Experiment bauten die Wissenschaftler eine 2 mal 2 Meter große Schublade. Ein Teil der Versuchspersonen sollte die Aufgaben in dieser Kiste sitzend lösen, ein anderer Teil neben der Kiste sitzend und eine weitere Gruppe in einem Raum ohne Kiste. Die Teilnehmer, die neben der Kiste saßen, lösten wesentlich mehr Aufgaben richtig als diejenigen in der Kiste und auch als die Teilnehmer, die in dem anderen Raum saßen. Das Verkörpern der Metapher *Schubladendenken überwinden* hatte einen messbaren Einfluss auf ihre Kreativität. Die Wissenschaftler stellten vorab sicher, dass die Teilnehmer in der Kiste nicht unter Beklemmung oder Platzangst litten, das unterschiedliche Abschneiden hatte also nicht mit den Befindlichkeiten der Teilnehmer in und neben der Kiste zu tun.

In einem weiteren Experiment zeigten sie den Teilnehmern Bilder von Objekten aus Legosteinen und baten sie, sich zu überlegen, was diese Objekte darstellen könnten. Diesmal setzten die Wissenschaftler ihre Versuchspersonen nicht in eine Kiste, sondern gaben ihnen einen ausgetretenen Pfad vor: Ein Teil sollte einen rechteckigen Weg entlanggehen, der mit Klebeband markiert war, ein anderer durfte sich frei im Raum bewegen. Diejenigen, die sich nicht in vorgegebenen Bahnen bewegten, hatten mehr und originellere Ideen.

In einem dritten Experiment untersuchten die Wissenschaftler, ob schon die Vorstellung der Denkfreiheit das kreative Denken stimulierte.

Anders gefragt, reichte es schon aus, wenn sich die Teilnehmer vorstellten, auf einer vorgegebenen Bahn im Viereck zu marschieren oder sich frei zu bewegen? Um das herauszufinden, sollten die Teilnehmer eine Figur auf einem Bildschirm bewegen und sich vorstellen, dass sie in einem anderen Leben diese Figur waren.

Während sie ihre Figuren auf dem Bildschirm spazieren führten, sollten sie sich so viele Geschenke wie möglich für eine befreundete Person ausdenken. Ein Teil durfte ihre Figur frei bewegen, ein anderer musste sie über einen vorgegebenen Weg führen. Diejenigen, die ihre Figur nach Belieben bewegen konnten, kamen auf originellere Geschenkideen (zum Beispiel Zeitschriftenabonnement) als diejenigen, die ihre Figur auf einem festen Weg führten (zum Beispiel eine CD).

Diese Ergebnisse legen die Vermutung nahe, dass wir Metaphern wie *Schubladendenken überwinden* oder *ausgetretene Pfade verlassen* verkörpern können, um kreativer zu sein. Dazu müssen Sie sich nicht neben eine Kiste setzen – wenn Sie auf kreative Gedanken kommen wollen, reicht es, wenn Sie sich frei durch den Raum bewegen oder sich vorstellen, sich frei zu bewegen.

Zählen Sie eins und eins zusammen

Um ein Problem zu lösen, müssen wir oft nur genau hinsehen, was wir vor uns haben, und diese Informationen nutzen. Oder anders gesagt, wir müssen *eins und eins zusammenzählen*. Um die verfügbaren Informationen zu nutzen, müssen wir allerdings oft um die Ecke denken.

Um zu ermitteln, ob es uns kreativer macht, wenn wir die Metapher *eins und eins zusammenzählen* verkörpern, schnitten die Wissenschaftler Bierdeckel in zwei Teile. Dann teilten sie ihre Versuchspersonen in zwei Gruppen ein. Einer Gruppe setzten sie die Bierdeckel in zwei Stapeln vor, einer rechts auf dem Tisch, einer links, und die Versuchspersonen sollten gleichzeitig eine linke und eine rechte Hälfte nehmen, die beiden in der Mitte zusammenlegen, und so einen neuen Stapel aufschichten. Die andere Gruppe bekam dagegen nur einen Stapel und sollte eine Hälfte nach der anderen herunternehmen und in der Mitte des Tisches neu stapeln. Eine Gruppe fügte also Teile zusammen, die andere versetzte den Stapel nur vom Rand des Tischs in die Mitte.

Dann sollten die Teilnehmer den Remote Associates Test lösen. Die erste Gruppe, die Teile zu einem Ganzen zusammengefügt hatte, löste mehr Aufgaben als die andere. Allein die Verkörperung der Metapher *eins und eins zusammenzählen* hatte sie kreativer gemacht.

Wenn Sie sich frei durch einen Raum bewegen, können Sie ausgetretene Pfade verlassen und kreativer denken. Gesten, die sie mal mit der einen, mal mit der anderen Hand machen, bringen Sie auf neue Gedanken. Und das physische Zusammensetzen von Dingen hilft Ihnen, kreativ Beziehungen zu entdecken. Es kann schon ausreichen, sich die freie Bewegung vorzustellen, also die Metapher nur in Gedanken zu verkörpern, um unser kreatives Denken anzuregen. In keinem der Experimente wurden die Metaphern ausdrücklich erwähnt. Die Teilnehmer verkörperten ihre Bedeutung, ohne es zu wissen.

Diese Experimente haben eine weitreichende Bedeutung. Kreatives Denken ist in vielen Lebensbereichen wichtig, im Alltag genau wie im Beruf. Maler, Musiker, Schriftsteller, Animateure, Designer, Architekten, Erfinder, Wissenschaftler, Programmierer, Ärzte und viele andere müssen kreativ denken. Lehrkräfte müssen täglich neue und kreative Möglichkeiten finden, um ihren Unterricht interessant zu gestalten. Politiker müssen kreative Antworten auf komplizierte gesellschaftliche Fragen finden. Für viele Probleme, auf die wir im Alltag stoßen, gibt es keine einfachen Lösungen. Eltern müssen kreativ sein, um Kinder und Karriere unter einen Hut zu bekommen. Wir wollen unsere Kinder zu offenen Menschen erziehen, doch wir wollen ihnen auch Grenzen aufzeigen. Auch in der Küche ist Kreativität gefragt, nicht nur, um leckere und gesunde Gerichte auf den Tisch zu bringen, die unserer Familie schmecken, sondern auch, um Reste zu verarbeiten, die andernfalls verderben würden.

Mit kreativen Ideen können wir unsere Beziehungen zu unseren Partnern verbessern, wenn wir weder mit höflichen Bitten noch mit Argumenten weiterkommen. Wie bringe ich zum Beispiel meinen Partner dazu, nicht dauernd seine Akten, seine Tasche und seinen ganzen anderen Kram auf dem Esszimmertisch zu deponieren? Vielleicht könnte ich ihm eine kleine Belohnung zukommen lassen, wenn er seine Sachen da ablegt, wo sie hingehören, oder vielleicht könnte ich neben der Tür einen kleinen Tisch aufstellen, auf dem er seine Sachen ablegen kann.

Mit ein bisschen Übung können Sie lernen, kreativ zu sein und mit dieser Kreativität Ihre Arbeit verbessern und Ihr Zuhause angenehmer gestalten. Erledigen Sie Ihre Aufgaben hin und wieder mit der anderen Hand. Verwenden Sie einfache Gesten und Bewegungen, wie sie Psychologen in den beschriebenen Experimenten erprobt haben. Suchen Sie neue Lösungen für die Probleme und Herausforderungen des Alltags. Wie können Sie Ihre Kleider so aufbewahren, dass sie nicht knittern und leicht auffindbar sind? Wie halten Sie Ihren Schreibtisch und Ihren E-Mail-Eingang sauber? Das ist eines der Probleme, für das ich noch eine kreative Lösung bräuchte.

Kreative Berufe zum Beispiel in der Werbung, der Filmbranche, der Informatik oder den Medien sollten besondere Sorgfalt auf die Gestaltung ihres Arbeitsumfelds verwenden. Ein langweiliges, einengendes Umfeld erstickt die Kreativität. Schaffen Sie am Arbeitsplatz Bewegungsfreiheit, öffnen Sie Räume, damit sie nicht aussehen wie Schubladen, verlassen Sie die ausgetretenen Pfade.

Das strukturierte Umfeld vieler Schulen hemmt die Fähigkeit der Kinder zu kreativem Denken und belohnt Logik, Fakten und Konformismus. »Ich habe nie zugelassen, dass die Schule meiner Bildung in die Quere kommt«, sagte Mark Twain. Tatsächlich halten viele Schulen am traditionellen Unterrichtsmodell fest, bei dem die Kinder wie festgenagelt an ihren Tischen sitzen. Es ist zwar durchaus sinnvoll, Kindern beizubringen, sich hinzusetzen und sich auf eine Aufgabe zu konzentrieren, doch als allgemeines Unterrichtsmodell ist diese Methode überholt. Einige Schulen betonen, dass Lernen Spaß machen soll, und stellen »alternative« Lernräume zur Verfügung. An der experimentellen Ein-HaYam-Schule in Israel verbringen die Kinder zum Beispiel erstaunlich viel Zeit im Freien – auf dem Schulhof, in einem benachbarten Wäldchen oder am Strand. Die Kinder lernen spielend und die Lehrkräfte sind der Ansicht, dass ihre Kinder mehr lernen, wenn sie Spaß dabei haben. Doch in der westlichen Kultur macht es nach wie vor misstrauisch, wenn Spaß und Lernen in einem Atemzug genannt werden.

Es ist jedoch eine Tatsache: Je mehr Spaß die Kinder beim Lernen haben, umso mehr lernen sie. Ich glaube jedoch, dass noch ein weiterer Faktor ins Spiel kommt: Die dauernde Bewegung und Aufnahme neuer Reize aus der Umwelt fördert die Kreativität. Das spielerische Lernen macht Spaß, die Kinder sitzen nicht still, sondern bewegen sich, sie gestikulieren mehr und erweitern ihren physischen Raum.

In seinem Buch *Spark*[4] beschreibt Harvard-Professor John Ratey die positiven Auswirkungen von körperlicher Bewegung auf das Lernen und die Kreativität. Nach Ansicht von Ratey gehen Lernen und Bewegung Hand in Hand. Unser Körper und unser Geist sind eins, und Bewegung bringt das Gehirn zur Höchstleistung. Kinder, die sich bewegen und Sport treiben, schneiden bei vielen kognitiven Tests besser ab. Während sie draußen spielen, sind sie vielen körperlichen Reizen ausgesetzt, sie spüren Sand zwischen den Zehen und Wasser im Gesicht, sie riechen den Duft von Blumen, hören den Gesang von Vögeln und das Rauschen der Blätter, und sie kommen mit einer Vielfalt von Texturen und Farben in Berührung. Die körperlichen und sinnlichen Erfahrungen fördern die Kreativität der Kinder und helfen ihnen, auch abstrakte Konzepte zu erfassen.

Das heißt nicht, dass wir Klassenzimmer abschaffen und den Unterricht in die Natur verlegen sollten. Doch die Kinder brauchen mehr Bewegung, mehr Ausflüge und mehr Lernzeit außerhalb der Schule. Beethoven schrieb nach dem Abschluss der Arbeiten an seiner 6. Sinfonie, der »Pastorale«: »Wie froh bin ich, einmal in Gebüschen, Wäldern, unter Bäumen, Kräutern, Felsen wandeln zu können. Kein Mensch kann das Land so lieben wie ich. Geben doch Wälder, Bäume, Felsen den Widerhall, den der Mensch wünscht.« Die Sinfonie soll durch seine Spaziergänge in und um Wien inspiriert worden sein.

Wenn Kinder lernen, ihre Kreativität zu nutzen, sind sie eher in der Lage, Lösungen für ihre Probleme zu finden. Das trifft auch auf Erwachsene zu: Stehen Sie gelegentlich auf und gehen Sie durch den Raum. Oder besser noch, gehen Sie nach draußen. Damit können Sie nicht jedes Ihrer Probleme lösen, doch Sie verbessern Ihre Aussicht, eine kreative Antwort zu finden.

Zu Beginn des Buches habe ich Ihnen von meiner Zeit in der israelischen Armee erzählt und Ihnen meine Arbeit in dem mit Neonröhren erleuchteten Bunker geschildert, in dem wir immer dieselbe recycelte Luft atmeten. Dieses Umfeld war das Gegenteil der kreativen Schulen und Arbeitsplätze von heute. Vor Kurzem hatte ich die Gelegenheit, die Büros von Google zu besuchen, die nur noch wenig mit den klassischen Büros mit Schreibtisch und Stuhl zu tun haben. Auf dem Google-Campus fahren viele Mitarbeiter mit Scootern zwischen den Gebäuden hin und her. In den Büros selbst gibt es viele Räume, in denen sich die Mitarbeiter entspannen können. Mit ihren Sofas, Pflanzen, Fernsehern, Espressomaschinen und der schönen Aussicht erinnern einige eher an behagliche Wohnzimmer. In anderen stehen Tischtennisplatten und Rutschen, und die Mitarbeiter können sich für ein paar Minuten wie Kinder fühlen.

Google hat diese Räume nicht nur eingerichtet, um seinen Mitarbeitern einen Gefallen zu tun. Vielmehr weiß man bei Google, dass sich unsere Umgebung auf unsere Kreativität und unsere Produktivität auswirkt. Natürlich ist es angenehm, in einem ansprechenden Umfeld zu arbeiten, doch die Tatsache, dass sich die Mitarbeiter bewegen und in einer reizvollen Umgebung arbeiten können, hat sicher zu vielen der bahnbrechenden Erfindungen beigetragen, die Google so erfolgreich gemacht haben.

Lassen Sie ein Licht aufgehen

Kennen Sie das? Sie grübeln lange über einem Wort in einem Kreuzworträtsel und plötzlich fällt Ihnen die richtige Antwort ein. Dieses Aha-Erlebnis wird oft als *Heureka-Effekt* bezeichnet, nach dem legendären griechischen Mathematiker Archimedes. Der König wollte von Archimedes wissen, ob seine Krone aus purem Gold bestand oder ob ein unehrlicher Goldschmied ein wenig Silber beigemischt hatte. In der Badewanne sitzend dachte Archimedes über das Problem nach, als ihm plötzlich auffiel, dass der Wasserspiegel in der Wanne gestiegen war, als er sich hineingesetzt hatte. Plötzlich erkannte er, dass er auf demselben Weg das Volumen der Krone ermitteln konnte. Er war derart begeistert von seiner eigenen Entdeckung, dass er nackt durch die Straßen rannte und rief: »Heureka! Ich hab's!«

In unseren Metaphern verbinden wir dieses Aha-Erlebnis oft mit Licht. Wir sprechen von einer *Erleuchtung* und davon, dass uns *ein Licht aufgeht*. Die Glühbirne wird oft als Symbol für diesen Moment der Erleuchtung verwendet, und in Comics erscheint sie oft über dem Kopf der Figur, der ein Licht aufgeht.

Eine Gruppe von Wissenschaftlern wollte herausfinden, ob wir Aufgaben, bei deren Lösung Kreativität und Eingebungen gefragt sind, besser lösen, wenn wir eine Glühbirne sehen.[5] Dazu ließen sie Versuchspersonen Denkaufgaben lösen und zeigten der Hälfte davon eine Glühbirne.

In einem Experiment legten sie 79 Studenten eine Aufgabe vor, die buchstäblich eine Überwindung des Kästchendenkens erfordert. Die Aufgabe bestand darin, vier im Quadrat angeordnete Punkte mit drei Linien zu verbinden, ohne dabei den Stift abzusetzen.

Diese Aufgabe ist deshalb so knifflig, weil wir die vier Punkte automatisch als Kasten sehen und innerhalb dieses Kastens nach einer Lösung suchen. Wenn wir erkennen, dass wir die Linien auch über diesen Kasten hinaus zeichnen können, ist die Lösung plötzlich ganz einfach.

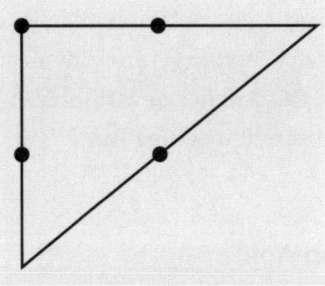

Nachdem sie den Teilnehmern die Aufgabe vorlegt hatten, fragten die durchführenden Wissenschaftler, ob es nicht ein wenig dunkel im Raum sei, und schalteten das Licht an – in der Hälfte der Fälle eine Glühbirne, in der anderen eine Neonröhre. Das Ergebnis war erstaunlich. Unter dem Licht der Glühbirne lösten 41 Prozent der Teilnehmer die Aufgabe, bei Neonlicht waren es nur 22. Offenbar half die Glühbirne den Teilnehmern zu erkennen, dass sie Denkgrenzen überwinden mussten. Ein Experiment, bei dem die Teilnehmer mathematische Aufgaben lösen sollten, die kreatives Denken verlangten, erbrachte ähnliche Ergebnisse: Die Glühbirne gab den Ausschlag.

In einem dritten Experiment legten die Wissenschaftler den Teilnehmern den Remote Associates Test vor, bei dem ein vierter Begriff gefunden werden muss, der drei vorgegebene Begriffe verbindet. Wieder schalteten sie einmal eine Glühbirne ein und einmal eine Neonröhre, und wieder waren die Teilnehmer unter der Glühbirne kreativer.

In einem letzten Experiment verglichen die Wissenschaftler nicht eine Glühbirne und eine Neonleuchte, sondern zwei Glühbirnen – eine nackte 25-Watt-Birne und eine 40-Watt-Birne mit Lampenschirm (die stärkere Birne sollte bewirken, dass die Intensität des Lichts gleich blieb). Wieder ließen sie die Teilnehmer den Remote Associates Test durchführen, mit einem erstaunlichen Ergebnis: Unter der nackten Glühbirne lösten die Teilnehmer den Test besser als unter der Glühbirne mit Schirm. Das Ergebnis bestätigt, dass eine nackte Glühbirne, die wir als Symbol der Eingebung und Erfindung verwenden, tatsächlich kreativitätsfördernd wirkt. Der Anblick der Glühbirne beeinflusst unsere Denkprozesse und macht uns kreativer.

Lernen Sie von Apple

Auch mit anderen Symbolen, die wir mit Kreativität assoziieren, können wir unsere Kreativität steigern. Dazu reichen selbst Markennamen. Dies überprüften Wissenschaftler anhand der beiden Marken IBM und Apple.[6] Beides sind erfolgreiche Unternehmen, doch Apple wird eher mit Kreativität in Verbindung gebracht als IBM. Mit Slogans wie *think different* betont Apple Innovation und den Ausbruch aus Konventionen. Ein Bekannter, der kürzlich von einer anderen Computerfirma zu Apple wechselte, erzählte mir, er habe zwar gern bei seinem früheren Arbeitgeber gearbeitet, doch bei Apple sei die kreative Atmosphäre regelrecht mit Händen zu greifen.

Die Wissenschaftler fragten Studenten, welche Eigenschaften sie mit welcher Marke assoziierten. Dabei stellte sich heraus, dass Apple als deutlich kreativer galt als IBM. Außerdem sollten die Studenten angeben, wie sehr sie jede der beiden Marken mochten und was sie von ihnen hielten. Hier ergaben sich keine Unterschiede, die beiden Marken waren gleich beliebt und wurden gleichermaßen positiv bewertet. Der einzige Unterschied war, dass Apple als kreativer galt.

Nun führten die Wissenschaftler ein Experiment durch. Die Teilnehmer saßen vor einem Computerbildschirm, auf dem nacheinander Zahlen eingeblendet wurden. Sie sollten diese Zahlen addieren. Auf der Hälfte der Bildschirme wurde währenddessen unterschwellig ein IBM-Logo eingeblendet und auf der anderen ein Apple-Logo. Die Logos wurden jeweils 13 Millisekunden lang eingeblendet und waren bewusst nicht erkennbar. Als die Teilnehmer nach dem Experiment gefragt wurden, was sie gesehen hatten, erwähnte keiner die Logos.

Im zweiten Teil des Experiments erhielten die Teilnehmer eine Aufgabe, bei der ihre Kreativität gefragt war: Sie sollten sich einen Backstein vorstellen und sich so viele ungewöhnliche Verwendungszwecke wie möglich ausdenken. Zum Beispiel könnte man einen Backstein als Briefbeschwerer, Türstopper oder, in Alufolie gepackt, als Sandwichpresse im Backofen verwenden. Je mehr Verwendungszwecke man findet, umso kreativer ist man, so die Logik. Teilnehmer, die das unterschwellige Apple-Logo gesehen hatten, kamen auf mehr Einfälle. Erstaunlicherweise fördert offenbar schon der unbewusste Anblick eines Apple-Logos die Kreativität.

Wenn Sie diese Erkenntnis zu Hause oder am Arbeitsplatz nutzen wollen, hängen Sie ganz einfach Bilder auf, die für Sie Kreativität signalisieren, zum Beispiel Bilder von Glühbirnen, die Logos und Mottos kreativer Unternehmen, das Bild einer Wiese oder eines weiten Horizonts oder das Bild eines Menschen, der neben einer Kiste steht. Vielleicht inspiriert sie auch ein kubistisches Gemälde von Picasso, da der Maler auf diesen Bildern immer mehrere Blickwinkel gleichzeitig einnimmt. Auch Fotos von exotischen Reisezielen könnten anregend wirken, zumal festgestellt wurde, dass Auslandsaufenthalte die Kreativität von Studenten fördern.[7] Hängen Sie Bilder wie diese in Ihrem Büro, über Ihrem Schreibtisch oder in den Zimmern Ihrer Kinder auf. Die beschriebenen Experimente zeigen, dass Sie damit mehr bewirken, als Sie denken. Seien Sie kreativ – und suchen Sie nach weiteren Symbolen, die Ihre Kreativität steigern.

Schlussbemerkungen

Viele in diesem Buch beschriebene Untersuchungen zeigen, dass unsere körperlichen Empfindungen in engem Zusammenhang mit unseren abstrakten Vorstellungen stehen und unser Denken, Fühlen und Handeln beeinflussen. Wenn wir zum Beispiel etwas Weiches spüren, verhalten wir uns selbst »weicher«, und wenn wir Süßes essen, werden wir »süßer«.

Als wäre das nicht schon erstaunlich genug, gehen die in diesem letzten Kapitel beschriebenen Experimente noch einen Schritt weiter. Sie zeigen, dass wir allein durch die Verkörperung von Kreativitätsmetaphern oder durch die Wahrnehmung von Kreativitätssignalen unser Wissen besser abrufen können, kreativer sind, neue und originelle Ideen entwickeln und kreative Assoziationen herstellen. Das Embodiment hilft uns, mehr zu lernen und zu leisten. Wenn wir Metaphern verkörpern oder Kreativitätssignale aus der Umwelt aufnehmen, verbessern wir auf ungeahnte Weise unsere Problemlösungsfähigkeit. Das ist eine ausgezeichnete Nachricht: Sie haben es selbst in der Hand, kreativer zu werden.

Epilog

Während der Arbeit am letzten Kapitel dieses Buchs ging die Nachricht von einem gewaltigen Meteoriten um die Welt, der über Russland explodierte. Es war ein erschreckendes Naturschauspiel, das ähnlich selten vorkommt wie Erdbeben oder Tsunamis, das mir jedoch einmal mehr ins Bewusstsein rief, wie Naturgewalten unser Leben plötzlich und ohne Vorwarnung umkrempeln können.

In diesem Buch ging es nicht um Naturgewalten, die unser Leben auf dramatische Weise verändern. Es ging um subtilere Kräfte, die wir im Alltag erleben und kaum wahrnehmen, und die trotzdem einen großen Einfluss auf unser Leben haben. Die bahnbrechenden Experimente, die ich hier vorgestellt habe, zeigen wieder und wieder den erstaunlichen Einfluss, den sinnliche Wahrnehmungen wie Textur, Geschmack, Farbe, räumliche Position und Sauberkeit auf unser Denken, Fühlen, Urteilen und Handeln haben.

Psychologen und Philosophen wissen schon lange, dass unsere körperlichen Empfindungen unser Handeln beeinflussen, doch erst in den letzten Jahrzehnten hat die Embodiment-Forschung dieses Zusammenspiel einer wissenschaftlichen Untersuchung unterzogen. Dabei hat sie erstaunliche Beziehungen entdeckt und gezeigt, dass unsere Metaphern eine physische Realität sind.

Die Embodiment-Forschung zeigt, dass wir abstrakte Konzepte über die körperlichen Erfahrungen verstehen, die mit diesen Konzepten assoziiert werden. Kinder lernen die Welt über ihre körperliche Erfahrung kennen und entwickeln so konkrete Vorstellungen von Entfernung, Tasterfahrungen, Wärme, Gewicht oder Position. Beispielsweise spüren Kinder Wärme, wenn sie von ihren Eltern in den Arm genommen werden, und erleben so die Verbindung zwischen körperlicher und emotionaler Wärme. Sie lernen den Unterschied zwischen nah und fern, hell und dunkel, positiv und negativ kennen, wenn sie ins Bett gebracht werden und ihre Eltern das Licht ausschalten und gehen. Sie lernen die Beziehung zwischen Höhe und Macht verstehen, wenn sie zu den Erwachsenen in ihrer Umgebung aufschauen.

Diese körperlichen Wahrnehmungen sind die Grundlage für die Entwicklung höherer abstrakter Vorstellungen wie Freundlichkeit, emotionale Distanz und so weiter. Unser Fühlen, Denken und Handeln baut auf diesen körperlichen Empfindungen auf. Wir richten unsere Aufmerksamkeit nach oben, wenn wir an mächtige Menschen und Gruppen denken, und wir halten ein Thema für wichtiger, wenn wir etwas Schweres tragen.

Die hier beschriebenen Erkenntnisse zur physischen Intelligenz helfen uns einerseits zu verstehen, wie unser Denken und Fühlen funktioniert. Andererseits leisten sie auch einen wichtigen Beitrag zur Entwicklung von künstlicher Intelligenz. Hans Moravec, Erfinder und Vordenker der Robotertechnik und Professor an der Carnegie Mellon University, sagte einmal, es sei einfacher, einem Computer das Schachspielen beizubringen, als ihn darauf zu programmieren, die Welt wahrzunehmen wie ein Baby. Nach dem sogenannten Moravec-Paradox ist die Entwicklung von Robotern und intelligenten Maschinen auch deshalb so schwierig, weil die Programmierung von sensomotorischen Fähigkeiten deutlich mehr Rechenleistung erfordert als die höheren kognitiven Prozesse wie Denken und Entscheiden. Das erinnert uns einmal mehr daran, dass unsere Sinne ein Wunder sind und dass sie eine Brücke zwischen unserer Intelligenz und der Welt bauen – mehr noch, dass sie Intelligenz überhaupt erst ermöglichen.

Die hier vorgestellten Untersuchungen zeigen, dass Metaphern das ideale Instrument des Embodiment sind. Unsere Sprache ist voller Metaphern, die unsichtbar wirken. Eine Metapher verbindet eine konkrete Erfahrung mit einer abstrakten Vorstellung und hilft uns, diese mit einem unmittelbar einleuchtenden Bild zu verstehen. Wir wissen, dass ein *eiskalter Mensch* nicht draußen in der Kälte gestanden hat, und dass ein *sozialer Aufsteiger* keine geselligen Klettertouren unternimmt. Trotzdem besteht eine reale Beziehung zwischen dem abstrakten Gedanken und unserem Gefühl für die Welt. Unsere physische Intelligenz versorgt uns mit wichtigen Informationen, aber sie kann uns auch zu Vorurteilen verleiten: Wir halten einen Menschen eher für kalt, wenn wir selbst gerade frieren, auch wenn dieses Urteil vielleicht völlig ungerechtfertigt ist. Aber wenn wir wissen, wie Körper und Geist miteinander kommunizieren, können wir uns vor diesen vorschnellen Urteilen hüten.

Nach Ansicht mancher Psychologen sind Metaphern lediglich ein Ausdruck dieser Assoziationen zwischen körperlichen Empfindungen und abstrakten Vorstellungen. Doch inzwischen haben Wissenschaftler herausgefunden, dass Metaphern vielmehr Teil dieses Prozesses sind und uns helfen, abstrakte Vorstellungen zu verstehen. Die hier beschriebenen Experimente beweisen wieder und wieder, dass Metaphern nicht nur poetische Redewendungen sind. Wir denken vielmehr in Metaphern, unser Gehirn verwendet Metaphern als universelle und bildhafte Sinneinheiten. Metaphern sind stärker, als wir dachten, und sie beeinflussen unser Denken und Handeln.

Wir haben gesehen, wie ein heißer Kaffee unsere Herzen erwärmen und uns umstimmen kann, wie Klemmbretter Bewerbungen gewichtiger erscheinen lassen und wie saubere Hände das Schummeln erleichtern. Sie haben es bestimmt auch schon erlebt, dass sich die Außentemperatur auf Ihre Stimmung niederschlägt, aber Sie hätten sicher nie gedacht, dass der bloße Kontakt mit einem warmen Gegenstand Ihr Urteil über andere Menschen beeinflusst und Sie geselliger macht. Tastempfindungen spielen eine deutlich wichtigere Rolle in unserem Leben, als wir bislang angenommen haben. Hätten Sie gedacht, dass die Härte des Stuhls, auf dem Sie sitzen, Einfluss auf Ihre Haltung in Verhandlungen und damit auf das Ergebnis hat? Sie haben vielleicht geahnt, dass Sie im Gehen besser denken, aber hätten Sie gedacht, dass sie kreativer werden, wenn Sie nicht auf ausgetretenen Pfaden gehen?

Vielleicht haben Sie sich bei der einen oder anderen Beschreibung gedacht: »Das klingt ja alles schön und gut, aber ist das nicht ein bisschen überzogen?« Der Verdacht drängt sich auf, dass es eine andere Erklärung für die Ergebnisse geben muss oder dass im Versuchsaufbau irgendein Faktor übersehen wurde. Wie können körperliche Empfindungen, die wir in Metaphern mit unserem Fühlen und Handeln assoziieren, derartige Auswirkungen haben?

Die Experimente, die ich in diesem Buch zusammengestellt habe, wurden von führenden Wissenschaftlern renommierter Universitäten durchgeführt, die Ergebnisse wurden in angesehenen Fachzeitschriften veröffentlicht und von unabhängigen Kollegen überprüft. Die Experimente wurden sorgfältig entwickelt und kontrolliert, die Versuchspersonen waren vergleichbar und wurden nach dem Zufallsprinzip auf verschiedene Gruppen verteilt. Der einzige Unterschied zwischen den Gruppen waren die untersuchten Einflüsse. Die Experimente waren so angelegt, dass allein die untersuchte Größe für das Verhalten der Teilnehmer verantwortlich war.

Trotzdem sollten Wissenschaftler natürlich immer hellhörig werden, wenn sie von Experimenten erfahren, deren Ergebnisse dem gesunden Menschenverstand zu widersprechen scheinen.

Unerwartete Erkenntnisse können durchaus ein Hinweis darauf sein, dass ein Experiment schlecht aufgebaut war oder dass die Ergebnisse manipuliert wurden. Wie in jeder anderen Forschungsrichtung gab es auch in der Embodiment-Forschung unseriöse Wissenschaftler, die mit fragwürdigen Daten zu falschen Ergebnissen kamen. Die entsprechenden Aufsätze wurden zurückgezogen, und zwei Wissenschaftler verloren ihre Stellen. Diese Arbeiten habe ich hier natürlich nicht erwähnt. Ich selbst habe die hier vorgestellten Forschungsarbeiten sorgfältig geprüft, um Ihnen nur die glaubwürdigsten und besten Experimente und Erkenntnisse aus diesem spannenden neuen Forschungsgebiet zu präsentieren.

Unlängst wurden einige sehr bekannte und oft zitierte Untersuchungen aus der Sozialpsychologie kritisiert, weil sich ihre Ergebnisse nicht wiederholen ließen. Von dieser Kritik waren auch Experimente der Embodiment-Forschung betroffen. Um zu gewährleisten, dass die beschriebenen Phänomene real sind, beziehe ich mich fast ausschließlich auf Untersuchungen, die mit mehreren Experimenten arbeiten. Wenn ein und dieselbe Frage mehrmals und mit verschiedenen Methoden untersucht wird, ist es wahrscheinlicher, dass ihre Schlussfolgerungen richtig sind, und unwahrscheinlicher, dass es sich um zufällige Ausreißer handelt. In vielen hier beschriebenen Fällen wurden Experimente in mehreren Labors und sogar in unterschiedlichen Ländern durchgeführt, jeweils mit demselben Ergebnis. Die Auswirkung des Gewichts auf unsere Vorstellung der Gewichtigkeit wurde beispielsweise in unterschiedlichen Labors in den Vereinigten Staaten und in den Niederlanden untersucht.

Es ist natürlich möglich, dass sich einige der hier beschriebenen Experimente nicht wiederholen lassen. Der Grund könnten nicht berücksichtigte Variablen wie Umfeld, Persönlichkeit und Kultur sein. Diese Variablen können durchaus einen Einfluss auf die Ergebnisse haben und lassen sich nur schwer ausschließen. Das ändert nichts daran, dass es sich um ein aufregendes neues Forschungsgebiet handelt, das – wie so oft in der Wissenschaft – in dieser ersten Phase verblüffende Ergebnisse hervorbringt. In der zweiten Phase werden neue Untersuchungen zusätzliche Variablen berücksichtigen und umfassendere Theorien aufstellen. Für die kommende Generation der Embodiment-Forscher wird die Herausforderung darin bestehen, diese Variablen ausfindig zu machen und Theorien aufzustellen, die erklären, wie, wann und warum es zu diesen faszinierenden Assoziationen zwischen Körper und Geist kommt.

Künftige Experimente könnten beispielsweise untersuchen, wann der Einfluss der körperlichen Empfindungen am geringsten ist. Wir wissen beispielsweise jetzt, dass die Berührung eines warmen Gegenstands unser Urteilen und Handeln beeinflusst, doch wir wissen nicht, welche Auswirkungen die Außentemperatur auf diesen Zusammenhang hat, und ob der Effekt an kalten Tagen ein anderer ist als an heißen. Weitere Faktoren, zum Beispiel die Anwesenheit anderer Menschen, könnten sich ebenfalls auf die Assoziation zwischen körperlichem Empfinden und Verhalten auswirken. Künftige Experimente sollten auch kulturelle Faktoren berücksichtigen und Kinder unterschiedlichen Alters untersuchen, um zu verstehen, wie wir die Assoziationen zwischen konkreten und abstrakten Vorstellungen erlernen.

Der Zusammenhang zwischen körperlichem Empfinden, Fühlen und Handeln könnte bei einigen Menschen stärker ausgeprägt sein als bei anderen. Manche Menschen reagieren stärker auf Umweltsignale und körperliche Empfindungen, sie sind sensibler als andere und hören stärker auf ihren Körper. Durch Praktiken wie Yoga und Meditation können wir lernen, besser auf unseren Körper zu hören. Seit ich Yoga praktiziere, bin ich mir meines Körpers und meiner Atmung viel bewusster und nehme meine Umgebung schärfer wahr.

Ich hoffe, dass bei künftigen Experimenten auch moderne Techniken wie die Magnetresonanztomografie zur Anwendung kommen, um die Hardware der Psyche, das Gehirn, in Aktion zu sehen, die Aktivität des Gehirns beim Sprechen und Handeln beobachten zu können und so die Beziehung zwischen Körper und Geist besser zu erforschen.

Eine weiteres denkbares Forschungsgebiet wären die zahllosen Einflüsse der virtuellen Realität, denen wir zunehmend ausgesetzt sind. Heute bewegen wir uns immer mehr in virtuellen Räumen, während wir in oft düsteren Räumen sitzen und auf die Bildschirme unserer Computer, Tablets und Handys schauen. Ein immer größerer Teil unserer gesellschaftlichen und wirtschaftlichen Aktivitäten verlagert sich ins Internet.* Wir kaufen immer mehr online und verwalten unsere Finanzen über das Onlineportal unserer Bank. Auch unser Sozialleben verlagert sich zunehmend ins Netz. Heute begegnen wir einander in sozialen Plattformen wie Facebook, in Singlechats und allen möglichen anderen Foren und Selbsthilfegruppen im Internet. Künftige Untersuchungen müssen erforschen, welche Auswirkung die physische Dimension dieser virtuellen Räume auf unsere Entscheidungen, Verhaltensweisen und Emotionen hat.

Ein Beispiel sind Geldinstitute. Banken bieten ihren Kunden verschiedene Möglichkeiten der Geldanlage und Kreditaufnahme und arbeiten mit physischen Merkmalen, zum Beispiel Farbe oder Position auf dem Bildschirm, um unsere Entscheidungen zu lenken. In ihrer Werbung für Kredite oder Anlagen verwenden sie gern Bilder von schwebenden Fesselballons oder schweren Safes. Im Falle einer Investition vermittelt der Safe das Gefühl des Gewichts und der Sicherheit; ein Ballon wirkt dagegen nicht überzeugend. Anders bei einem Kredit: Hier vermittelt das Bild eines davonschwebenden Ballons den Eindruck von Freiheit, während der schwere Safe eine Bürde darstellt und eher abschreckt.

---

* Im Jahr 2012 wurden in den Vereinigten Staaten im Internet Waren im Wert von 289 Milliarden Dollar umgesetzt, für das Jahr 2016 wird ein Umsatz von 362 Milliarden Dollar erwartet. http://www.statista.com/topics/871/online-shopping.

Unsere virtuelle Umwelt könnte auch unser körperliches Verhalten verändern. Beispielsweise vergrößern wir die Schrift auf den Displays unserer Tablets und Handys, indem wir zwei Finger einer Hand auseinanderbewegen. Wenn sich diese Bewegung durchsetzt, könnte sie zu einer neuen mentalen Darstellung für Groß und Klein werden. Unlängst sah ich, wie ein Kind in einem Bilderbuch blätterte und versuchte, mit dieser Fingergeste ein Bild zu vergrößern – Sie hätten sehen sollen, wie verblüfft es war, als es nicht funktionierte.

Wir stehen noch ganz am Anfang der Embodiment-Forschung und verstehen erst allmählich das verwirrende Geflecht von Beziehungen zwischen Körper und Geist, die uns mit unserer Umwelt verbinden. Dieses Buch ist ein bescheidener Versuch, die Tür zu einem neuen, unbekannten Terrain aufzustoßen. Die hier beschriebenen Erkenntnisse sind von großer Tragweite und können uns im Alltag und Beruf weiterhelfen – im Umgang mit unseren Partnern, Kindern, Freunden, Kollegen und Vorgesetzten genauso wie in Verhandlungen, Vorstellungsgesprächen und wichtigen Gesprächen mit Angehörigen oder den Lehrern unserer Kinder.

Das Schöne an diesen Erkenntnissen ist, dass sie auf alle Menschen zutreffen. Sobald Sie sich dieser Einflüsse und der Kraft der Metaphern bewusst werden, können Sie sie einfach für sich nutzen. Wie wir gesehen haben, sind einige positiv und hilfreich, während andere in die Irre führen können. Schleckermäuler können liebenswerter sein als andere, müssen es aber nicht, und nicht alle mächtigen Strahlemänner, zu denen wir aufblicken, sind tatsächlich vertrauenswürdig. Achten Sie auf den Input Ihrer Sinne und gehen Sie kritisch damit um. Diese kritische Sensibilität für die Informationen Ihrer Sinne ist die neue physische Intelligenz. Mit diesem neuen Bewusstsein verhindern Sie, dass unbewusste Metaphern Einfluss auf Ihre Entscheidungen und Ihr Urteil nehmen.

Mit diesem neuen Bewusstsein werden Sie stärker auf Umwelteinflüsse wie Farbe, Temperatur und Textur achten. Sie werden die Welt mit geschärften Sinnen wahrnehmen. Und sie werden eine neue Sprache sprechen – die der verkörperten Metaphern. Die neue physische Intelligenz wird Ihr Leben bereichern.

Wir erhalten ununterbrochen Signale aus unserer Umwelt. Mit Ihrer physischen Intelligenz haben Sie es in der Hand, sie besser zu verstehen und für sich zu nutzen.

Anmerkungen

Prolog

1 L. E. Williams und J. A. Bargh (2008). »Experiencing physical warmth promotes interpersonal warmth«. *Science*, 322 (5901), S. 606–7.

Kapitel 1: Ein Kaffee gefällig?

1 L. E. Williams und J. A. Bargh (2008). »Experiencing physical warmth promotes interpersonal warmth«. *Science*, 322 (5901), S. 606–7.
2 H. Ijzerman und G. R. Semin (2009). »The thermometer of social relations mapping social proximity on temperature«. *Psychological Science*, 20 (10), S. 1214–20.
3 L. W. Barsalou (2008). »Grounded cognition«. *Annual Review of Psychology*, 59, S. 617–45; R. W. Gibbs (1992). »Categorization and metaphor understanding«. *Psychological Review*, 99 (3), S. 572–77; P. M. Niedenthal, L. W. Barsalou, P. Winkielman, S. Krauth-Gruber und F. Ric (2005). »Embodiment in attitudes, social perception, and emotion«. *Personality and Social Psychology Review*, 9 (3), S. 184–211; M. Wilson (2002). »Six views of embodied cognition«. *Psychonomic Bulletin & Review*, 9 (4), S. 625–36.
4 L. E. Williams, J. Y. Huang und J. A. Bargh (2009). »The scaffolded mind: Higher mental processes are grounded in early experience of the physical world«. *European Journal of Social Psychology*, 39 (7), S. 1257–67; G. Lakoff und M. Johnson (1999). *Philosophy in the flesh: The embodied mind and its challenge to western thought*. New York: Basic Books;

M. J. Landau, B. P. Meier und L. A. Keefer (2010). »A metaphor-enriched *Social Cognition*«. *Psychological Bulletin*, 136 (6), S. 1045–67.

5 M. R. Cunningham (1979). »Weather, mood, and helping behavior: Quasi experiments with the sunshine Samaritan«. *Journal of Personality and Social Psychology*, 37 (11), S. 1947–56.

6 E. G. Cohn und J. Rotton (2005). »The curve is still out there: A reply to Bushman, Wang, and Anderson's (2005) ›Is the curve relating temperature to aggression linear or curvilinear?‹« *Journal of Personality and Social Psychology*, 89 (1), S. 67–70; J. Rotton und E. G. Cohn (2004). »Outdoor temperature, climate control and criminal assault: The spatial and temporal ecology of violence«. *Environment and Behavior*, 36 (2), S. 276–306; C. A. Anderson (1987). »Temperature and aggression: Effects on quarterly, yearly, and city rates of violent and nonviolent crime«. *Journal of Personality and Social Psychology*, 52 (6), S. 1161–73.

7 C. B. Zhong und G. J. Leonardelli (2008). »Cold and lonely: Does social exclusion literally feel cold?« *Psychological Science*, 19 (9), S. 838–42.

8 H. Ijzerman, M. Gallucci, W. T. Pouw, S. C. Weißgerber, N. J. Van Doesum und K. D. Williams (2012). »Cold-blooded loneliness: Social exclusion leads to lower skin temperatures«. *Acta Psychologica*, 140 (3), S. 283–88.

9 L. E. Williams und J. A. Bargh (2008). »Experiencing physical warmth promotes interpersonal warmth«. *Science*, 322 (5901), S. 606–7.

10 Y. Kang, L. E. Williams, M. S. Clark, J. R. Gray und J. A. Bargh (2011). »Physical temperature effects on trust behavior: The role of insula«. *Social Cognitive and Affective Neuroscience*, 6 (4), S. 507–15.

Kapitel 2: Weichspüler und Kratzbürsten

1 T. Field (2002). »Infants' need for touch«. *Human Development*, 45 (2), S. 100–103.

2 J. Hornik (1992). »Tactile stimulation and consumer response«. *Journal of Consumer Research*, 19 (3), S. 449–58.

3 J. Levav und J. J. Argo (2010). »Physical contact and financial risk taking«. *Psychological Science*, 21 (6), S. 804.

4 A. H. Crusco und C. G. Wetzel (1984). »The Midas touch: The effects of interpersonal touch on restaurant tipping«. *Personality and Social Psychology Bulletin*, 10 (4), S. 512–17.

5 J. Cha, M. Eid, L. Rahal und A. El Saddik (2008). »HugMe: An interpersonal haptic communication system«. IEEE International Workshop on Haptic Audio Visual Environments and Games, 2008, S. 99–102.

6 J. Teh, S. P. Lee und A. D. Cheok (2005). »Internet pajama: A mobile hugging communication system«. Proceedings of the 2005 International Conference on Augmented Tele-Existence, S. 274.

7 J. M. Ackerman, C. C. Nocera und J. A. Bargh (2010). »Incidental haptic sensations influence social judgments and decisions«. Science, 328 (5986), S. 1712–15.

8 M. L. Slepian, M. Weisbuch, N. O. Rule und N. Ambady (2011). »Tough and tender: Embodied categorization of gender«. Psychological Science, 22 (1), S. 26–28.

9 D. Hayes (2005). »Candidate qualities through a partisan lens: A theory of trait ownership«. American Journal of Political Science, 49 (4), S. 908–23.

10 M. L. Slepian, N. O. Rule und N. Ambady (2012). »Proprioception and person perception: Politicians and professors«. Personality and Social Psychology Bulletin, 39 (12), S. 1621–28.

11 J. M. Ackerman, C. C. Nocera und J. A. Bargh (2010). »Incidental haptic sensations influence social judgments and decisions«. Science, 328 (5986), S. 1712–15.

12 S. Lacey, R. Stilla und K. Sathian (2012). »Metaphorically feeling: Comprehending textural metaphors activates somatosensory cortex«. Brain and Language, 120 (3), S. 416–21.

13 J. Nimer und B. Lundahl (2007). »Animal-assisted therapy: A meta-analysis«. Anthrozoos: A multidisciplinary journal of the interactions of people and animals, 20 (3), S. 225–38.

14 M. M. Baun und B. W. McCabe (2003). »Companion animals and persons with dementia of the Alzheimer's type«. American Behavioral Scientist, 47 (1), S. 42–51; J. M. Grossberg und E. F. Alf (1985). »Interaction with pet dogs: Effects on human cardiovascular response«. Journal of the Delta Society 2 (1), S. 20–27.

Kapitel 3: Nehmen Sie nichts auf die leichte Schulter!

1 J. M. Ackerman, C. C. Nocera und J. A. Bargh (2010). »Incidental haptic sensations influence social judgments and decisions«. Science, 328 (5986), S. 1712–15.

2 F. Pratto, L. M. Stallworth und J. Sidanius (1997). »The gender gap: Differences in political attitudes and social dominance orientation«. *British Journal of Social Psychology*, 36 (1), S. 49–68; A. B. Diekman, A. H. Eagly und P. Kulesa (2002). »Accuracy and bias in stereotypes about the social and political attitudes of women and men«. *Journal of Experimental Social Psychology*, 38 (3), S. 268–82.

3 N. B. Jostmann, D. Lakens und T. W. Schubert (2009). »Weight as an embodiment of importance«. *Psychological Science*, 20 (9), S. 1169–74.

4 I. K. Schneider, B. T. Rutjens, N. B. Jostmann und D. Lakens (2011). »Weighty matters: Importance literally feels heavy«. *Social Psychological and Personality Science*, 2 (5), S. 474–78.

5 M. L. Slepian, E. J. Masicampo, N. R. Toosi und N. Ambady (2012). »The physical burdens of secrecy«. *Journal of Experimental Psychology: General*, 141 (4), S. 619–24.

6 D. R. Proffitt, J. Stefanucci, T. Banton und W. Epstein (2003). »The role of effort in perceiving distance«. *Psychological Science*, 14 (2), S. 106–12.

Kapitel 4: Vorsicht Ampel!

1 Zum Beispiel: M. Shih, T. L. Pittinsky und N. Ambady (1999). »Stereotype susceptibility: Identity salience and shifts in quantitative performance«. *Psychological Science*, 10 (1), S. 80–83.

2 Zum Beispiel: C. M. Steele und J. Aronson (1995). »Stereotype threat and the intellectual test performance of African Americans«. *Journal of Personality and Social Psychology*, 69 (5), S. 797–811.

3 A. J. Elliot, M. A. Maier, A. C. Moller, R. Friedman und J. Meinhardt (2007). »Color and psychological functioning: The effect of red on performance attainment«. *Journal of Experimental Psychology: General*, 136 (1), S. 154–68.

4 A. J. Elliot, M. A. Maier, M. J. Binser, R. Friedman und R. Pekrun (2009). »The effect of red on avoidance behavior in achievement contexts«. *Personality and Social Psychology Bulletin*, 35 (3), S. 365–75.

5 R. A. Hill und R. A. Barton (2005). »Red enhances human performance in contests«. *Nature*, 435 (7040), S. 293.

6 M. J. Attrill, K. A. Gresty, R. A. Hill und R. A. Barton (2008). »Red shirt colour is associated with long-term team success in English football«. *Journal of Sports Sciences*, 26 (6), S. 577–82.

7 N. Hagemann, B. Strauss und J. Leißing (2008). »When the referee sees red«. *Psychological Science,* 19 (8), S. 769–71.

8 A. J. Elliot and H. Aarts (2011). »Perception of the color red enhances the force and velocity of motor output«. *Emotion,* 11 (2), S. 445–49.

9 A. Ilie, S. Ioan, L. Zagrean und M. Moldovan (2008). »Better to be red than blue in virtual competition«. *CyberPsychology and Behavior,* 11 (3), S. 375–77.

Kapitel 5: Die Dame in Rot

1 A. J. Elliot und D. Niesta (2008). »Romantic red: Red enhances men's attraction to women«. *Journal of Personality and Social Psychology,* 95 (5), S. 1150–64.

2 A. J. Elliot, J. L. Tracy, A. D. Pazda und A. T. Beall (2012). »Red enhances women's attractiveness to men: First evidence suggesting universality«. *Journal of Experimental Social Psychology,* 49 (1), S. 165–68.

3 D. Niesta Kayser, A. J. Elliot und R. Feltman (2010). »Red and romantic behavior in men viewing women«. *European Journal of Social Psychology,* 40 (6), S. 901–8.

4 N. Guéguen and C. Jacob (2012). »Clothing color and tipping: Gentlemen patrons give more tips to waitresses with red clothes«. *Journal of Hospitality and Tourism Research,* 18. April 2012.

5 N. Guéguen (2012). »Color and women hitchhikers' attractiveness: Gentlemen drivers preferred«. *Color Research and Application,* 37 (1), S. 76–78.

6 J. M. Setchell und E. J. Wickings (2005). »Dominance, status signals and coloration in male mandrills (Mandrillus sphinx)«. *Ethology,* 111 (1), S. 25–50.

7 C. Waitt, M. S. Gerald, A. C. Little und E. Kraiselburd (2006). »Selective attention toward female secondary sexual color in male rhesus macaques«. *American Journal of Primatology,* 68 (7), S. 738–44.

8 S. R. Pryke und S. C. Griffith (2006). »Red dominates black: Agonistic signalling among head morphs in the colour polymorphic Gouldian finch«. *Proceedings of the Royal Society of London. Series B: Biological Sciences,* 273 (1589), S. 949–57.

9 I. C. Cuthill, S. Hunt, C. Cleary und C. Clark (1997). »Colour bands, dominance, and body mass regulation in male zebra finches (Taeni-

opygia guttata).« *Proceedings of the Royal Society of London. Series B: Biological Sciences*, 264 (1384), S. 1093–99.

10 T. C. Bakker und M. Milinski (1993). »The advantages of being red: Sexual selection in the stickleback«. *Marine and Freshwater Behaviour and Physiology*, 23 (1–4), S. 287–300.

11 A. C. Little und R. A. Hill (2007). »Attribution to red suggests special role in dominance signalling«. *Journal of Evolutionary Psychology*, 5 (1–4), S. 161–68.

12 A. J. Elliot, D. Niesta Kayser, T. Greitemeyer, S. Lichtenfeld, R. H. Gramzow, M. A. Maier und H. Liu (2010). »Red, rank, and romance in women viewing men«. *Journal of Experimental Psychology: General*, 139 (3), S. 399–417.

13 N. M. Puccinelli, R. Chandrashekaran, D. Grewal und R. Suri (2013). »Are men seduced by red? The effect of red versus black prices on price perceptions«. *Journal of Retailing*, 89 (2), S. 115–25.

14 T. L. Morris, J. Gorham, S. H. Cohen und D. Huffman (1996). »Fashion in the classroom: Effects of attire on student perceptions of instructors in college classes«. *Communication Education*, 45 (2), S. 135–48.

15 P. Glick, S. Larsen, C. Johnson und H. Branstiter (2005). »Evaluations of sexy women in low- and high-status jobs«. *Psychology of Women Quarterly*, 29 (4), S. 389–95.

16 C. Y. Shao, J. Baker und J. A. Wagner (2004). »The effects of appropriateness of service contact personnel dress on customer expectations of service quality and purchase intention: The moderating influences of involvement and gender«. *Journal of Business Research*, 57 (10), S. 1164–76.

17 H. Adam und A. D. Galinsky (2012). »Enclothed cognition«. *Journal of Experimental Social Psychology*, 48 (4), S. 918–25.

Kapitel 6: Kontrastprogramm

1 B. P. Meier, M. D. Robinson und G. L. Clore (2004). »Why good guys wear white: Automatic inferences about stimulus valence based on brightness«. *Psychological Science*, 15 (2), S. 82–87.

2 D. Lakens, G. R. Semin und F. Foroni (2011). »But for the bad, there would not be good: Grounding valence in brightness through shared relational structures«. *Journal of Experimental Psychology: General*, 141 (3), S. 584–94.

3 M. G. Frank und T. Gilovich (1988). »The dark side of self- and social perception: Black uniforms and aggression in professional sports«. *Journal of Personality and Social Psychology*, 54 (1), S. 74–85.

4 G. D. Webster, G. R. Urland und J. Correll (2012). »Can uniform color color aggression? Quasi-experimental evidence from professional ice hockey«. *Social Psychological and Personality Science*, 3 (3), S. 274–81.

5 B. P. Meier, M. D. Robinson, L. E. Crawford und W. J. Ahlvers (2007). »When ›light‹ and ›dark‹ thoughts become light and dark responses: Affect biases brightness judgments«. *Emotion*, 7 (2), S. 366–76.

6 H. Song, A. J. Vonasch, B. P. Meier und J. A. Bargh (2012). »Brighten up: Smiles facilitate perceptual judgment of facial lightness«. *Journal of Experimental Social Psychology*, 48 (1), S. 450–52.

7 P. Banerjee, P. Chatterjee und J. Sinha (2012). »Is it light or dark? Recalling moral behavior changes perception of brightness«. *Psychological Science*, 23 (4), S. 407–9.

8 G. D. Sherman und G. L. Clore (2009). »The color of sin: White and black are perceptual symbols of moral purity and pollution«. *Psychological Science*, 20 (8), S. 1019–25.

9 C. Zhong, V. K. Bohns und F. Gino (2010). »Good lamps are the best police: Darkness increases dishonesty and self-interested behavior«. *Psychological Science*, 21 (3), S. 311–14.

10 M. aan het Rot, D. S. Moskowitz und S. N. Young. (2008). »Exposure to bright light is associated with positive social interaction and good mood over short time periods: A naturalistic study in mildly seasonal people«. *Journal of Psychiatric Research*, 42(4), S. 311–19.

11 S. Leppämäki, T. Partonen, P. Piiroinen, J. Haukka und J. Lönnqvist (2003). »Timed bright-light exposure and complaints related to shift work among women«. *Scandinavian Journal of Work, Environment and Health*, 29 (1), S. 22–26.

Kapitel 7: Der Raum, unendliche Weiten

1 L. Festinger, S. Schachter und K. Back (1950). *Social pressures in informal groups: A study of human factors in housing.* Oxford, England: Harper.

2 D. P. Kennedy, J. Gläscher, J. M. Tyszka und R. Adolphs (2009). »Personal space regulation by the human amygdala«. *Nature Neuroscience*, 12(10), S. 1226[0].

3 J. Xu, H. Shen und R. S. Wyer (2012). »Does the distance between us matter? Influences of physical proximity to others on consumer choice«. *Journal of Consumer Psychology*, 22 (3), S. 418–23.

4 J. Mumm und B. Mutlu (2011). »Human-robot proxemics: Physical and psychological distancing in human-robot interaction«. *2011 Sixth ACM/ IEEE International Conference on Human-Robot Interaction*, S. 331–38.

5 A. Galin, M. Gross und G. Gosalker (2007). »E-negotiation versus face-to-face negotiation: What has changed – if anything?« *Computers in Human Behavior*, 23 (1), S. 787–97.

6 L. E. Williams und J. A. Bargh (2008). »Keeping one's distance: The influence of spatial distance cues on affect and evaluation«. *Psychological Science*, 19 (3), S. 302–8.

7 E. M. Sahlstein (2004). »Relating at a distance: Negotiating being together and being apart in long-distance relationships«. *Journal of Social and Personal Relationships*, 21 (5), S. 689–710.

Kapitel 8: Groß und mächtig

1 T. W. Schubert (2005). »Your highness: Vertical positions as perceptual symbols of power«. *Journal of Personality and Social Psychology*, 89 (1), S. 1–21.

2 K. Zanolie, S. v. Dantzig, I. Boot, J. Wijnen, T. W. Schubert, S. R. Giessner und D. Pecher (2012). »Mighty metaphors: Behavioral and ERP evidence that power shifts attention on a vertical dimension«. *Brain and Cognition*, 78 (1), S. 50–58.

3 T. W. Schubert (2005). »Your highness: Vertical positions as perceptual symbols of power«. *Journal of Personality and Social Psychology*, 89 (1), S. 1–21.

4 S. R. Giessner und T. W. Schubert (2007). »High in the hierarchy: How vertical location and judgments of leaders' power are interrelated«. *Organizational Behavior and Human Decision Processes*, 104 (1), S. 30–44.

5 P. A. Higham und D. W. Carment. (1992). »The rise and fall of politicians: The judged heights of Broadbent, Mulroney and Turner before and after the 1988 Canadian federal election«. *Canadian Journal of Behavioural Science / Revue Canadienne des Sciences du Comportement*, 24 (3), S. 404–9.

6 S. R. Giessner und T. W. Schubert (2007). »High in the hierarchy: How vertical location and judgments of leaders' power are interrela-

ted«. *Organizational Behavior and Human Decision Processes*, 104 (1), S. 30–44.

7 V. Carrieri und M. De Paola (2012). »Height and subjective well-being in Italy«. *Economics and Human Biology*, 10 (3), S. 289–98.

8 T. A. Judge und D. M. Cable (2004). »The effect of physical height on workplace success and income: Preliminary test of a theoretical model«. *Journal of Applied Psychology*, 89 (3), S. 428–40.

9 A. J. Yap, M. F. Mason und D. R. Ames (2012). »The powerful size others down: The link between power and estimates of others' size«. *Journal of Experimental Social Psychology*. 49 (3), S. 591–94.

10 M. M. Duguid und J. A. Goncalo (2012). »Living large«. *Psychological Science*, 23 (1), S. 36–40.

11 S. R. Giessner, M. K. Ryan, T. W. Schubert und N. van Quaquebeke (2011). »The power of pictures: Vertical picture angles in power pictures«. *Media Psychology*, 14 (4), S. 442–64.

12 B. P. Meier und S. Dionne. (2009). »Downright sexy: Verticality, implicit power, and perceived physical attractiveness«. *Social Cognition*, 27 (6), S. 883–92.

13 S. R. Giessner, M. K. Ryan, T. W. Schubert und N. van Quaquebeke (2011). »The power of pictures: Vertical picture angles in power pictures«. *Media Psychology*, 14 (4), S. 442–64.

14 B. F. Meier, D. J. Hauser, M. D. Robinson, C. K. Friesen und K. Schjeldahl (2007). »What's ›up‹ with God? Vertical space as a representation of the divine«. *Journal of Personality and Social Psychology*, 93 (5), S. 699–710.

15 E. L. Brainerd (1994). »Pufferfish inflation: Functional morphology of postcranial structures in *Diodon holocanthus* (Tetraodontiformes)«. *Journal of Morphology*, 220 (3), S. 243–61.

16 L. F. Toledo, I. Sazima und C. F. Haddad (2011). »Behavioural defences of anurans: An overview«. *Ethology Ecology and Evolution*, 23 (1), S. 1–25.

17 H. W. Greene (1988). »Antipredator mechanisms in reptiles«, S. 1–152. In: C. Gans und R. B. Huey (Hrg.), *Biology of the Reptilia*, Band 16, *Ecology B, Defense and life history*. New York: Alan R. Liss.

18 D. Goodwin (1956). »Further observations on the behaviour of the jay *Garrulus glandarius*«. *Ibis*, 98 (2), S. 186–219.

19 F. De Waal (2007). *Chimpanzee politics: Power and sex among apes*. Baltimore, MD: Johns Hopkins University Press.

20 T. W. Schubert, S. Waldzus und S. R. Giessner (2009). »Control over the association of power and size«. *Social Cognition*, 27 (1), S. 1–19.

21 D. Dubois, D. D. Rucker und A. D. Galinsky (2012). »Super size me: Product as a signal of status«. *Journal of Consumer Research*, 38 (6), S. 1047–62.

22 D. R. Carney, A. J. C. Cuddy und A. J. Yap (2010). »Power posing«. *Psychological Science*, 21 (10), S. 1363–68.

Kapitel 9: Fort, verdammter Fleck!

1 C. B. Zhong und K. Liljenquist (2006). »Washing away your sins: Threatened morality and physical cleansing«. *Science*, 313 (5792), S. 1451–52.

2 Fairbrother, S. J. Newth und S. Rachman (2005). »Mental pollution: Feelings of dirtiness without physical contact«. *Behaviour Research and Therapy*, 43 (1), S. 121–30.

3 V. Lee (2012). »Hell du jour: Meet Israel's daylight prostitutes«. Haaretz, 11. Oktober, http://www.haaretz.com/weekend/magazine/hell-du-jour-meet-israels-daylight-prostitutes-1.469461.

4 S. W. S. Lee und N. Schwarz (2010). »Dirty hands and dirty mouths: Embodiment of the moral-purity metaphor is specific to the motor modality involved in moral transgression«. *Psychological Science*, 21 (10), S. 1423–25.

5 C. B. Zhong und K. Liljenquist (2006). »Washing away your sins: Threatened morality and physical cleansing«. *Science*, 313 (5792), S. 1451–52.

6 H. A. Chapman, D. A. Kim, J. M. Susskind und A. K. Anderson (2009). »In bad taste: Evidence for the oral origins of moral disgust«. *Science*, 323 (5918), S. 1222–26.

7 S. Schnall, J. Haidt, G. L. Clore und A. H. Jordan (2008). »Disgust as embodied moral judgment«. *Personality and Social Psychology Bulletin*, 34 (8), S. 1096–1109.

8 K. J. Eskine, N. A. Kacinik und J. J. Prinz (2011). »A bad taste in the mouth: Gustatory disgust influences moral judgment«. *Psychological Science*, 22 (3), S. 295–99.

9 S. Schnall, J. Benton und S. Harvey (2008). »With a clean conscience: Cleanliness reduces the severity of moral judgments«. *Psychological Science*, 19 (12), S. 1219–22.

10 S. Schnall, J. Benton und S. Harvey (2008). »With a clean conscience: Cleanliness reduces the severity of moral judgments«. *Psychological Science*, 19 (12), S. 1219–22.

11 C. Zhong, B. Strejcek und N. Sivanathan (2010). »A clean self can render harsh moral judgment«. *Journal of Experimental Social Psychology*, 46 (5), S. 859–62.

12 S. W. S. Lee und N. Schwarz (2010). »Washing away postdecisional dissonance«. *Science*, 328 (5979), S. 709.

13 A. J. Xu, R. Zwick und N. Schwarz (2012). »Washing away your (good or bad) luck: Physical cleansing affects risk-taking behavior«. *Journal of Experimental Psychology: General*, 141 (1), S. 26–30.

Kapitel 10: Die Süße des Erfolgs

1 B. P. Meier, S. K. Moeller, M. Riemer-Peltz und M. D. Robinson (2012). »Sweet taste preferences and experiences predict prosocial inferences, personalities, and behaviors«. *Journal of Personality and Social Psychology*, 102 (1), S. 163–74.

2 C. B. Zhong und S. E. DeVoe (2010). »You are how you eat: Fast food and impatience«. *Psychological Science*, 21 (5), S. 619–22.

3 L. Douce und W. Janssens (2013). »The presence of a pleasant ambient scent in a fashion store: The moderating role of shopping motivation and affect intensity«. *Environment and Behavior*, 45 (2), S. 215–38.

4 J. Chebat, M. Morrin und D. Chebat (2009). »Does age attenuate the impact of pleasant ambient scent on consumer response?« *Environment and Behavior*, 41 (2), S. 258–67.

5 E. R. Spangenberg, A. E. Crowley und P. W. Henderson (1996). »Improving the store environment: Do olfactory cues affect evaluations and behaviors?« *Journal of Marketing*, 60 (2), S. 67–80.

6 K. Ravn (2007). »Smells like sales«. *Los Angeles Times*, 20. August, F-1.

7 A. R. Hirsch (1995). »Effects of ambient odors on slot-machine usage in a Las Vegas casino«. *Psychology and Marketing*, 12 (7), S. 585–94.

8 N. Guéguen and C. Petr (2006). »Odors and consumer behavior in a restaurant«. *International Journal of Hospitality Management*, 25 (2), S. 335–39.

9 H. N. Schifferstein, K. S. Talke und D. Oudshoorn (2011). »Can ambient scent enhance the nightlife experience?« *Chemosensory Perception*, 4 (1–2), S. 55–64.

10 M. Moss, S. Hewitt, L. Moss und K. Wesnes (2008). »Modulation of cognitive performance and mood by aromas of peppermint and ylang-ylang«. *International Journal of Neuroscience,* 118 (1), S. 59–77; P. R. Zoladz and B. Raudenbush (2005). »Cognitive enhancement through stimulation of the chemical senses«. *North American Journal of Psychology,* 7 (1), S. 125–38; S. Barker, P. Grayhem, J. Koon, J. Perkins, A. Whalen und B. Raudenbush (2003). »Improved performance on clerical tasks associated with administration of peppermint odor«. *Perceptual and Motor Skills,* 97 (3), S. 1007–10; K. McCombs, B. Raudenbush, A. Bova und M. Sappington (2011). »Effects of peppermint scent administration on cognitive video game performance«. *North American Journal of Psychology,* 13 (3), S. 383–90.

11 B. Raudenbush (2000). »The effects of odors on objective and subjective measures of physical performance«. *Aroma-Chology Review,* 9 (1), S. 1–5.

12 B. Raudenbush, N. Corley und W. Eppich (2001). »Enhancing athletic performance through the administration of peppermint odor«. *Journal of Sport and Exercise Psychology,* 23 (2), S. 156–60.

13 R. A. Baron (1997). »The sweet smell of … helping: Effects of pleasant ambient fragrance on prosocial behavior in shopping malls«. *Personality and Social Psychology Bulletin,* 23 (5), S. 498–503.

14 N. Guéguen (2012). »The sweet smell of … courtship: Effects of pleasant ambient fragrance on women's receptivity to a man's courtship request«. *Journal of Environmental Psychology,* 32 (2), S. 123–25.

15 D. M. Zemke und S. Shoemaker (2008). »A sociable atmosphere: Ambient scent's effect on social interaction«. *Cornell Hospitality Quarterly,* 49 (3), S. 317–29.

16 R. W. Holland, M. Hendriks und H. Aarts (2005). »Smells like clean spirit: Nonconscious effects of scent on cognition and behavior«. *Psychological Science,* 16 (9), S. 689–93.

17 S. W. Lee und N. Schwarz (2012). »Bidirectionality, mediation, and moderation of metaphorical effects: The embodiment of social suspicion and fishy smells«. *Journal of Personality and Social Psychology,* 103(5), S. 737–49.

Kapitel 11: Raus aus der Schublade

1   X. Li, L. Wei und D. Soman (2010). »Sealing the emotions genie: The effects of physical enclosure on psychological closure«. *Psychological Science*, 21 (8), S. 1047–50.

2   A. K. Leung, S. Kim, E. Polman, L. S. Ong, L. Qiu, J. A. Goncalo und J. Sanchez-Burks (2012). »Embodied metaphors and creative ›acts‹«. *Psychological Science*, 23 (5), S. 502–09.

3   S. Mednick (1962). »The associative basis of the creative process«. *Psychological Review*, 69 (3), S. 220–32.

4   J. J. Ratey (2010). *Spark. The Revolutionary New Science of Exercise and the Brain*. London: Quercus Books.

5   M. L. Slepian, M. Weisbuch, A. M. Rutchick, L. S. Newman und N. Ambady (2010). »Shedding light on insight: Priming bright ideas«. *Journal of Experimental Social Psychology*, 46 (4), S. 696–700.

6   G. M. Fitzsimons, T. L. Chartrand und G. J. Fitzsimons (2008). »Automatic effects of brand exposure on motivated behavior: How Apple makes you ›think different‹«. *Journal of Consumer Research*, 35 (1), S. 21–35.

7   E. B. Gurman (1989). »Travel abroad: A way to increase creativity?« *Educational Research Quarterly*, 13 (3), S. 12–16.

Personenregister

Sachregister

Christophe André
Und vergiss nicht, glücklich zu sein!

2015. Ca. 340 Seiten, gebunden

**Auch als E-Book
erhältlich**

Das ABC der Leichtigkeit

»A wie Alltag: unsere wichtigste Quelle für Glück. Das Wunderbare:
Die Vorkommen sind beachtlich und sie zu erschließen ist einfach.
Man muss nur die Augen öffnen und sich ihrer bewusst werden«.
Willkommen in der Welt von Christophe André! Europas Experte
für Positive Psychologie wird unser Lebensgefühl verändern. Seine
Betrachtungen versprühen eine Leichtigkeit, die man augenblick-
lich in die Welt tragen möchte. André lehrt uns: »Wenn jemand
sagt, ›ich bin glücklich‹, meint er damit: Ich habe zwar Ärger, aber
der lässt mich kalt. Keinen Ärger haben? Unmöglich. Von ihm kalt
gelassen werden? Nicht immer leicht, aber häufig möglich!« Dieses
Buch öffnet uns die Augen. Und was wir sehen, ist schön.